錢穆作品精華

新亞遺鐸（上）

錢穆

東大圖書公司

▲ 民國七十八年（一九八九年）九十五歲玉照

▶民國四十一年（一九五一年）四月十六日，臺北講演屋頂水泥塌落受重傷。出院後赴臺中休養期中攝於臺中公園

▼民國四十一年九月，傷癒初返港

▲民國四十二年（一九五三年）桂林街時期玉照，時年五十九歲

▲民國四十二年新亞師生旅遊，攝於九龍銀礦灣瀑布下

▲民國四十四年（一九五五年）六月二十七日香港大學頒贈名譽法學博士學位

▲民國四十五年（一九五六年）六十二歲

▲民國四十八年（一九五九年）在雙十國慶紀念會上致辭

▲民國四十八年十月十六日，在英國大學委員會代表福爾
頓博士為香港設立中文大學來港，訪問新亞時合影留念

▶民國四十九年（一九六〇年）赴美講學，在香港機場留影

◀民國四十九年在美耶魯大學講學時與耶大校長格瑞索博士合照

▼民國四十九年六月十三日，獲耶魯大學頒贈榮譽博士學位後，與耶魯大學秘書長荷頓，及耶魯大學遠東語文學院中國教師同觀博士證書

◀民國五十一年（一九六二年）六十八歲

◀民國五十一年居住沙田六十八歲

▲民國五十六年（一九六七年）七十三歲赴臺定居新亞校友歡送晚會

▲民國六十年（一九七一年）重回沙田遙觀和風臺五號舊居

▲還臺定居後民國六十年赴港與新亞研究所校友同遊沙田，
時年七十七歲

▲民國六十三年（一九七四年）時年八十歲

▲民國六十七年（一九七八年）十月赴港回新亞主持首次「錢賓四先生學術文化講座」演講神情，時年八十四歲

▲民國六十七年十月回港主持新亞首次「錢賓四先生學術文化講座」，與院長金耀基先生（左）董事長陶學祁先生合影

▲民國七十五年告別教壇最後一課，時年九十二歲

▲民國七十六年（一九八七年）九十三歲在家講課時神情

錢穆作品精萃序

錢穆先生身處中國近代的動盪時局，於西風東漸之際，毅然承擔起宣揚中華文化的重任，冀望喚醒民族之靈魂。他以史為軸，廣涉群經子學，開闢以史入經的嶄新思路，其學術成就直接反映了中國近代學術史之變遷，展現出中華傳統文化的輝煌與不朽，並撐起了中華學術與思想文化的一方天地，成就斐然。

三民書局與先生以書結緣，不遺餘力地保存先生珍貴的學術思想，希冀能為傳揚先生著作，以及承續傳統文化略盡綿薄。

自一九六九年十一月迄於一九九一年十二月，二十多年間，三民書局總共出版了錢穆先生長達六十餘年（一九二三～一九八九）之經典著作——三十九種四十冊。茲序列書目及本局初版日期如下：

中國文化叢談……（一九六九年十一月）
中國史學名著……（一九七三年二月）

中國學術思想史論叢(八)……（一九八〇年三月）
湖上閒思錄……（一九八〇年九月）
人生十論……（一九八二年七月）
古史地理論叢……（一九八二年七月）
八十憶雙親・師友雜憶（合刊）……（一九八三年一月）
宋代理學三書隨劄……（一九八三年十月）
中國文學論叢……（一九八三年十月）
現代中國學術論衡……（一九八四年十二月）
秦漢史……（一九八五年一月）
中華文化十二講……（一九八五年十一月）
莊子纂箋……（一九八五年十一月）
朱子學提綱……（一九八六年一月）
先秦諸子繫年……（一九八六年二月）
孔子傳……（一九八七年七月）
晚學盲言（上）（下）……（一九八七年八月）

中國歷史研究法……（一九八八年一月）
論語新解……（一九八八年四月）
中國史學發微……（一九八九年三月）
新亞遺鐸……（一九八九年九月）
民族與文化……（一九八九年十二月）
中國思想通俗講話……（一九九〇年一月）
莊老通辨……（一九九一年十二月）

二〇二二年，三民書局將先生上述作品全數改版完成，搭配極具整體感，質樸素雅、簡潔大方的書封設計，期能以全新面貌，帶領讀者認識國學大家的學術風範、思想精髓。

謹以此篇略記出版錢穆先生作品緣由與梗概，是為序。

三民書局
東大圖書 謹識

序

彙編新亞生活周刊載錄賓四對學生的講話及文稿，最早是三民書店劉振強先生的建議。民國五十六年，我們遷臺定居不久，劉先生有次來訪，談起他偶然讀到新亞生活周刊上賓四的一篇講演，很受感動，他要求賓四將其歷年在該刊上的講辭文稿彙集成專書，由三民書店負責出版。那時賓四專心在寫《朱子新學案》一書，只想藉努力工作忘掉過去的不愉快，對劉先生的建議未加考慮。數年後，劉先生又在一次來訪時，重提舊話。其時賓四《朱子新學案》已出版，正著手整理以前舊稿，彙編《中國學術思想史論叢》，已沖淡了情感上的不快。回想往事，深感在新亞十五年，每次對學生談話，都是他當時的真情流露，值得珍惜。於是對劉先生的建議開始動心，遂命我為他先收集資料，準備整理完舊稿再作考慮。未料不久後，賓四雙目即不能見字，自此身體多病，一切工作費時費力，新亞生活周刊的資料一放十年，無暇顧及。

去年，賓四在養病中，無以消遣，於是又想到新亞生活周刊的資料，命我逐篇順序唸給他聽。

原以為現成稿子彙集成書是件輕鬆簡單的事。不料這本集子，每篇都牽起太多回憶，工作進行頗不順暢。加以一場大病，賓四腦力迅退，這本文稿的編集，竟拖了一年多才得勉強付印，真是始料所未及。

賓四為此集定名為《新亞遺鐸》。在我們共同整理文稿的過程中，他曾多次有感而發地說，離開新亞已二十五年，再來回首從前，那是何等情緒啊！又屢說，待此稿整理完，他將要為《新亞遺鐸》寫篇長序，略敘別後情懷。我一直期待讀他這篇將寫的長序，不幸他年老復原不易，已無力為文。不得已，命我於此書付印時代寫一篇。

我與新亞淵源也不短。民國三十八年夏，我離開廈門大學避禍來港。三十九年秋，轉入新亞就讀一年。四十年離港來臺，隔年轉入臺北師大。四十三年師大畢業後，又曾回新亞一短時期。四十五年初，與賓四成婚。五十四年賓四辭職離新亞，五十六年秋我夫婦離港居臺。我與新亞前後相關也已十五年。我曾目睹艱苦奮鬪中的新亞，生命充滿朝氣。也曾目睹她快速轉變時期，解除了經濟困阨，而逐漸步入人事紛擾。更目睹她加入中文大學後陷於興奮迷惘，個人功利勝過了整體道義，創校理想日益糢糊。往事久已塵封，因整理此集而又如走馬燈般湧入腦海，不勝感慨。

賓四在《新亞生活雙周刊》一卷一期〈發刊詞〉上說：

這一份新亞生活雙周刊便想把新亞生活之各部門各方面盡量彙集披露出來……這是我們

新亞將來的一部歷史……將來要瞭解新亞如何生長、如何成熟、如何發展，以及新亞生活中究竟包藏了些甚麼；所謂新亞精神究竟具體表現了些甚麼，便要憑這份刊物來察看來推尋。

又在《雙周刊》四卷一期〈本刊進入第四年〉一文中說：

這一份刊物，我們創辦時的用意不外兩點：一是逐期報告學校師生們生活的實況，一是預備作將來校史之一份重要參考材料用。

周刊創辦的宗旨雖如上述，然而我把賓四主持校政十五年來的資料，從頭一頁頁仔細翻看，禁不住為它記載的不夠詳實而感嘆。最難釋懷的，莫過於賓四辭職時相關資料的欠缺。舉其最簡單具體一事說，賓四的辭職講演，當時竟無人記錄。

民國五十三年（一九六四）七月十一日，新亞舉行第十三屆畢業典禮，賓四在主持典禮的同時，對全校師生作了他正式離職的公開講演。回想那一段忙碌混亂的日子，我至今仍清晰的記得，典禮的前一晚，時間已過午夜十二點，賓四在忙完雜務後對我說，現在他要靜下心來好好準備他主持校政十五年來最後一次講演。於是在沙田和風臺五號，我們舊居的長廊上，他啣著煙斗，獨自在廊上散步，為他第二天的告別辭打腹稿，直過兩點才上床休息，我又聽他在床上翻來覆去到天亮。第二天早上，我陪他去新亞，他在忍受了無數委屈，又經過長期內心掙扎，卻能如此平和的講話，沒有帶一絲火氣，而又句句充滿情感，令我幾次禁不住淚水奪眶而出，這真是令我終生難忘。

當晚校長室蘇明璇先生來電話，也說起他的感受。不料兩天後蘇先生再來電話，激動地報告，學校竟無人記錄賓四的告別講演。這真是件不該有的缺失。歷年來，每逢新亞舉行開學或畢業典禮，照例有人負責記錄師長的講話。何況這次是新亞創辦人的告別講演，意義更不同。這一疏失，實在令人有些費解。典禮後十一日，賓四在蘇先生多次催促下，終於補寫了一篇講辭，登在《新亞生活雙周刊》七卷六期上。情緒激盪達到某一顛峰狀態時，常能發揮出想不到的潛能，創造出平日少見的傑作。但待事過情遷，再要來捕捉當時的心情，往往如水中撈月了。補寫的一篇難及當日臨場講演的生動。我每回想此事，總覺有難以彌補的遺憾。

文稿編定後，在賓四雜稿中，意外尋出民國四十九年（一九六〇）賓四在美獲耶魯大學頒贈名譽學位，雅禮協會舉行公宴祝賀時之講辭一篇，及其辭新亞校長職復雅禮羅維德先生函一草稿。另又在其記事本中獲知當年有上董事會辭職書一封，特電新亞張端友校友於檔案中查出寄來。此三文同可補入，其中兩函有關辭職事，正可稍補缺失。

此集所收只限於賓四在《新亞校刊》《新亞生活雙周刊》《新亞月刊》上有關之文稿，按出版秩序先後排列，並在每篇下註明原刊幾卷幾期，以便讀者翻查。如該文收入賓四已出版之某書，也加註明。民國五十六年我們由港遷臺時，葉龍校友贈其手抄賓四海外講稿兩本，孫鼎丞先生贈賓四剪稿數十篇。兩者中有數篇與新亞歷史有關，而上述刊物未收入，特為補入，並在目錄上註明其原發表處。另新亞生活上有我〈敬悼青瑤師〉一文，所述有關新亞藝術系之創設，今亦附入。又新亞生活周刊有記載學校活動之文稿數篇，以其有助讀者對當年新亞之認識，今亦插入。以上凡非賓四文稿，皆不在目錄順序上排列，並註明為「附」稿，以示區別。又該刊上有賓四香港大學校外課程講稿三部分共十八篇，今併刪去，別作安排。

這本文集拖了多年終於付印了，今年恰逢新亞創校四十周年之慶，特把賓四為祝賀此慶典而作之〈祝辭〉與〈新亞簡史〉兩文，亦一併收入此集中。意外的巧合，亦別具意義。賓四囑此書趕在九月二十八日校慶日前出版，以為他的賀禮。

中華民國七十八年八月　錢胡美琦寫於臺北外雙溪之素書樓

新亞遺鐸（上）

目次

目　次

目次

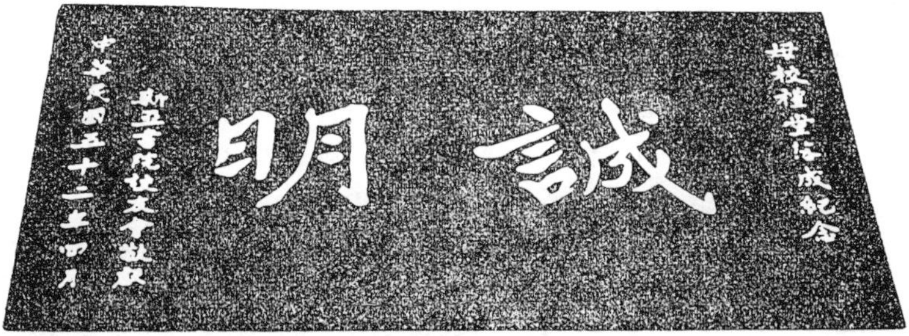

新 亞 校 訓

新亞學規

民國四十二年

凡屬新亞書院的學生，必先深切了解新亞書院之精神。下面列舉綱宗，以備本院諸生隨時誦覽，就事研玩。

一、求學與做人，貴能齊頭並進，更貴能融通合一。
二、做人的最高基礎在求學，求學之最高旨趣在做人。
三、愛家庭、愛師友、愛國家、愛民族、愛人類，為求學做人之中心基點。對人類文化有了解，對社會事業有貢獻，為求學做人之嚮往目標。
四、袪除小我功利計算，打破專為謀職業、謀資歷而進學校之淺薄觀念。
五、職業僅為個人，事業則為大眾。立志成功事業，不怕沒有職業。專心謀求職業，不一定能成事業。

六、先有偉大的學業，纔能有偉大的事業。

事業。

七、完成偉大學業與偉大事業之最高心情，在敬愛自然，敬愛社會，敬愛人類的歷史與文化，敬愛對此一切的智識，敬愛傳授我此一切智識之師友，敬愛我此立志擔當繼續此諸學業與事業者之自身人格。

八、要求參加人類歷史相傳各種偉大學業、偉大事業之行列，必先具備堅定的志趣與廣博的智識。

九、於博通的智識上，再就自己材性所近作專門之進修；你須先求為一通人，再求成為一專家。

一〇、人類文化之整體，為一切學業事業之廣大對象；自己的天才與個性，為一切學業事業之最後根源。

一一、從人類文化的廣大對象中，明瞭你的義務與責任；從自己個性的稟賦中，發現你的興趣與才能。

一二、理想的通材，必有他自己的專長；只想學得一專長的，必不能具備有通識的希望。

一三、課程學分是死的，分裂的。師長人格是活的，完整的。你應該轉移自己目光，不要僅注意一門門的課程，應該先注意一個個的師長。

一四、中國宋代的書院教育是人物中心的，現代的大學教育是課程中心的。我們的書院精神是以各門課程來完成人物中心的，是以人物中心來傳授各門課程的。

一五、每一個理想的人物，其自身即代表一門完整的學問。每一門理想的學問，其內容即形成一理想的人格。

一六、一個活的完整的人，應該具有多方面的智識，但多方面的智識，不能成為一個活的完整的人。你須在尋求智識中來完成你自己的人格，你莫忘失了自己的人格來專為智識而求智識。

一七、你須透過師長，來接觸人類文化史上許多偉大的學者，你須透過每一學程來接觸人類文化史上許多偉大的學業與事業。

一八、你須在尋求偉大的學業與事業中來完成你自己的人格。

一九、健全的生活應該包括勞作的興趣與藝術的修養。

二〇、你須使日常生活與課業打成一片，內心修養與學業打成一片。

二一、在學校裏的日常生活，將會創造你將來偉大的事業。在學校時的內心修養，將會完成你將來偉大的人格。

二二、起居作息的磨鍊是事業，喜怒哀樂的反省是學業。

二三、以磨鍊來堅定你的意志，以反省來修養你的性情，你的意志與性情將會決定你將來學業與事業之一切。

二四、學校的規則是你們意志的表現，學校的風氣是你們性情之流露，學校的全部生活與一切精神是你們學業與事業之開始。敬愛你的學校，敬愛你的師長，敬愛你的學業，敬愛你的人格。憑你的學業與人格來貢獻於你敬愛的國家與民族，來貢獻於你敬愛的人類與文化。

（載校刊第二期）

新亞校徽

新 亞 校 徽

新亞校歌

山巖巖，海深深，地博厚，天高明，人之尊，心之靈，
廣大出胸襟，悠久見生成。
珍重珍重，這是我新亞精神。

（右之一）

十萬里上下四方，俯仰錦繡，
五千載今來古往，一片光明。
五萬萬神明子孫。

東海西海南海北海有聖人。
珍重珍重，這是我新亞精神。

（右之二）

手空空，無一物，路遙遙，無止境。
亂離中，流浪裏，餓我體膚勞我精。
艱險我奮進，困乏我多情。
千斤擔子兩肩挑，趁青春，結隊向前行。
珍重珍重，這是我新亞精神。

（右之三）

9

新亞校歌

新亞校歌
錢穆詞
黃友棣曲
莊嚴活潑
G調 4/4
山巖巖，海深深，地博厚，天高明，人之尊，心之靈，
廣大出胸襟，悠久見生成。珍重珍重，
這是我新亞精神。珍重珍重，這是我新亞
精神。十萬里上下四方，俯仰錦繡，五千載今來古往，
一片光明。五萬萬神明子孫，東海西海南海北海
有聖人。珍重珍重，這是我新亞精神。

珍重珍重，這是我新亞精神。
mf 手空空，無一物，路遙遙，無止境，亂離中，流浪裡，
餓我体膚勞我精，艱險我奮進，困乏我多情，
千斤担子兩肩挑，趁青春，結隊向前行，
ff 珍重珍重，這是我新亞精神，
珍重珍重，這是我新亞精神。

校歌手稿

民國四十二年七月

新亞校歌

山巖巖，海深深，地博厚，天高明，人之尊，心之靈，
廣大出胸襟，悠久見生成，
珍重珍重，這是我新亞精神。
（校之一）

十萬里上下四方，俯仰錦繡，
五千載今來古往，一片光明，
五萬萬神明子孫，
東海南海西海北海有聖人，
珍重珍重，這是我新亞精神
（右之二）

13
校歌手稿

手空空，無一物，路遙遙，無止境。

亂離中，流浪裏，餓我體膚勞我精。

艱險我奮進，困乏我多情。

千斤擔子兩肩挑，趁青春，結隊向前行。

珍重珍重，這是我新亞精神。

（右之三）

亞洲文商學院開學典禮講詞摘要

亞洲文商學院為新亞書院的前身，自民國三十八年十月至民國三十九年二月，學院存在僅半年時間。校址租九龍佐頓道偉晴街華南中學三樓作臨時校舍。此為民國三十八年十月十日國慶日舉行第一次開學典禮講詞摘要。

文化教育是社會事業，是國家民族歷史文化的生命，其重要可知。我們的大學教育是有其歷史傳統的，不能隨便抄襲別人家的制度。中國的傳統教育制度，最好的莫過於書院制度。私人講學，培養通才，這是我們傳統教育中最值得保存的先例。

中國人應真正了解中國文化，並要培養出自家能夠適用的建設人才。

讀書的目的必須放得遠大。要替文化負責任，便要先把自己培養成完人。要具備中國文化的知識，同時也要了解世界各種文化。要發揚中國文化，也要溝通中西不同的文化。

我們的開始是艱難的，但我們的文化使命卻是異常重大的。本校的籌備創立，雖是經過一段艱難，比起將來發展的艱難來，現在還是輕微的。各位入校須有個抱負，不要斤斤於學分和文憑的獲得，以及只求私人職業上之解決。應具有遠大眼光，先重通識，再求專長，方有偉大之前途。現在開始了，教學相長，將來的大責任完全靠大家的共同努力。

招生簡章節錄

民國三十九年三月

本書院創立於一九四九年（民國三十八年）秋，旨在上溯宋明書院講學精神，旁採西歐大學導師制度，以人文主義之教育宗旨，溝通世界中西文化，為人類和平社會幸福謀前途。本此旨趣，一切教育方針，務使學者切實瞭知為學做人同屬一事，在私的方面應知一切學問智識，全以如何對國家社會人類前途有切實之貢獻為目標。惟有人文主義的教育，可以藥救近來教育風氣，專為謀個人職業而求智識，以及博士式學究式的專為智識而求智識之狹義的目標之流弊。

本於上述旨趣，本書院一切課程，主在先重通識，再求專長。首先注重文字工具之基本訓練，再及一般的人生文化課目，為學者先立一通博之基礎，然後再各就其才性所近，指導以進而修習各種專門智識與專門技術之途徑與方法。務使學者真切認識自己之專門所長在整個學術整個人生中之地位與意義，以藥近來大學教育嚴格分院分系分科直線上進 各不相關 支離破碎之流弊。

關於教學方面，將側重訓練學生以自學之精神與方法，於講堂講授基本共同課程外，採用導師制，使學者各自認定一位至兩位導師，在生活上密切聯繫，在精神上互相契洽，即以導師之全人格及其生平學問之整個體系為學生作親切之指導，務使學者在脫離學校進入社會以後，對於其所習學業仍繼續有研求上進之興趣與習慣，以藥近來大學教育專尚講堂授課，口耳傳習，師生隔膜，以致學者專以學分與文憑為主要目標之流弊。

本院同人自身即以講學做人一體之精神相結合，共同有志於大學教育的改進，其自身即為一學術研究集團。將來對於書院內部一切措施，採絕對民主方式，由全校教授同人時時密切商討，以求教育精神之始終一致，與書院制度之不斷改進，期於理想的大學新制度作一長期之研求與實驗，將來粗有成績，可供其他大學之參考。

本書院規模，暫時先辦文史、哲學教育、新聞社會、經濟、商學、農學等六系，並於每系下分組，惟對人生大義、文化價值、教育宗趣，則懸為本書院各系各組所共同必須研修之對象。於最近之將來，尚擬添設工程、法律等系，並添辦附屬中小學，期能完成一完全之教育系統為書院之根基。

（民國三十九年招生簡章）

新亞書院沿革旨趣與概況

一九五二年（民國四十一年）

一、沿　革

新亞書院的前身為亞洲文商學院，於一九四九（民國三十八）年十月十日創立於香港之九龍。旋於次年一九五〇（民國三十九）年三月改組為現在之新亞書院。其校舍亦由臨時租借之華南中學，遷至現在租用之九龍桂林街六十一至六十五號三、四樓。計辦公室一間、教室四間。

因新亞書院之改組成立，學校性質與內容亦發生重要之變化。文商學院時期係夜校性質，每晚上課三小時，本不適於大學程度之教育要求。故新亞書院成立後，即改為日間全天上課。課程之組織與教學內容，遂亦漸合於正式大學之水準。文商學院創立之初，即獲國民政府教育部准予立案，又經香港政府准予註冊。改組為新亞書院後，重新申請立案與註冊，並得迅速之批准。

本院創立之始，即係大學性質，但以格於香港政府之規定（香港只准設立大學一所，即香港大學），故依例只能稱為專科。惟依中國傳統教育制度，本院性質與所謂專科者，殊不相符。而實更近於宋明時代之書院，即私人講授高級學術之學校。有別於普通官立學校，亦不同於西方教育制度下之專科學校。

二、旨趣

新亞書院之旨趣曾概括說明於其招生簡章之序言中：

「上溯宋明書院講學精神，旁採西歐大學導師制度，以人文主義之教育宗旨溝通世界東西文化，為人類和平、社會幸福謀前途。本此旨趣，一切教育方針，務使學者切實瞭知為學、做人同屬一事。在私的方面，應知一切學問知識，全以如何對國家社會、人類前途有切實之貢獻為目標。惟有人文主義的教育，可以藥近來教育風氣專門為謀個人職業而求智識，以及博士式、學究式的為智識而求智識之狹義的目標之流弊。

本院一切課程，主在先重通識，再求專長。為學者先立一通博之基礎，然後各就其才情所近，指導以進而修習各種專門知識與專門技能之途徑與方法，務使學者真切認識自己之專門所長在整個學術、整個人生中之地位與意義，以藥近來大學教育嚴格分院分系分科，直線上進，各不相關，支離破碎之流弊。

關於教學方面，則側重訓練學生以自學之精神與方法。於講堂講授基本共同課程外，採用導師制，使學者各自認定一位至兩位導師，在生活上密切聯繫，在精神上互相契洽，即以導師之全人格及其平生學問之整個體系為學生作親切之指導。務使學者在脫離學校進入社會以後，對於所習學業仍繼續有研究上進之興趣與習慣，以藥近來大學教育專尚講堂授課，口耳傳習，師生隔膜，以致學者專以學分與文憑為主要目標之流弊。」

以上三點為本院之基本旨趣。惟本院鑑於所處時代與地理環境，除對基本旨趣盡力實踐外，對下述兩點，亦抱有甚摯之熱望：

一、在今日民主主義與極權主義鬪爭之下，中國青年在思想上應有正確的認識，以免誤入歧途，既誤其本身前途，亦遺害於國家民族以及世界和平。本院竊願以發揚中國傳統的人文主義精神與和平思想為己任，並領導青年學生循此正規以達救己救世之目標。

二、香港在地理上與文化上皆為東西兩大文化世界之重要接觸點，亦為從事於溝通中外文化，促進中西瞭解之理想的教育地點。自大陸流亡出國之青年與海外二千萬華僑之子弟，正為他日天下一家、世界大同理想之良好的負荷者。本院竊願本此宗旨，以教育此無數純潔青年，使其既知祖國之可愛，亦知世界大同之可貴。

三、系別與課程

一、計劃院系　本院自始即依上述旨趣設計未來發展之規模及院系，現雖格於事實未能一一具體實現，然此計劃則仍為本院一貫努力之目標。計劃中之院系為：

第一院為文哲學院，分文學、史學、哲學教育等系。

第二院為商學院，分經濟、商學等系。

第三院為農學院，分農林、園牧、農業經濟等系。

在擬議計劃中，各院之上有分科研究所，以便教授及高年級學生作專門性質研究。農學院之下，附設試驗農場一所，便於該院學生實習及教授研究實驗，並藉以養成青年異日實際擔任中國農村經濟建設之能力。此外尚擬設完全中學一所。

二、現設系別為：

（一）文史系　內分：中文、外文、中史、外史四組。系主任錢穆。

（二）哲學教育系　內分：哲學與教育兩組。系主任唐君毅。

（三）經濟學系　系主任張丕介。

（四）商學系　內分：商業管理、國際貿易、銀行、會計四組。系主任楊汝梅。

（五）農學系　第一年開設後，因附設農場未能設立，教學實習感有不便，中停。

（六）新聞社會系　內分：新聞組與社會組。第一年開設後，因現有校舍不敷分配，亦暫停。

三、課程　本院各院系課程之選擇原則，一方面參酌中國教育部所頒大學課程之規定，一方面顧慮海外社會客觀環境，但同時又須適合本院教育理想，故與一般公私立大學所開課程名目及各課程之內容，顯有出入（課程詳目另列），唯其基本特點可概括如下：

（一）注重各系（一、二年級）共同之基本課程，培養健全之思想基礎，故哲學、史學、心理學、社會學、經濟學、語文學等課程所佔時間較多。

（二）專門性質及技術性質之課程，自三年級開始，注重學生自修與導師之個別指導，故上課時間轉較一、二年級為少。

四、教授與學生

一、教授　本院教授之中一部份，為本院之創辦人，其在國內大學任教時間有長及三十年者，有十年二十年者不等，率為抱有甚高教育理想與熱心，而自動願為新亞書院盡其責任者。觀其簡單履歷即可證明此點（見附表）。

二、學生　新亞書院二年有半之時期中，學生數量不多（一九五二（民國四十一）年春季註冊正式生四十二人，試讀及旁聽生十五人），而甚富於流動性。究其原因，蓋在於：

（一）新亞書院所懸之理想，本有異於一般學校，而此則不易為一般社會所理解。

（二）時代特殊，青年往往不能久留香港，或由於家庭經濟困難無力續讀，而致中途退學。

（三）非常局面中，各地出入境限制綦嚴，南洋僑生及臺灣學生來港者諸多困難，而大陸上青年又被嚴格限制，禁止出境。

（四）本院初創，規模與設備皆嫌不足。

有此四因，遂致來學者有限，而輟讀者不絕。但自一九五一（民國四十）年起，漸見穩定。

五、文化講座

香港向為商業社會，文化空氣比較稀薄。然自一九四九（民國三十八）年起，各地智識份子先後來港者日多，其中多為社會各階層之中堅份子，對思想與智識之要求，且較一般青年為急切。本院為適應此一需要，特設立一自由的學術講座，邀請各方面專家，作有系統的學術講演，每週一次，免費招待聽講。所講範圍，涉及整個人文科學、社會科學之各部門，聽講者亦至為熱心。

自一九五〇（民國三十九）年冬季至今，已先後舉行七十餘次，甚獲聽者歡迎。此類人士之思想與態度，頗能深刻影響一般社會與下代之青年，故其意義之重大，有非文字與數字所能代表者。

六、新亞夜校

此係本院哲教系學生所發起，以推廣民眾教育為目的，並藉以增進教學之實際經驗。此係夜校性質，利用本院午後空隙教室。服務於夜校之本院學生，全為義務工作。夜校收費極微，低年級學生則全部免費。現有學生八十餘名。

七、經濟情形

本院經費，主要來源於董事會之捐募，其次為學生所繳之學費。後者平均每月約為港幣乙千元左右。

本院創辦之初，所有校舍之租賃及教學設備之購置，全係熱心教育之社會人士所慨捐。

本院開支，平均每月各項總數為四千六百餘元。計

一、房　租　一、三一五元

二、教　薪　二、一〇〇元

三、職　工　　　四〇〇元
四、圖　書　　　二〇〇元
五、什雜修繕　　四〇〇元
六、辦　公　　　二〇〇元

惟事實上，以上各項皆遠在應有水準之下，但以限於事實不得不盡量緊縮而已。例如本院教授皆無固定之專任薪水，而只支上課之鐘點費，每小時七元五角。院長及系主任等職務，皆不另支薪。每教授平均每週上課四至八小時，其收入才達三〇—六〇元，全月收入不過一二〇—二四〇元而已，與香港生活需要比較，實僅及四分一至二分一之數。

八、希　望

本院為貫徹其所標舉之理想，及所負之時代責任，對現有物質條件及經濟情形，當然極感不足，故甚望今後能有適當之改進，其最重要之希望為：

一、相當規模之自有校舍——至少應有教室八大間及圖書館一所。
二、教師必須之各種參考書及學生用書。
三、教授薪給應照香港最低水準，每教授每月之待遇應提高至五—六〇〇元。

四、設置大量清寒學生獎學金（現有獎學金十七名，不敷分配，而來學者又多係流亡清寒青年，此項獎學金如能擴充至一百名，則今後學生人數必將大為增加）。

五、擴大文化講座　本院舉行文化講座七十次，皆由主講人義務擔任。今擬對主講人送給講演費，並在港市中心地點，每週舉行文化講演二次，以便聽眾廣泛參加，提高港市一般社會對學術文化之認識。

九、展望與感謝

本院懸高遠之教育理想與計劃，而所有之物質條件則自始即極端困難。二年半以來之草創建設，莫不賴社會各方面熱心人士之贊助與本院各教授及學生之努力支撐。此雖與本院所想望者相距遠甚，然有此初步基礎，亦足資鼓舞吾人矣。如現有校舍之設置，全出於王岳峯先生獨力之捐贈。而未來新校舍之建設，亦有賴若干文化友人之協助。此吾人所不能不深切感謝者也。

本院已開課程表

文史學系中文組

各體文選、英文、哲學概論、政治學、經濟學、社會學、理則學、中國通史、中國學術思想史、中國文學史、國學概論、中國文化史、西洋通史、經子選讀、文史選讀、莊子、史記、論語、孝經、孟子、荀子、中國文字學、散文選讀及習作、詩詞選讀及習作、人生哲學、倫理學。

文史學系外文組

各體文選、英文、哲學概論、政治學、經濟學、社會學、理則學、中國通史、英國文學史、英文散文選、西洋通史、中國文化史、國學概論、作文與會話、英國小說選、英文名著選讀、西洋哲學文化思想史、英國詩歌選、英國戲劇選、莎士比亞、英文速記、英文打字、英文通訊。

文史學系歷史組

各體文選、英文、哲學概論、政治學、經濟學、社會學、理則學、中國通史、西洋通史、國學概論、中國學術思想史、倫理學、人生哲學、中國文化史、西洋哲學文化思想史、西洋近代政治史、秦漢史、中國政治史。

哲學教育系哲學組

各體文選、英文、中國通史、哲學概論、政治學、經濟學、社會學、心理學、理則學、國學概論、倫理學、西洋哲學、西洋通史、中國哲學名著選讀、論語、孝經、孟子、荀子、人生哲學、中國文化史、現代哲學、中國學術思想史、西洋教育思想史。

哲學教育系教育組

各體文選、英文、中國通史、教育概論、心理學、理則學、政治學、社會學、西洋通史、國學概論、中國文化史、倫理學、人生哲學、哲學概論、西洋哲學文化思想史、中國教育史、西洋教育思想史、統計學、中國學術思想史。

經濟學系

各體文選、英文、經濟學、中國通史、哲學概論、社會學、政治學、心理學、理則學、倫理學、西洋經濟史、經濟地理、貨幣銀行學、會計學、西洋通史、中國文化史、中國經濟史、西洋經濟思想史、西洋經濟學名著導讀、統計學、財政學、國際貿易、經濟政策、中國經濟問題、土地經濟學。

商學系

各體文選、英文、經濟學、中國通史、哲學概論、社會學、政治學、心理學、理則學、倫理學、西洋經濟史、西洋通史、貨幣學、銀行學、會計學、中國文化史、中國經濟史、統計學、財政學、國際貿易、經濟政策、中國經濟問題、銀行會計、成本會計、審計學、國際滙兌與金融。

本院教授簡歷

錢　穆　曾任北大、燕大、西南聯大、川大、雲大、齊魯、華西、江南、華僑等校教授，著有《先秦諸子繫年》（商務）、《中國近三百年學術史》（商務）、《國史大綱》（商務）、《中國文化史導論》（正中）等。

唐君毅 曾任川大、華西、中大、江南、金大、華僑等校哲學教授，著作有《中西哲學之比較》（正中）《道德自我之建立》（商務）、《人生之體驗》（中華）、《人類文化道德理性基礎》（理想與文化社）。

張丕介 德國經濟學博士，曾任南通學院、西北農學院、貴州大學、政治大學、中國地政研究所教授、系主任、院長等職。著有《土地經濟學導論》（中華）、《經濟地理學導論》（商務）、《墾殖政策》（商務），並譯有《國民經濟學原理》（商務）、《土地改革論》（建國）等。

衛中父 曾任南高、中大、北高、交大、燕大、政大等校教授及復旦銀行系經濟系主任，著有《南美三強利用外資興國事例》（商務）、《中國今日之財政》（世界）、《中國財政制度》（文化服務社）等。

楊汝梅 美國密歇根大學經濟學博士，歷任上海、暨南、光華、交通、滬江等大學教授。

余天民 國立北京大學畢業，留學日本東北帝大及東京帝大專門研究四年，歷任各大學教授及國立中央研究院祕書，兼專任研究，暨商務印書館特約編輯等職。

余協中 美國考爾格大學碩士、哈佛大學研究生，曾任南開大學教授、河南大學文史系主任、東北中正大學文學院院長，著有《世界通史》。

孫祁壽 美國州立華盛頓大學碩士，曾任國立西北大學、中央政治學校教授。著有《中國貨幣制度》（英文）、《地方財政學大綱》（南京書店）。

羅香林 清華大學研究院畢業。曾任中山大學教授、廣東文理學院院長，現任香港大學及本院教授，著有《唐代文化史研究》（商務）、《國父家世源流考》（商務）、《顏師古年譜》（商務）、《客家研究導論》（希山書藏印日本文有二種譯本）、《中夏系統中之百越》（獨立出版社）、《國父之大學時代》（獨立出版社）、《本國史》三冊（正中書局）、《劉永福歷史草》（正中書局）等。

曾克耑 曾任上海暨南大學教授，著有詩詞選集。

趙　冰 美國芝加哥大學政治學士、哥倫比亞大學外交碩士、哈佛大學法律學士、英國倫敦大學哲學博士、牛津大學民律博士，Inner Temple 英國大律師，國立廣西大學教授、國立湖南大學教授、國立政治大學教授、華僑大學教授。

任　泰 清華學校畢業、美國渥卜林大學學士、哈佛大學研究員，曾任政大教授、貴大教務長，著作有《英文詩集》、《長恨歌英譯》、《生之原理英譯》。

劉百閔 日本法政大學畢業，曾任國立中央大學、中央政治學校、復旦大學、大夏大學教授，著譯有《中國行政學》（中國文化服務社）、《中國行政法學》（中央政治學校講義）、《儒家對於德國政治思想之變遷》（商務印書館）、《日本政治制度》（日本研究會）。

徐澤予 美國哥林比亞大學畢業，管理碩士，曾任紐約新社會科學院特約講師、亞洲學院訪問教授。

凌乃銳 比國布魯賽爾大學畢業、英國倫敦大學哲學博士，曾任國立西北聯合大學、四川大學、復旦大學教授，現應聘赴美國任 Notre Dame 大學教授。

告新亞同學們

新亞書院是從流亡窮窘中創辦的一所學校，從第一半年的亞洲學院起，到第二半年正式改名新亞書院，直到今天已整整三年有半了。教授拿不到薪水，學生繳不出學費，學校的校舍和設備，也永遠如是般簡陋。去年夏，開始有著第一期三位學生畢業了，我那時正負傷養病在臺中，曾寫過一封簡短的信勉勵我們三位畢業生。我信裏說：「我們學校，由苦難中誕生，由苦難中成長，還將在苦難中向前。我們是有我們的理想。」我勉勵他們莫要怕當前所遇的苦難，更不要忘將來所有的理想。

我記得有一次，和幾位關心我們學校的朋友談起我們學校的困難。有一位朋友說：「新亞是該如此般困難的。因為你們是一所抱有理想的學校。要到社會漸漸瞭解你們的理想，漸漸接近你們的理想了，那纔是你們學校有光明的前途了。你們學校的困難，正是你們學校所抱負的理想自己帶來的一種信號或憑記。你們的理想一日不發揚，你們的困難，也將一日不解除。從來在文化學說上，抱有理想的個人，他們的處境，不也同樣在困難中奮鬪嗎？否則又何為有所謂道窮之嘆呢？」

那位朋友這一番話，時時銘記在我的心中，至今已快三個年頭了。我愈想他的話，愈感得有理。從前范文正嘗說：「士當先天下之憂而憂，後天下之樂而樂。」其實你若真個先天下之憂而憂，你必然會後天下之樂而樂。理想的本質便是憂與困。任何一理想，無不在其內心藏有憂，在其外境遇有困難的，否則便不是理想。我們常抱著這信念，所以對我們學校這三年有半的種種困難之壓迫與打擊，我們也就夷然處之了。

我再正告此刻來新亞求學的一輩同學們，你們不也正在憂與困的處境中求學嗎？當知憂與困也即是人生之本質。你若怕有憂，你若怕遇困，你會不懂得什麼是理想。理想正是面對著憂與困而來。理想便正要在憂與困裏打開一出路。你懂得面對你自己的憂與困，你便會產生你自己個人的理想。你懂得面對社會大眾的憂與困，你便會產生對社會大眾的理想。你懂得面對國家民族乃至世界人類的憂與困，你便會產生對國家民族乃至世界人類的理想。在面對此種種憂與困中有學問，在面對此種種憂與困中有智識，因而有理想，因而有事業。深言之，這纔因而有人生呀！不懂得面對此種種憂與困，試問那裏來學問，那裏來智識，那裏來理想？深言之，這又那裏是人生呢？

我們新亞教育的理想，一向標榜說，是一種人文主義的教育之理想。人文主義也正面對人生的種種憂與困而來。你們此刻懷挾了自己種種的憂與困，來到這學校，這學校卻是十足地在憂與困中創造成立和掙扎前進的學校。我希望你們由於自己的憂與困，進而瞭解學校之憂與困，由是再進而瞭解社會大眾國家民族乃至世界人類之種種憂與困，這裏便是你們所該求的真學問，這裏便是你們所該有的真智識。你們有了這樣的學問與智識，你們自會有理想，你們自會有理想的人生。

有了更多理想的人生，纔會有理想的社會。理想的社會在我們面前了，我們的學校也纔會有光明，這是三年前我的朋友所告訴我的那番話，我此刻再把來轉告我們關心自己前途和關心學校前途的一輩同學們。

同學呀！我們是在憂苦中誕生，我們是在憂苦中成長，我們還該在憂苦中前進呀！

（民國四十二年三月）

敬告我們這一屆的畢業同學們

我們這學校，創辦到今，足足四年了。這一學期終了，我們將舉辦第二屆的畢業生典禮。但同時這一屆的畢業生，是我們創校以來開始招收的新生，即是在我們學校從頭修足四年學程的第一批畢業生。我願借校刊的篇幅，乘便向我們這一批畢業同學講幾句話。

我們學校之創辦，是發動於一種理想的。我們的理想，認為中國民族當前的處境，無論如何黑暗與艱苦，在不久之將來，我們必會有復興之前途。而中國民族之復興，必然將建立在中國民族意識之復興，以及對於中國民族已往歷史文化傳統自信心復活之基礎上。我們認為，要發揚此一信念，獲得國人之共信，其最重要的工作在教育。所以我們從大陸流亡到這裏，便立刻創辦了這學校。

這四年來，外面由於時局之動盪，內部由於經濟之困竭，我們能把這學校，維持於不輟，我們算已盡了我們最大之努力。從教授方面說，四年以來，始終其事的，此刻只賸張丕介先生唐君毅先生和我三個人。由同學方面說，我們第一屆新生共有八十多個人，但修完此四年學程，這一次在此接受畢業證書的，恰恰只是十分之一的數額。這正可說明我們學校內部之不安定，因此也使我們四年來所抱的理想，未能如預期般獲得我們應有之成績。

但我們的教授，離我們而去的，實在是由於種種之不得已。直到今天，在我們學校授過課的先生們，每一人都把他們的人格和熱忱，以及其自身之學詣，留給受教者以不磨之影像與不斷之回憶。這在我們這一屆畢業同學的心中，必會承認我此說。而陸續新來的教授們，也無不是抱著同一的熱忱與信心，履行著同一的犧牲與艱苦，而來支撐此學校，這已給此刻在校同學所共同認識了。

我因衷心感佩我們學校先後諸教授之那一種共同的精神，我不能不更深切地希望於本屆畢業同學之將來。所謂學校的理想，最具體的表現，即表現在同學的身上，尤其是表現在畢業同學的身上。我們該切實反省，我們這學校之四年，究有些什麼成績呢？最具體的答案，便是看我們這些畢業同學吧！

我對於這一屆畢業的同學們，我實在帶有一種無限的悵惘與惜別。這一輩同學在學校，應該是深深瞭解我們這一學校四年來艱苦困難的一切的。他們把他們自己畢生的前途，信仰於我們學校，而追隨著學校之理想而前進。但我們究竟給與了他們些什麼呢？他們此刻將離開此學校，在學校立場言，實在感到對他們還是負擔著一種無盡的責任。

我曾經不知多少次告訴我們的同學，這一學校之精神。要我們同學也一樣自覺地，自動地，和我們學校的教授們，來共同分擔此一責任。這一屆的畢業同學們，若能深切體味我這一番叮囑，不僅為他們自己，為我們學校，為此一共同之理想，為整個中國民族之前途，他們這一責任是只能算開始肩擔上，並不是說已開始完成了。

若我們學校，真能把這一種責任之自覺的自動的精神，真確地已交付與我們這一屆畢業的同學。我想，我們學校雖因種種艱苦困難，沒有善盡我們的責任，但至少我們所要盡的最主要最基本的一個責任，我們算已盡到了。

我們這一輩同學們，若他們果能把四年在校所薰染到的這一種精神，繼續自覺地，自動地，離開了此學校以後，仍能不顧一切艱苦困難，繼續地向前努力與奮鬭。我想，他們在校四年之所得，縱使很低淺，很微小，但只此一點精神，已夠得他們珍重地保持，與勇敢地信任了。

有時我常如此想，而且也時常和人坦白說，我們學校，其實什麼也值不得自己自慰，什麼也值不得他人重視。只我們這四年來，真實地在艱苦中掙扎，儘艱苦，卻沒有放棄我們這一份掙扎之努力，只有這一些，我們這一輩畢業的同學，是確切地見到了。我還願鄭重地提出，來作我們臨別之贈言。

但我得再正告我們這一屆畢業同學們，艱苦不足以增進任何的價值。因於理想而招來的艱苦，那纔有價值。我願我們大家認清這理想，來面對這艱苦。再從艱苦中掙扎出來，實現光大我們的理想。

我親愛的這一屆畢業同學們，你們該抱持理想，無視艱苦！你們該在艱苦中完成你們的理想！我們學校四年教育所想送給你們的，只是這簡單兩句話，盼你們誠懇而勇敢地接受，堅忍而篤實地來走向你們該走上的大道吧！

（民國四十二年七月）

新亞精神

同學們的校刊，久已編好了，要我寫一篇短文，但我時時生病，總沒有精神提筆寫。此刻無可再待，只有勉強地寫幾句。

我們有一可喜的景象，只要同學們一進新亞，總像覺得新亞真是另有一種精神似的。而且這一種精神，確也為全體同學們所愛好。因此在我們同學們的口頭，總喜歡說到「新亞精神」。在我們同學們的筆頭，也總喜歡寫到「新亞精神」。

但若我們進一步追問，究竟什麼是我們所謂的「新亞精神」呢？這大家苦於沒有一確切而具體的回答了。

本來所謂「精神」，是看不見摸不到的。若要具體而確切地指說什麼是我們的所謂「新亞精神」，總不免反而要覺得不恰貼、不完備。所以，我們覺得像有這一番精神是對的，而我們苦於說不出這一番精神究竟是什麼，這也是對的。我們只能在我們內心，覺得有這麼一回事，便夠了。

但我們在自己內心的要求上，又總覺得不肯即此而止。我們總還想能具體而確切地指說出來，我們的所謂「新亞精神」，究竟是一種什麼的精神呀！因此，我也想趁此機會，在這期校刊上，來述說我個人的一些意見，供同學們討論。

我想所謂精神，總是針對著某種物質而說的。總是依隨著某種物質，而指其控制、運用和期望其能有某種的表現和到達某種的理想而說的。

即就眼前事舉例，譬如我病了，而不能寫文章，便說我沒精神。儻使我能扶病寫上一萬兩萬字的大文章，大家必會說我的精神特別強。可見精神只是指的那憑藉現實來運用而有所作為的，那一種經過與表現。

借此我們可來解釋「新亞精神」那句話。新亞的經濟，是如此般困乏，設備是如此般簡陋；規模是如此般狹小，一切的物質條件，是如此般不成體統，但我們並不曾為這些短了氣。我們卻想憑藉這一切可憐的物質條件，來表現出我們對教育文化的一整套理想。這便見是我們新亞的精神了。

再說到同學們，十分之九是在艱苦中流亡，饑餓線上掙扎的。縱使有家庭，也多半是極窮困。

至於隻身流亡的，更不必說。在那樣的環境下，還能有志上進，努力進學校。一到新亞來，雙方在同一精神下，宜乎更容易認識所謂「新亞精神」，更容易愛惜珍重那一種「新亞精神」了。

但如是說來，所謂「新亞精神」，是不是僅是一種喫苦奮鬪的精神呢？我想，喫苦奮鬪，在我們的精神裏確是有。但我們的精神，卻並非喫苦奮鬪一項便能包括了。

何以呢？我們該自己想，就學校目前的物質條件說，我們本可不必來創辦這一所學校的。就有些同學們的經濟情況說，他們也可不再立志進大學求深造的。可見那些所謂喫苦奮鬪，是自己招來的。這便是所謂自討苦喫了。但為何而要自討苦吃呢？這一問便轉問到另一方面去。

當知有些人，所以要自討苦吃的居心和動機，卻並不純潔，並不偉大的。因此，自討苦吃固然也見得精神，但那種精神，卻不一定有價值。即如我，若能扶病寫出一萬兩萬字一篇長文章，那自然要精神，但那篇文章不一定是好文章。若是文章不好，別人卻會說是在浪費精神呀！

由上所述，可知所謂「新亞精神」，決然應該另有一番更深的意義，而非僅僅指的是吃苦奮鬪那一事。不過在吃苦奮鬪的過程中，更易叫我們體認得這一番精神之存在。但我們也不該便認為我們的精神只在這上面。

讓我再重複地說一遍：我們今天的處境，正如拖著一個久病的身體，但偏要立意寫一篇文章，而且是一篇好文章。我們此刻正在扶著病寫，我們更想把此寫文章的一番努力來扭轉這病狀，那非是有一段精神不可的。此一段精神的價值，反面映出在他的身體之有病，正面則決定在他所寫的文章本身的價值上。只要他所要寫的文章有價值，不論有病無病，他那一番寫文章的精神總是有價值。若使他所要寫的文章本身無價值，則不論他有病無病，他所花在寫這篇文章上的精神，也同樣無價值。

於是我要請我們新亞的同學們，你們該更深一層地來瞭解我們所以要創辦這一個苦學校的宗旨與目的！你們也應該更深一層來反問，你們自己所以不辭窮困艱辛來到這所苦學校的動機與理想。你們現在只在糢糊中覺得有此「新亞精神」之存在。我盼望你們能繼續深入地把此一精神鮮明化、強固化、具體化、神聖化，大家在此一個精神下，不斷努力地上進。

（民國四十三年二月）

校聞一束

本院完成登記手續

一九五三年，香港教育界第一件榮耀的事，也就是我們書院四年來艱苦奮鬥的結果產生了。一九五三年七月七日，本院經由香港政府公司註冊官，依照公司條例第三十二章，頒發登記執照。並於同年月日，經由香港總督依照公司條例第三十二章第二十一條規定，授權公司註冊官，在登記執照內取消「有限公司」字樣。這正如我書院董事長趙冰大律師所說：「英國法律規定，純正的教育事業，必須依公司法登記。經過這層登記，再經當地最高當局特免『有限公司』字樣，即成為『法人』，以示其與『商人』有別。反之，如係『以營利為目的』之學校，即不必辦此手續，但須到工商署登記，並繳納營業稅，那就是為社會所非笑的『學店』了……。」在前年夏天，香港政府通令港九各校到工商署登記之後，我們這一貧如洗的書院，始終不甘被目為學店，乃決定向法院請求登記。經法院一年來的詳細調查之後，證明確是純正的教育事業，始得完成登記手續。

校歌之誕生

在本院第二屆畢業同學將要畢業之際，新亞校歌便在院長的興奮感慨中誕生了。錢院長首先把歌詞拿到張丕介先生的房裏，用抑揚頓挫的聲調朗誦，張丕介先生的頭也就跟著按節拍地搖動起來。一天之後，便得黃友棣教授的熱心，給校歌作了譜。於是大家在教室內莊嚴和穆地唱起來了。這是我們的校歌，也是我們師生每一個人的心聲。

第二屆畢業典禮

前學期（一九五二年度下學期）大考後的第四天（七月十一日）下午四時，第二屆畢業典禮在青山道的陸軍華員俱樂部舉行了。肅穆的會場裏，坐著三百餘人。其中除教授同學及同學家長外，計來賓有珠海書院院長唐惜分，香港大學教授羅香林、劉百閔、饒宗頤，人生雜誌社長王道夫婦，主流月刊社長羅夢冊夫婦，中國學生周報社長余德寬夫婦，美國耶魯大學教授盧鼎，基督教信義會牧師胡雅各，山東信義會總監督袁柏定，香港宣道會牧師白克等等。

錢院長在同學們唱完了他自己新作的校歌後，穿著一件綢長衫，微笑地站在臺上，開始說他要說的話。他的語調一忽兒激昂，一忽兒沉重地在感謝社會關心人士在精神上之鼓勵與物質上的幫助，在訓勉在校同學，在希望畢業同學，能繼續不斷地把新亞精神傳播到世界的每一個角落去。現在九位畢業同學都已投身於各種事業之中，從他們的精神和成績看，他們確是不負母校的教育和期望，同時也做了將來畢業同學的好榜樣。

全校學生人數

我們學校的人數一學期比一學期多了。記得在二年以前，全校學生曾一度減少到不到半百之數。但是，上學期的人數已增加至三個學期以前的二倍以上——一百一十一人。上學期中，離校生有十六人，而新生及插班生共三十六人。全校人數的分配：文史系五十九人，佔第一位；哲教系十七人，經濟系二十四人，商學系十一人。

同學服務

學校裏無論大小事情，一概由同學自己辦理，這是新亞的特色，也是新亞的傳統。上學期服務同學分為四組：（一）註冊組：胡栻昶、雷一松、羅球慶。（二）抄錄及講義組：陳建人、胡詠超、郭大暐。（三）清潔組：王健武、蘇慶彬、徐子貞、錢其瀚。（四）收費記賬及代售書刊組：

姜善思、劉秉義、馬德君。除此四組同學外，還有不固定服務性質的同學多人為學校服務。因為大家把學校作為自己的家，所以做起事來，非常認真而熱心。這也是證明教育理想與實踐的密切關係，的確是非常重要的。

同學學術講演

我們的同學講演會自一九五〇年創辦至上學期開始，共舉行過六十六次，上學期又舉行了十次，講題如下：

第六十七次　蕭世鹽　杜威與中國思想
第六十八次　列般飛　中國社會的展望
第六十九次　楊　遠　新聞與特寫
第　七十　次　羅　拜　罪惡之贖價
第七十一次　黃祖植　我的新詩順反法
第七十二次　趙黎明　中國基督教的發展史
第七十三次　王正明　怎樣講演
第七十四次　黃祖植　詳談新詩的作法

第七十五次　唐修果　略論土地改革
第七十六次　劉秉義　論中國工業革命

國慶校慶

國慶那天，也就是我們的校慶日，大教室裏擠著一百多人。錢院長在致詞中曾說：「我們的理想不妨高，但是我們應從低處著手。這樣我們的大事業才能成就，大學問才能成就。」

除夕晚會

新曆年的除夕，同學們發起了一個聯歡晚會。錢院長在擠著一百二十多人的肅穆的會場中，用沉重的語句，再三的叮囑我們：物質條件的改善不一定能把「新亞精神」發揚光大；反之，物質條件的改善還可能阻礙了「新亞精神」的發揚光大。我們應永遠記著校歌裏的「手空空，無一物，路遙遙，無止境……。」珍重我們的新亞精神。

新亞五年

新亞書院的創辦，開始是以亞洲學院辦夜校半年，而正式轉變成新亞，到今年夏天，足足五整年了。若我們要問一句，這整整五年的新亞，究竟有了什麼成績呢？今天的新亞書院，在此五年過程中，究竟有多少進步呢？這一問題，卻值得我們新亞的師生們，時時警惕，把來問我們自己。但很慚愧，實在我們是並無多大成績和多大進步可言的。若說有成績，我常常和我們新亞師生們說：我們唯一的成績，只有在此五年的艱苦奮鬥中，沒有把學校關門停閉，而依然支撐著，到今年，仍有這一新亞書院之存在，這是我們唯一的成績了。似乎外界的人，也逐漸瞭解我們學校之艱困，因於我們之艱困而依然能支撐著，五年來依然有此一學校之存在，於是由瞭解而給與同情了。外界所瞭解我們，同情我們的，我想簡單說一句，也只是同情我們這五年來的艱困吧！

也只是同情我們這五年來之雖艱困而仍是奮鬥不輟的那番精神吧！我們除卻在此五年來艱困不輟的一番奮鬥精神以外，誠問還有什麼成績可說呢？

一個學校的成績，有些是具體可指的。新亞這五年來，永遠在艱困中。校舍是如此般侷促而簡陋，圖書是如此般稀少而缺乏，教授們永遠沒有正式的薪給，老抱著一種犧牲的精神來上堂。學生們大多數交不出學費，半工半讀，老掙扎在饑餓線上來校上課，而且是愈來愈窮了。他們憑藉這學校幾堂課，來作為他們目前生命唯一的安慰，作為他們將來生命唯一的希望。在此一種極度的窮窘困頓之下，不期然而然的，叫出一句口號來，說是「新亞精神」。所以我常說：新亞精神，老實說，則只是一種苦撐苦熬的精神而已。只有這一種精神，是新亞師生所大家瞭解的，若更進一步深求之，怕就很難細說了。

學校應像是一個有機體，它應隨著時間之進展而進展，隨著年代之長成而長成的。這五年來的新亞書院，正如一嬰孩，呱呱墮地，他該在幾個月的母奶營養之後，能站起了，能行走了，在他生命的逐年長成中，他的能力日新月異，他需要的營養，也該隨時增添。但新亞本已是先天不足地降生了。它自降生以來，迄今五年，母親的一雙奶，永遠像涓滴欲絕，從沒有讓他喝滿一口的。僅夠他不餓死，沒有給他逐年長成必需的條件。因此，五年來的新亞，實在是無何成績可言，無何進步可說，只維持得一照常的存在。其實存在便該是進展的。沒有進展的存在，只是一種病態的、不健旺的存在呀！

去年夏，因於美國耶魯大學盧鼎教授之來港，他回國後，遂有耶魯大學之雅禮協會與新亞合作之提議。雅禮協會在中國，有一段悠長的教育事業，此刻中止了。他們董事會決議劃撥一部分經費來助新亞，那在中美教育文化合作事業上，是一件特殊的事。一則並不是雅禮協會方面來自己創辦一學校，二則也不是雅禮協會捐撥新亞一筆錢就完了。那是在兩者間，對於中美雙方各自的教育文化事業有著幾點理想與意見之相契，而試做一種長期的合作。此刻就我們本身講，一面該檢討我們這五年來經過中之所謂成績與進步，而有我上述的反省。一面該對我們最近之將來，有一些新的展望與打算。

我們平常總在想，經濟太艱困，一切無法進展，這誠然是不錯。但我們也該知，一切事，尤其是教育，並不是有了經濟便有辦法的。新亞這五年來，經濟誠然是艱困，但我們之所缺，並不專在經濟一項上。我們常說的新亞精神，究竟除卻在經濟艱困中奮鬥不輟之外，還該有其更深更大的意義。否則，有了經濟，豈不就沒了精神嗎？

精神如生命，經濟如營養，營養不就是生命。我們並不能認為獲得了營養，即是具有了生命。營養可以外求，生命則是內在的。外面幫助我們，也只限在一些物質的營養上，我們卻萬不該只在營養上打算，而忽略了所要營養的生命之本身。

我們新亞的生命，由於這五年來之營養不良，而顯然地有一些病態，這是不必諱言，而且該時時警惕的。但我們這五年來，縱然營養不夠條件，不合理想，到底我們還保育了一條生命。我們當深切地認識，我們的生命是什麼呢？

我更願提醒大家的，我們千萬不要認為學校經濟有了辦法，而賦以過分的欣喜。當然，在五年長期艱困中，一旦經濟有辦法了，該有一番欣喜的。譬如一孩子，長在饑餓線上掙扎，一旦獲得食料，解除了他的饑餓，這是該欣喜的。但孩子的生命，並不專為穿衣與喫飯。我們當知，生命的價值，決不在衣食上。我們只希望，在於我們免除了饑餓，來尋求與完成我們更有意義、更有價值的生命。因此，我們只希望，在較少的經濟下來完成較多的事業。

其次我們當警惕的，一個生命之長成，有它客觀的、必然應有的奮鬥。不是衣食問題解決了，便是生命問題一切解決了。我們當時時回想，當永遠記住，我們在此五年中，經濟極端困竭，依然有一個新亞書院之存在，依然有一種新亞精神之呼號。經歷了五年的苦鬥，獲得外面人同情，經濟纔有一出路。可見一切事，要向理想邁進，不是可以一呵便成的。我們該以較長的時間，來完成我們較真的理想。

所謂較真的理想，是有實質、有內容、有意義、有價值的。這是一種本身內在的。這一種較真的理想，必然須在較長的奮鬥中完成而實現。換言之，這需有一段更長的進程的。所以今天學校經濟有一些辦法了，只是學校開始走上了長期奮鬥的路程，並不是說這一段奮鬥路程，因於經濟有辦法而完成了、終止了。

只要有理想，必然須奮鬥。只要須奮鬥，必然是艱苦的。而且必然要有一段長時期的過程的。若不必要經歷一段長時期的艱苦奮鬥歷程而可垂手而獲的，這便不成為理想。無理想，也便是無精神。所以若要保持我們五年來大家珍惜呼號的所謂新亞精神，則莫忘我們五年來艱苦奮鬥的歷程。當知，縱然經濟有辦法，那種長期的艱苦奮鬥，則以後必然和以前並無二致的。或許會愈向前愈加艱苦的。否則，一定是失卻了它原有的精神了。

我常提醒大家，我們學校，不僅將教導來學者以許多的知識，更要在給與來學者以一番人生之真理。學校譬如一大生命，我們師生是個別的小生命，我們要在完成大生命中，來完成我們各自的小生命。我們要貢獻我們各自的小生命，來完成此一大生命。

所以，要說新亞有成績，這五年來的艱苦奮鬥，便是它唯一的成績。因為艱苦奮鬥，也即是人生中一條顛撲不破的真理。大家莫誤會，以為物質經濟條件能解決了，便可不再需要艱苦奮鬥了。當知解決物質經濟條件，只是讓我們正式走上更需要艱苦奮鬥的人生大道上去。正如一個人，喫飽穿暖了，豐衣足食了，還知有他向前奮鬥的路程，而肯不顧艱險地向前，那始是人生更進一步的奮鬥，也是人生更進一步的理想。

然則，此後的新亞，它應該有的進步在那裏呢?我想，只有在更進一步的奮鬥上，只有在較之此五年經過更進一步、更艱苦的奮鬥上。

同學們，你們若能確切明白了我上面所說的一番話，你們將會更進一步認識所謂新亞精神了。

（民國四十三年七月）

歡迎雅禮協會代表講詞摘要

民國四十三年四月三日

這次我們兩方的合作——新亞與雅禮的合作——該是中美文化合作的新紀元，也該是中西文化合作的新紀元。這次合作，在精神上與方式上，都是革命性的創舉，和過去的一般合作前例不同。

西方的宗教團體或社會團體，派人到中國來辦學校，拿錢到中國來支持這類事業，這是我們最習見的中西文化合作方式。有名的幾所教會大學，都是這樣辦起來的。很多中國青年在這類學校裏接受了近代西方文化的洗禮，他們對於中國的貢獻誠然是很大的。但在這一方式下辦起來的學校，是純粹西方式的學校，學生們對中國傳統的固有文化，卻很少認識，有時甚至很錯誤的反對自己的文化。這一點對中國近代思想的影響是非常有問題的。

中國要現代化，就必須學習西方文化，尤其西方的科學與民主。這是不錯的。但中國要能在世界上站立得起來，成一個獨立國家，要有一種精神上的自信心，那還需要了解自己的文化，自己的歷史，自己的社會，自己的優點和特點。我們原是有這一切的，為什麼我們不尊重自己、發揮自己？為什麼既要獨立，又不肯保持自己的文化？

當然，這種舍己從人的教育，不單是西方人在中國辦的教育為然，連中國政府自己辦的學校也有同樣情形。在無條件西化之中，又偏重於唯物主義的結果，就是今天中國大悲劇的根本原因。

新亞書院的宗旨，就在於挽救這一文化的危機，就在於要中國的青年重新認識自己的文化，從這上面培養起我們所必須有的獨立精神。而且只有如此，中國文化才能成為世界文化的一部份，被他人所尊重。發揚中國文化，溝通中西文化，以豐富世界文化，這是我們新亞要負起的責任。

我們這次與雅禮合作，正憑上面這一宗旨。雅禮的代表盧鼎先生曾再三稱道我們所特有的精神，我們的學規二十四條，認為和他們的教育宗旨相吻合。兩個學校的合作，實在就是以這一點為基礎。它們有相同的教育理想。

經過這幾天我與雅禮協會代表郎家恒先生的坦白交談，我們的合作原則很簡單，但非常鮮明。我現在所能宣佈的是：

第一、雅禮尊重新亞的教育宗旨和計畫，並希望我們以後還是照舊的繼續保持下去，力求發揮與貫徹。

第二、新亞接受雅禮的經濟協助，來實現雙方的目的：新亞辦中國式的教育事業，雅禮協助中國青年獲得良好的教育。

這是中西文化合作史中的新紀元。這也是一個非常有趣的合作事業。一個世界上最古的文化，和一個世界上最青年的文化；一個剛剛不過五年的小規模學校，和一個有二百五十年歷史的大規模學府；一個「手空空無一物」的學校，只憑他的理想和精神，要擔當起文化歷史責任，另一個合作的卻具備著各項優越條件，要求在遠東來協助一番劃時代的文化事業。

代表這個合作新紀元的使者，第一位是盧鼎先生，他是歷史學家。第二位就是這位來在諸君面前的郎家恒先生，他是一位宗教家。歷史學家的眼光是遠大的，宗教家的心腸是慈悲的。今天的世界，最需要人有遠大眼光，才能跳出可悲的現實圈子。最需要人有慈悲心腸，才能挽救可怕的人類悲劇。這正是我們人文主義所一向追求的。在這次文化合作之後，我們可以說，這一目標有了實現的切實保證。

校聞一束

新亞的「人口」

這學期同學人數又增加了，下學期校舍擴充以後，我想同學人數的再增加是不成問題的。上學期離校的有廿一人，而新生及插班生共廿六人，直到現在，全校上課人數仍然有一百一十六人。全校人數的分配：文史系五十二人，哲教系二十二人，經濟系二十一人，商學系七人，選課生十六人。我們從級別來看人數的分配便是：一年級四十人，二年級三十五人，三年級一十七人，四年級六人。

下期準備擴充課室

我們盼望了五年的新校舍，今年因雅禮協會的合作，終於有了實現的把握。董事、院長、各位教授，以及全體同學的欣慰，都是無法形容的。但是一座大規模的新校舍，那裏是一朝一夕便能建造成功的？找地、繪圖、招工、實際建築，算起來，至少要半年的光陰。於是我們今年還須在老地方呆下去，而桂林街老校舍又的確早有「人海之患」，不但後來者望門興嘆，已入學的也深感擁擠之苦。現在只有兩條出路：一是另覓較大的臨時校舍，一是把老地方改建一番，擴充兩個新課室。第二個辦法是比較簡單的，想不久便見分曉了。

學校籌辦研究所

「新亞研究所」是本院預定事業計畫中的一部份，現因種種條件尚未具備，一時還不能成立。現在舉辦的只是一個籌備階段，也可說一個雛型。主持人是我們錢院長，參加研究的教授有余協中、張丕介、唐君毅三位先生。另聘有研究生四人，即余英時、葉時傑、唐端正、列航飛四位。研究所是一個遠大的學術事業，也是本院畢業生有志專門問題研究的良好機會，我們都希望它早早籌備完成，正式成立，並儘量容納我們畢業同學，使他們能養成高深的學問。

同學繳費情形

我們學校同學是最窮的了，十個有八個都是不繳費的，即使繳費，也常只繳一部分。我們試看下面的統計數字：全免費的同學四十一人，繳四分一學費的十六人，繳三分一學費的十一人，繳二分一學費的十六人，繳三分二學費的三人。此外還有按選課時數繳費的選課生。繳全費的只得九人，而這九人中尚有多未繳清的。我們學校竟成了免費學校了，這是新亞特色，但這也是我們問題之所在。經費過分困難，影響教育計畫的進行。

新亞夜校

新亞夜校是本院同學們所發起和創辦的，到今天，它已經有兩年多的歷史了。在這個過程中，夜校教師一直是由本院同學自己充任。因為精神勝於物質的支持，所以待遇一層，我們從沒計較的，反正幾塊錢的車馬費，我們就把它當為精神上的鼓勉吧了！

夜校雖然只設高級、中級、低級三班，可是過去每學期的學生人數都總有七十到八十人左右。這個學期也沒有例外，至於其他情形是怎樣呢？我想向各位作一簡略的報導：

校長一職是由列航飛同學擔任的，他雖然已經畢了業，但因眾望所歸，故乃毅然負起這個責任來。教務的進行則由三位同學互相合作，互相辦理，因此成績亦算差強人意。

訓育工作，是一項極艱巨的重任，本來一向都是列航飛同學負責，及後因恐職務過於繁冗，故改選別位同學代勞。我們更將教務與訓育兩方面採取緊密的聯繫，以督率學生的清潔和秩序等各方面的改善。同時，我們發動幾次旅行及聯歡晚會，藉以增進師生間的感情。在彼此融洽的氣氛底下，我們領略到，他們也受了「新亞精神」的影響。還有一次就是舉辦故事演講比賽，看他們表現的成績確實不弱呢！

談到夜校的經費問題，可就令人大傷腦筋，因為在七十多名的學生中，每月交兩元學費的大約有廿五個，交三元的則只有六個而已，其餘一律都是免費讀書的，因此全校每月總收入不超過七十五元，而支出則每月需用九十元左右，所以不足之數，除由本院每月津貼十五元外，其餘就為本院同學們所熱心捐助了。

有一分熱，發一分光，我們要負起園丁的責任來培育下一代的幼苗，這是同學們創辦夜校的動機和宗旨。教育就是一項神聖而有意義的工作，但若以之作謀利的手段，便流於商業化和市儈化了。我們白天受教育於師長們，晚上便為人師表，所以內心會時常存有戰兢之感，總望能克盡厥職，將自己棉薄的能力貢獻於社會、人類，以完成「為教育而教育」的目標，則心便無愧，且亦可報國家民族於萬一了。

長風文學會

十一位對文學特別有興趣的同學，組織了一個長風文學會。他們每月交讀書報告及出壁報一次，每兩週舉行文學講演一次。這學期他們的工作重點，著重充實基礎這方面。原則是讀多於寫，也就是吸收多於發表。他們並擬定了一個兩年計畫：第一年，先選讀中國歷代的文學名著。第二年，再選讀西方的。

他們的閱讀方式，先從文學史下手。就是從文學史裏去選讀歷代的名著。那倒是一舉兩得辦法。為了節省時間，他們採取分工合作的辦法。把整部中國文學史分為四期——上古、中古、近世、現代，每期由一組（三人）同學負責，共同閱讀，並作劄記。預訂在七月底，由全體會員報告各組研究心得，屆時並請本校教授指導。根據這次討論結果，再由各組組長整理各組劄記，最後匯集四組的劄記油印成冊。據他們說，如果經費充足，很願把此種劄記贈閱同學，盼望同學們賜予指正。這件工作，他們打算在暑期中完成。

人文學術研究社

本校除有各系級的縱橫的組織之外，尚有長風文學會及人文學術研究社。後者由哲教系同學梁崇儉及經濟系同學辛未負責主持。不如長風文學會側重於研究文學，人文學術社著重於研究普遍的社會人民等科學。該社異軍突起，精力充沛異常，經常保持刊出二版壁報，一為「縱橫」，一為「縱橫論叢」。至今此二壁報已共出版六期了。雖然此二壁報發刊詞有「非取策士捭闔之意」之句，但照其論說看來，卻常有非步合縱連橫之後不可的氣概呢！

祝壽、避壽

今年七月三十日是我們院長的六十華誕，本院的諸位師長早就準備在這一天舉行一次慶祝，同學們更是興致勃勃的等候參加。校外文化教育界知道這消息的人還不多，但凡已知道的，都願意好好的慶祝一番，來紀念這個日子。一代國學兼史學大師，在這個非常時代，有這樣巨大的學術使命，六十歲的壽辰當然是大家同感其重大意義的。但院長卻非常謙遜，不肯做壽，所以決定趁暑期去臺灣旅行，藉資休息。聽說他已準備好各種出入境的手續，學期一結束，他便去臺避壽了。

我們聽說，師長們準備編輯新亞學報，第一期即為祝壽的學術專號，文稿已在徵集之中，大約下學期可以出版。又學術性刊物如《民主評論》與《人生雜誌》都準備至時出一祝壽專刊。壽翁雖然避壽去了，只避去了普通的祝壽形式，大家的熱心還將以不同的方式表現慶祝的意義。

同學們希望暑假後開學時，再補一次祝壽大會，不過錢先生說：「那不必了。」唐先生和張先生提出了折衷辦法，就是在雙十節舉行校慶的時候同時補行祝壽大會，豈不是國慶、校慶與祝壽「三位一體」了嗎？現在我們就耐心等候那個偉大的慶祝日子吧。

民國四十三年除夕晚會講詞摘要

今天晚上我們在此舉行除夕師生聯歡晚會，含有除舊迎新的意義。但是迎接新的，並非拋棄舊的，乃是將新的同溫舊夢，否則當進入新的年頭新的希望時，將會驚惶失措。

人生是實踐的，未來的新希望，乃以包含於過去所成就的因素為準。無論個人、團體乃至國家世界，應該有不斷的新希望。但希望並非幻想，我們應面對並步入希望，但亦不必操之過急。如環境與現實的轉變太劇，則決非我們之理想、希望與幸福。

新的希望乃是從日新月異的實踐中，逐漸得來，決非憑藉暴力或用其他方式一蹴而就。否則這希望亦將會變為誇大並與真實的人生脫節。

我們遇失敗時，固不必垂頭喪氣，過於悲痛。但遇欣喜時，亦切勿急進狂熱樂而忘形。對新的未來希望，均應抱此態度。乃是用穩健的步伐，按部就班的去實現並接近我們的理想。

同學們在校內都能有志向學，且能在艱困的環境中，藉工作維持學業，無論在校內或校外工作，都能克盡厥職，實在值得欣慰。今後希望同學們除保持原有優良校風外，尚須培養新的學風。且同學們如欲追及戰前國內大學生之水準，則仍有待於今後不斷的努力。欲在學業上有進步，乃是長時間的工作，所謂「日計不足，歲計有餘」，點滴的積蓄，始克有成。

希望今後同學們能不忘故途，不忘新亞五年來所渡過的艱險環境，從困乏中奮進，從實踐中獲得希望。更盼望同學們尊重在校時四年的學業，並盡力愛護學校使之上進。今日之中國青年，其環境之艱困與責任之重大，實為前所未有。每一位同學，均應把握這求學機會努力往前，奮鬥不懈，以冀日後對國家民族均能盡一分貢獻的力量。

（香港華僑日報）

校風與學風

我在最近這兩年，屢次向我們新亞的同學們，提起下面的兩句話：「我們該保持我們優良的『校風』，同時也該提倡我們優良的『學風』。」

這五年有半艱苦掙扎的新亞，確乎有一種優良的校風，逐漸在長成，這是值得我們自己欣慰的。但若論到新亞的學風，實在還沒有奠定基礎，更說不上優良，這是值得我們自己警惕的。

在我們自認為值得自己欣慰的優良的校風裏面，我們新亞同學，大體說來，都知道尊敬師長，親近師長，重視課業，努力課程。但這些在我看來，只可認為是一種優良的校風，還夠不上說是學風。我所說的學風，則需在這些上更進一步來追求、來培養。換言之，校風是指一種學校空氣言，學風則指一種學術空氣言。新亞同學們知道重視課業，但還不夠說重視到學業。當知課業與學業有不同，重視課業，只能在學校裏做一個好學生，但並不能希望他將來離開學校，成一理想的新學人。學校的責任，尤其是大學教育的責任，則在提倡新的學風，培植新的學者。若這一方面沒有成績，則縱有優良的校風，在大學教育的責任上言，至多只能說僅盡了一半，而且是僅盡了較不重要的一半。這樣的大學教育，嚴格言之，實不能說它是成功，而且儘可說它是失敗。

在我們新亞，這以往艱難掙扎之五年半歷程中，所以對於優良學風之造成，未能如理想般有成績，此乃為種種條件所限制。有些在學校方面，有些則在同學方面。

首先是限於經濟，學校方面，不能多方延攬有志畢生貢獻於學術事業的理想教授。而在校的教授們，則因待遇太菲薄，生活不安定，而且擔負了學校的事務太多太重，反而把其對於學業上之繼續深造的精力犧牲了。我們新亞的許多教授們，因於要在艱苦中支撐此學校，反而把各自的學業進修耽誤了，這是我們學校一件最大的憾事。因於我們教授們，不能各自埋頭學業，影響了我們學校優良學風之造成，這是不容諱言的。如我個人，便是不能逃避此責任的第一人。

其次，因於學校校舍迫狹，除卻講堂課室之外，不能使同學們盡量生活在學校裏。於是同學們於趕完課程之外，不免逗留到街市，懶散在家庭，不能有一個理想的學業環境安排給我們新亞的同學們，這又是學校應負的責任。

其三，我們學校，此五年半以來，始終不能有一個小規模的圖書館與閱覽室，始終不能有多量的課外閱讀書，供同學們舒適地，安閒地，沉浸學海，從容徊翔，這又是學校應負的責任。

其次說到同學們，因於在中學校畢業時的程度水準一般低淺，一升到大學，除卻聽受講堂課業之外，對於課外自學之能力，準備不夠，縱使有志努力，急切間無從上步，無從入門。

又因為我們新亞的同學們，家境清寒的占多數，尤其是由大陸流亡而來的，更其是由大陸隻身流亡而來的，他們縱是有志學業，努力向上，但為生活所迫，一日三餐，尚且有問題，夜間欲求一榻之地許其安眠而不可得。在這種流離失所、饑寒交迫的狀況下，在他們內心，首先急待解決的，自然是他們的日常生活。講堂課業，只能安放在次要，更遑論講堂課業之外的學業進修呢？我親自聽到我們的同學告訴我，說他進新亞，勝如進禮拜堂。因進禮拜堂，只限在禮拜天的一早晨或半天。他自獲得進新亞，在課室中聽諸位老師授課，把他心情暫時移放在學問的天地中，好把他的生活煎迫的苦楚焦灼的心情，暫時擱起，暫時淡忘了。只因於每天能到學校聽幾堂課，把心情有一安放，纔覺人生尚有溫暖，尚有前途，如是纔使他能再鼓起勇氣，來向此無情的生活作抵抗，再掙扎。這一位同學的話，可以代表著我們新亞許多同學的心情。他們只是向學校來覓取一些勇氣，好向當前的窮苦逼迫的生活再奮鬪。試問在如此般的心情與生活之下，我們又如何能再苛求，來責備他們對學業作長遠的計劃，與深潛的探討？

在學校，這五年半以來，經濟萬分窘迫，但仍始終盡量的廣設免費學額。又繼之以工讀的制度，讓在生活壓迫下的同學們，能在學校做些工作，能在免收其應繳學費之外，還補貼他們一些生活費。又在學校之外，容許他們自尋工作，並為多方設計推薦，好讓他們一面讀書，一面解決他們最低限度的生活。但這些本是非常時期下之一種不得已。因於我們新亞同學們，大半都花費他們的精力在解決眼前的生活上，而不免把學校的課業有所荒廢，更遑論要在課業之外來更進一步，督促其學業上之進修呢？

然而事實是事實，理論是理論，若使大學教育而忽略了一種追求高深學問的學風之養成，而僅限於課業與學分之得過且過，這就決不是大學教育使命之所在。這樣的大學教育，實在也說不上有多大的意義與價值。

我常想，我們新亞的同學們，所以能有這一些值得自己欣慰的較好的校風，也並不是學校方面，在此上有多大的盡力。只是由於學校歷年來經濟之萬分窘迫，以及大多數同學生活上萬分艱苦，而熬逼出這一些較優良的校風來。而同樣，也因學校經濟之窘迫，同學們生活之艱苦，而逼得我們在優良的學風上，不能有成績。這是一事之兩面，好像我們不值得自己驕傲，也不須得自己愧怍，這些全是外面環境逼成，在我們則實在無多大之盡力處。

說到這裏，這卻是我們新亞師生，所應該同自警惕，引為莫大之愧怍的。我們不是常說新亞精神嗎？若我們不能打開外面環境限制，自向理想之途而邁進，試問尚有什麼精神可說呢？若真要說到向理想之途而邁進，則在大學教育之使命之下，首先應該培養一種優良的學風，而求在學業上有創闢，有貢獻，否則大學教育便失卻了靈魂。我們縱有一些優良的校風，值得我們欣慰，但就整個學校之理想言，仍然是一個失敗。

目前學校的經濟，自從獲得了美國耶魯大學雅禮基金之支援，而開始逐漸展露了光明。不久之將來，我們可以有一座較寬舒的新校舍，包括有夠條件的圖書館與閱覽室，而其內部圖書設備，也正在逐步增添，逐步充實。教授待遇，已較前有提高，而且正在逐步設法延聘新教授。將來教授多了，並希望教授們對學校一切雜務之義務分心也能逐漸地減輕，如是則在學校一方面的上述缺點，可以逐步解消。但在同學方面，則那些生活壓迫與工讀分心的限制，恐怕還得有較長時期之繼續。

我今天所要向我們新亞同學不憚煩的提起的，則仍是這兩年以來所屢屢提起的那番話，我們得保持我們已有的優良校風，我們得努力來樹立起我們尚所未有的優良學風。我們須在學校課業之外，再邁進一步，求能走向高深學業的長途程。

我自己是一個苦學出身的人，我自問，我能深切同情於凡屬苦學生的一切生活與心情上之種種苦痛與不安。但我不信，外面的生活艱苦，能限制我們的學業造就，至少不能限制我們向學業求深造的那一番熱忱與毅力之表現。今天我們新亞同學之所缺，則正在這一番對學業必求深造之熱忱與毅力上。我敬向我新亞的同學們忠懇進一言，你們必當知，學業與課業有不同。課業有限，而學業則無限。課業易於修畢，而學業則盡人生之一世，永無修畢之一天。你們又必當知，你們今天，進入新亞，你們已接觸到大學之課業，但並未接觸到學業。大學課業正為領導青年走向於學業，而並非專為由大學課業來僅僅謀求一將來畢業大學後之社會職業，而可說已盡了大學課業之使命，已獲得了大學課業所應有之意義與價值。你們又當知，你們進入新亞，最多只能說已是置身於學府中，卻不能說已投身於學海中。你們最多只是已接觸到一種可以追求學業的環境，卻不能說，已置身在學業生命中，即已是在過著追求學業的生活。若不是真在過著一種追求學業的生活，那斷不能說他已是一個理想的大學生。在這一所學校內，若是沒有理想的學生，決不能說這一所學校是理想的學校。

我們新亞，若不能在此後幾年之內，培養出一番優良的學風，使大家於課業之外懂得有學業，則縱使有了新校舍，有了許多新教授與學生數量之增加，甚至在社會上獲得了幾許虛名，但除非其有理想的學風，決不是一所理想的學校。

這一層，不僅是我們新亞的同學們，因於愛護學校而該盡力向此方面邁進，這實在是我們新亞同學將來畢生的造詣所關，大家應各為自己的畢生前途而努力。

我在擬訂的新亞學則中，已經把我這一篇文章中要說的我們新亞的宗旨與理想，最扼要地述說了。我盼望我們新亞的新舊同學們，大家時時注意研讀這二十幾條學則。在這二十幾條學則中，我們新亞所想像所求達到的校風與學風之大體規模與大體途徑，全扼要地列舉了。若我們沒有優良的學風，我們也不能說我們已有了優良的校風。優良校風之真實內容，則全寄託在優良的學風上。我們新亞這五年半以來之僅有的成績，則只可說是已開始在上步而已，最多只能說已走上了一步或兩步，前面則還有百里千里之遠，要我們一步一步地繼續向前邁進。同學們！「手空空，無一物，路遙遙，無止境。」你們莫單記住了上兩句，而忽略了下兩句。若你們只知在學校課業上用心，轉瞬四個年頭，你們畢業了，離開此學校，在社會上謀得一職業，你們豈不認為自己大學的學業已經走到了止境嗎？我敢再提醒我們的新亞同學們，這決不是我們所謂的新亞精神呀！

（民國四十四年三月）

新亞書院五年發展計畫草案節錄

我們的學校經過了五個艱苦奮鬪的歲月之後，終於一九五四年踏進了它的第二階段——它的發展階段。在本期校刊編印的時候，我們的諸位董事和各位師長正在積極地設計一個「新亞書院五年發展計畫」，而且已經初步產生了這計畫的「草案」。雖說將來的具體計畫還沒有作最後的決定，但是這草案已經明白告訴我們期待的遠景和努力的目標，而且我們絕對相信，這草案進步為決案，計畫實現為事實的日子，都已近在目前了。所有新亞師生，新亞的友人，當然莫不引為最大興奮和安慰。因為「草案」很詳，很長，本期校刊只好節錄一部份以饗讀者。

——編者——

序言

本書院創始，在一九四九年之秋。當時因有感於共產黨在中國大陸之刻意摧殘本國文化，故本書院特以發揚中國文化為教育之最高宗旨。又因大陸流亡青年失學來港者，為數既多，處境又苦，故本書院又以收容清寒流亡青年為教育之主要對象。惟本院因經濟向無憑藉，歷年以來艱苦支持，終少進展。幸於一九五三年夏，美國耶魯大學盧鼎教授來港，同情本書院五年來之艱苦奮鬪，回美以後，提議雅禮協會與本書院合作，暫定以五年為合作之第一期。從一九五四年秋開始，從此本書院在經濟上獲有援助，前途得瞻曙光。爰草一九五四至一九五九之五年發展計畫，俾此後五年，得視經濟情況，逐步展開。茲分列要項如次。

課系之充實

本書院創始，本定開設六學系：一、文史系，分中文、外文、中史、外史四組；二、哲學教育系，分哲學、教育兩組；三、經濟系；四、社會學及新聞學系，分社會、新聞兩組；五、銀行會計系，分銀行、會計、國際貿易、商業管理四組；六、農學系，分園藝、畜牧兩組。嗣因經濟困難，社會學及新聞學系最先停開，農學系亦隨停止，銀行會計系改稱商學系。故直至本年，仍只維持文史、哲教、經濟、商學四系。此後五年，經濟獲有來源，希望先將目前原有之四學系，充實內容，並逐年分別設置，再圖擴充，其步驟如次：

第一年　仍照原設四學系開課。

第二年　於文史系中分出外文系，成為獨立之一系。

第三年　於文史系中再分出歷史系，完成中文系、外文系、歷史系，各為獨立學系。

第四年　哲教系分別獨立，成為哲學系與教育系。

若在經濟條件許可狀態下，除四年內完成中文、外文、歷史、哲學、教育、經濟、商學七系外；擬添設一中國藝術系，此一學系，擬分音樂、繪畫、戲劇、書法、篆刻諸小組，實於提倡中國文化、陶冶學生性情、豐富學校生活，並向社會各階層作普遍文化宣傳諸點，有重大之助益。其次，如經濟條件許可，並擬恢復農學系，庶使學生在實際生活中有接近農村生活之機會。除其個人可習於從事勞力與生產外，並進而了解中國大多數人民之生活。吾人希望將來重返大陸，即可就本書院歷年試驗所得，在中國大陸提倡多量設置接近農村之小型學院，此於將來中國文化新生之工作，必可有絕大之貢獻。

專任教授之延聘

本書院宗旨，於講堂授課外，希望能培養學生課外自學能力，並注重其日常生活及人格陶冶，因此專任教授之延聘，最所急需。惟歷年來，經濟困竭，除義務服務外，向無專任教授之薪給。本學年開始，始有專任教授五人，除院長一人外，餘四人分別兼任文史、哲教、經濟、商學四系主任，並分兼教務長、總務長、圖書館長及會計主任諸職務。

此後專任教授之延聘，擬分教授、副教授、講師三級，就應聘人之資歷學歷而分別其等第與待遇。

每一專任教授，以在校任課每週九小時至十二小時為原則。

學校內部一切重要行政職務，以由專任教授兼任為原則，其兼有職務之教授，得酌量減輕其任課鐘點，每週自六小時至九小時。

關於專任教授之延聘，由學校組織一聘任委員會，共同決定其人選及薪級。其規章另訂之。

此後逐年專任教授之延聘，依照學系之逐年增設及班級之逐年加添而決定。

課程及時數

由於添設學系，及增加班次，每年所需課程自須增加。茲依各課程必須之鐘點時數，暫定如下表：

第一年　一〇六小時
第二年　一三〇小時
第三年　一七〇小時
第四年　二〇〇小時
第五年　二四〇小時

兼任教授

依據上列專任教授分別擔任五年計畫中之課程及鐘點時數外，其不足之鐘點數由學校聘兼任教授擔任之。五年內兼任教授所任課程時數，約計如下表（專任教授任課鐘點，以平均一人九小時計）：

第一年　五十二小時

第二年　四十三小時
第三年　四十七小時
第四年　四十一小時
第五年　三十六小時

如兼任教授平均以每一人任課四小時計，則第一年應有十四人，第二年十一人，第三年十二人，第四年十一人，第五年九人。

助教

本書院教育宗旨，既側重人文學科文化教育方面，而此方面之培植人才，則甚難求速效。又因近年來各中等學校對於人文學科程度之普遍降落，入學新生程度水準不高，在四年大學教育之過程中，如遇優秀青年，學校不得不加長其培植之年限，俾能造就一輩將來在大學擔任中國人文學科及文化教育之後起者。因此本書院極希望能多列助教名額，俾選擇本書院畢業生及校外青年中之優秀者，擔任助教，加意培植。

本書院教育方針，注重指導學生之課外自學，助教則以在主任教授之指導下，襄助各級學生課外自學，為其主要之任務，一律以不任課為原則。茲暫定每年助教人數如下表：

第一年　暫缺
第二年　四人
第三年　八人　內增加四人
第四年　十二人　內增加四人
第五年　十四人　內增加兩人

大學先修班或附設中學

本書院因近年來各中等學校人文學科之水準普遍降落，及入學新生程度之參差不齊，認為欲求大學本科程度之提高，有附設大學先修班或附屬中學之必要。此一計畫，希望能在第二年新校舍落成後，開始創辦。在未辦先修班或附屬中學之前，暫擬增列關於中文、英文兩項基本科目之補習學程。當然此兩計畫仍須視經濟情況開設之。

研究院

本書院為求加深大學內部研究高深學術之風氣，並多方培植校內校外青年，能對人文學科與中國文化作高深研究，培植繼起人才起見，希望能就現在籌備中之研究所加以充實，將來正式成為本書院之研究院。其詳細計畫，當就經濟狀況之許可條件下，逐步擬訂之。

圖書設備

為求配合本書院教育計畫，鼓勵學生課外自學，及設置研究院，並為師生研究專門學術之需要，圖書設備最為急務，茲約略擬訂一逐年擴充圖書之數字如次表：

第一年　中文書二萬冊，外文書二千冊
第二年　中文書四萬冊，外文書四千冊
第三年　中文書六萬冊，外文書六千冊
第四年　中文書八萬冊，外文書八千冊
第五年　中文書十萬冊，外文書一萬冊

將來本書院之圖書館，並希望能公開於社會，使凡有志研究東方人文學科方面人士，得共同參考與使用。

獎助學金

本書院歷年來，雖在經濟極端困乏之下，為求適應大批大陸流亡青年，及一般社會經濟之貧乏，為求多方造就貧寒優秀青年起見，始終廣設免費學額。以前五年中其免費學額之最高比率，曾達全體學生人數百分之八十，最低亦未少於百分之七十。以後該項流亡青年，將逐年減少，希望免費比例能逐年遞減。又本書院學費，依照香港一般情形，定為每人每月繳港幣四十元，此後新校舍落成，學校經費逐年增加支出，關於學費一項，希望至一九五七年能酌量增加至每人每月港幣六十元。

校舍建築及其應有設備

編者按：本院校舍建築的中心問題有三：一為建築基地；一為建築設計；一為建築(及設備)之經費。目前，校舍建築由董事會下之建築及設備委員會負責推進，甚為積極，所以已不是計畫問題，而是實行的問題了。關於基地，現已得政府批准九龍教會道附近地段一塊，面積為二六五〇〇呎，因嫌其不敷分配，乃再向政府請求擴充。據聞這一合理請求，原則上不成問題了。關於建築設計，已彙集各方意見，並委託興業建築公司作初步打樣，現尚在修改之中。從初步藍圖上見，新亞校舍將是一座最現代化的校舍，美觀實用，堪為全港的學校模範。關於建築費，主要的是來源問題，而這一層卻已經因雅禮之合作，早已解決了。所以，我們可以大膽的預測，在下學年開學時，我們可以到新校舍舉行開學禮了。

研究所計畫綱要

一九五五年

目前中國問題，已緊密成為世界問題之一環。但若昧失了中國歷史文化之固有特性而僅就世界形勢來求中國問題之解答，則不僅會阻礙中國之前進，而且將更添世界之糾紛。近幾十年中國現狀之混亂，其主要原因，即為太過重視了外面，而忽忘了自己。

我們認為要挽救中國，其基本的力量，並不在外面物質的援助，與世界共同的呼號。更重要的在中國民族本身自有的歷史文化的基本意識與基本觀念之復甦。而且我們認為，中國固有歷史文化的基本意識與基本觀念之復甦，不僅對此後新中國之建立為必要，而且對世界大同與人類和平有必然可有之貢獻。

我們本此意念流亡到海外，認為不僅須從事教育，把這一理想、這一信念來培植中國後起的青年，更須從事於純粹性的學術研究，使此一理想、此一信念，獲得深厚堅實的證明和發揮。

在此理想下之研究工作，與一般從事於分工的，專門性的，互不相關的，只從事於某一特定題目，專就其有關的書籍與其他材料，而只注意於此一特定題目為對象的論文與著作之完成的研究工作，應有所不同。我們當從活的現實問題出發，時常經集體的討論，來向歷史文化淵源之深遠處作基本的探索。

我們因此不一定預先擬有固定的題目，而在我們的討論和探索中，自可有不斷的向書本以及其他材料上之研究作為我們這一理想的研究工作之副產品。

我們目前，暫只以少數人成此研究之集團，其中有對歷史、對哲學、對經濟，以及對中國現代社會與政治有認識的幾位有素養的學者作中心。我們期望於共同目的與經常討論中，各就專門，分途工作。並就青年中，選擇一些有學術興趣而略具研究能力的人，向之作指導。

我們盼望以後能逐漸地擴大我們的團體和研究之範圍，來共同完成此一目標。

我們的研究成績，將來當可分幾個部門作公開之報告：

一、專著　二、論文（及翻譯）　三、某些材料之搜集與整理

第二第三項，包括指導研究生之成績在內。此種研究報告，一時不可能有固定的期限，但希望能以每一年度作為一段落，來整理我們工作進程之所得。並在半年以內，我們可以有一具體的研究報告及若干已完成之成績。

新亞校訓誠明二字釋義

我們學校創辦了六年，纔始決定用「誠明」二字來作為我們的校訓。這一事，即告訴了我們，這校訓「誠明」二字之決定，在我們是鄭重其事，而又謹慎其事的。

「誠明」二字連用，見於《中庸》。《中庸》說：

「誠者，天之道也。誠之者，人之道也。」

又說：

「自誠明，謂之性。自明誠，謂之教。誠則明矣，明則誠矣。」

讓我們姑且作一番粗淺的解釋。「誠」字是屬於德性行為方面的。「明」字是屬於知識瞭解方面的。「誠」是一項實事，一項真理。「明」是一番知識，一番瞭解。我們採用此兩字作校訓，正是我們一向所說，要把為學做人認為同屬一事的精神。

我們要做到誠字的第一步工夫，先要「言行合一」、「內外合一」。口裏說的、心裏想的、外面做的、內心藏的，要使一致，這始叫做「誠」。

我們要做到誠字的第二步工夫，便要「人我合一」。我們只要真做到第一步工夫，自然能瞭解到第二步。譬如我們在獨居時，該如在群居時。我們在人背後，該如在人面前。我們不欺騙自己，同時也不欺騙別人。我們不把自己當工具，同時也不把別人當工具。循此漸進，便到人我合一的境界。這樣的人，別人自會說他是一位誠實人。

我們要做到誠字的第三步工夫，便是「物我合一」。如何叫物我合一呢？我有我的真實不虛，物有物的真實不虛。要把此兩種真實不虛，和合成一，便也是誠了。如我飲食能解饑渴，這裏有實事、有實效，便是誠。但是有些物，飲食了能解饑渴；有些物，飲食了不能解饑渴，不僅不能解饑渴，而且會生病，這裏便有物的真實。所以人生便是這人的真實和物的真實之和合。試問：做人如何能不真實，對物又如何能不真實呢？

我們要做到誠字的第四步工夫，便要「天人合一」，也可說是「神我合一」。如何叫天人合一呢？你若問：天地間何以有萬物，何以有人類？我處在此人類中、萬物中，何以能恰到好處，真真實實，完完善善地過我此一生？你若懂從此推想，從此深思，你便會想到天、想到神，你便會想到這裏面純是一天然，或說是一神妙呀！因此你只要真能真真實實，完完善善地做一人，過一生，那你便可到達於「天人合一」、「神我合一」的境界了。

這四步誠字工夫，說來容易，做來不容易。你必先做到第二、第三步工夫，纔能漸次懂得第四步。你必先做到第二步工夫，纔能做好第三步。但你又必先能做到第一步，纔能做好第二步。

這裏面，有一番誠實不虛的真理，你得先明白。若你明白得第一番真理，你便能言行合一、內外合一，你便養成了一個真人格，有了一個真人品。否則，你言行不一致，內外不一致，好像永遠戴著一副假面具，在說假話、做假事，你將會自己也不明白自己究竟是怎樣一個人，在做怎樣一回事。因此，不誠便會連帶地不明，不明也會連帶地不誠。

你若要誠誠實實真做得一人，你若要決心不說假話、不做假事，你自會懂得人我合一的第二項真理。你自會懂得有人在前和無人在前，有人知道和無人知道，全該是一樣。這便是對人如對己，對己如對人。我如何樣對人，我如何樣做人，你該明白，這原是一件事。因此，你先該懂得人，纔懂得如何樣對人和做人。但反過來說，你若懂得如何樣對人和做人，也自會懂得如何纔是一人了。於是你該得要明人情。

你要做人，便又該懂得對物。如你饑了要喫，冷了要穿。你若不懂得對物，便會餓死，便會凍死，又如何能做人呢？你若要對物，你當知物無虛偽，天地間一切萬物盡是一個誠。全有它們一番真實不虛的真理。天地間萬物，全把它們的誠實與真理來對你，試問：你如何可把虛偽來對物？於是你該得要明物理。

你必通達人情，明白物理，纔懂得如何真真實實、完完善善地做一人。由此再通達明白上去，便是天和神的境界了。

第一項真理，是人格真理，道德真理。第二項真理，是社會真理，人文真理。第三項真理，是自然真理，科學真理。第四項真理，是宗教真理，信仰真理。人生逃不出此四項真理之範圍，我們全都生活在此四項真理中，我們要逐步研尋，分途研尋，來明白此四項真理。我們並要把此四項真理，融通會合，明白這四項真理，到底還是一項真理。我們便得遵依著這一項真理來真真實實、完完善善地做一人。這便是《中庸》所謂「誠則明，明則誠」的道理了。

所以我們特地舉出此「誠明」二字，來作為我們學校之校訓。

（民國四十四年十月）

校聞一束

本院第四屆畢業典禮

七月二日——這是一個值得歡欣快樂的日子，我們的第四屆畢業典禮，假座協恩中學大禮堂舉行。相信借人家禮堂行禮這是最後的一次，下一屆一定會在自己建築的新校舍的大禮堂中舉行了。到會的師生來賓濟濟一堂，共有兩百五十餘人，列席的董事有趙冰博士、凌道揚博士、布克禮先生、郎家恒先生、沈燕謀先生。來賓中有協恩中學校長陳儀貞女士，港大教授劉百閔、饒宗頤諸先生。學生家長中有王惕亞先生等。總之，不論是誰，到會的每一位，他們都是關心新亞、愛護新亞的。

整個會場中充滿著肅穆寧靜而和諧的氣氛，主席和董事長來賓登臺就位後，莊嚴的校歌在嘹亮聲中過去，最先起來致詞的是錢院長，他說：

「今天舉行本院第四屆畢業典禮，在六年來同學們當可回想到過去在艱危困苦中渡過的情形，這一年也就是一個新的階段的開始，由於得社會人士的同情與贊助，且與雅禮合作後得到的經濟支援，使本院有了新的向前的發展，關於興建新校舍的問題，已蒙港府撥給農圃道一地段，籌備工作業已就緒，將於最近動工興建。

在過去艱困的五年中，學校最感缺乏的精神食糧——圖書，在這一年中也已實現了願望，設立了圖書館，藏書已陸續增添到二萬冊以上。至於教授與課程方面，學校聘到文史系主任牟潤孫先生及國文、英文兩基本科教授數位。下學期起將增設外文系，並已聘就系主任丁乃通先生。這一年來學校對國文、英文兩課的重視，是希望同學們有了求學的基礎，以便去達成更高的理想。

今後學校在物質條件上將逐步向上發展，我們更希望新亞精神能繼續保持發揮，這才是本院最高的理想。

同學們要在原有的基礎上，更進一步的建立起優良的學風。

今後希望同學們在學校的物質條件發展之下，務使新亞精神能不斷的追上並超越物質條件，不但要保存好的校風，而且要保存好的學風。創造好的學風，不但要成為好學生，而且要成為有學問的好學生，使不致辜負諸師長及社會人士對本院的期望。真正的進步與發展，除了物質條件以外，也應該從精神上與學業水準上去衡量的。」

當院長頒發畢業證書完畢後，由董事長趙冰大律師致詞，首先趙先生以「古靈精怪」四字比喻大學四個年級的學程，接著並勉勵同學在畢業後仍繼續努力，以完成學業與事業，畢業同學不應自滿，應在原有基礎上再建立理想中的目的。

接著有耶魯代表郎家恒教授致詞，他用流利的國語演說，首先他對雅禮與新亞合作一年以來有很大的成績表滿意，並對將來的發展與前途也抱極大信心，最後他說：「雙方合作，乃基於共同的依賴，正如新婚的夫婦欲求建立美滿的家庭一樣，今後能真正做到中西文化交流，才是吾人的最大目的與最高理想。」來賓中接著又有協恩女中陳儀貞校長與劉百閔教授致詞，對新亞在艱苦中創立與成長，及提倡中國固有文化精神，語多獎勵。畢業學生家長代表，由王惕亞先生致詞，向院長及諸師長與校董致謝，並勉畢業同學。後由畢業同學古梅致詞。禮成攝影散會。同夕假中國學生週報社，舉行歡送畢業同學及師生聯歡晚會，首由主席葉龍同學致詞，繼由張丕介與王書林教授致詞，學生家長周一志先生及來賓張國燾先生及數位同學代表亦先後發言。會場一直保持了和諧與融樂的氣氛，當本校同學代表將傳統性的紀念戒指送給每一位畢業同學時，引起了全場熱烈的鼓掌，會中有豐富的餘興節目，師長同學都在充滿歡樂愉快的情緒中渡過了這富有意義的一天。

院長獲授港大名譽學位

本院院長錢穆先生於本年六月廿七日獲授香港大學名譽法學博士學位。可以說，這是本港學術文化界中的一件大事，也是中英文化交流史上的一個好現象，這是香港大學自開辦以來，第三次頒授我國學者以是項學位。港大是英國高度學術水準系統中之一環，向來對國際性學位之授予，極其嚴謹而鄭重，一貫地本著「唯名與器，不可以假人」的態度。錢先生接受此次港大所贈予的學位，是經過長時期的考慮才決定的。因為錢先生一向對功名富貴都採很淡薄的態度，對學位的看法也並不重視，所以錢先生是為了表示對英國自由主義文化教育之尊重才接受的。正如劉百閔先生所說：「錢先生這次獲授港大學位，對錢先生自己說是沒有什麼意義，或者會感到『尊之不足加榮』，但是對我們說，卻是同感光寵，尤其是站在中國的學術文化立場來看，其意義卻是重大的。昔日朱舜水先生亡命日本講學，為當地朝野人士所尊重。錢先生今日在香港的處境亦然，正足以與朱氏先後媲美，互相輝映。」

此次頒授學位典禮中，港督葛量洪爵士曾說：「錢先生係一著名的華人學者，他這次接受本大學的法學博士名譽學位，為本大學增光不少。」從這幾句話中，表明了由於錢先生在對中國學術文化上的貢獻有其應享的殊榮，也在中英文化交流上，有其寶貴的意義，正如六月廿九日工商日報的社論所說：「錢穆先生在我國學術界的地位，也早已被視為泰山北斗，沒有幾個可以比肩，故此這次之願意接受這個名譽學位，對港大來說，也是相得益彰，永留佳話。」

我們覺得此次港大授予錢先生以崇高的名譽學位，有其絕不尋常的意義，表示了港大對中國權威學者的推崇。雖然這僅僅是一個名譽學位的授予，但其所起的實際作用，卻是以激勵世人對中國文化有所認識，無異使今後香港的學術文化園地，結起優美的果實來。使我們相信，本港學術文化的前途，必有良好的發展。我們也深信，這是對於中英文化溝通的一個良好的開始。

新亞研究所

新亞研究所於本年九月正式成立。由錢院長兼任所長，張葆恒教授任教務長。導師除錢院長、張教授外，尚有唐君毅、牟潤孫二位教授。並於九月初公開招生，經嚴格之考試後，共取錄研究生五名：柯榮欣（國立中央大學畢業），羅球慶（新亞書院畢業），孫國棟（國立政治大學畢業），余秉權（國立中山大學畢業），石磊（國立中央大學畢業）。查研究所未正式成立之先，已有四位同學（唐端正、章羣、何佑森、列航飛）從事研究。

研究所規定研究生畢業年限為兩年。在兩年內，必須修習三十六學分，精習一種外國語文，完成論文一篇。課程計有中國思想、中國歷史、中國文學與文字、英文等。並規定指導閱讀書為

《論語》、《孟子》、《老子》、《莊子》、《通鑑》、《詩經》、《楚辭》、《宋元學案》、《明儒學案》、《史記》、《漢書》、《左傳》、《禮記》等。課外閱讀為《近思錄》、《日知錄》、《讀史方輿紀要》、《文史通義》、《廿二史劄記》、《經學通論》等。

研究所擬每半年出版學報一期。第一期創刊號，日內即可出版。

新亞理想告新亞同學

任何一種事業，若求發展，其最主要的條件，決不是外面的機緣，而是內在的精神。新亞誕生，至今已七個年頭了。最先五年，是在艱苦掙扎中，最近兩年，是在逐步進展中。此後若求繼續進展，該向那一目標而邁進呢？試把我個人想像，向同學們作一簡單報告。

我們不久便可有一所新校舍，那一所新校舍，至少可容四百個同學。我們學校的初步目標，是以四百學生為理想限度的。換言之，我們學校此後努力的目標，首先該在充實內容上，至於學校規模，則暫以招足四百人為限。

說到充實內容，首先該注意到同學們的學業上。招收新生，我們希望逐步的嚴格。畢業程度，我們希望逐步的提高。換言之，我們該注意改進同學們的質，不在增添同學們的量。

要充實課程內容，提高學生程度，我們得注意多量網羅好教授，盡量擴充圖書館。我們學校此後的物質設備，將最先側重在添購圖書的這一項目上。

學校精神之表現，第一，希望同學們在學業上多與教授接觸。第二，希望同學們能盡量利用圖書館，把同學們的學校生活，漸漸引進到學業的生活，與學術的生活上去。

中國有兩句老話說：「尊師重道」、「敬業樂群」。師何以當尊？因師者所以傳道，故知重道便會知尊師。現在我想改換一個字，說「尊師重學」。因我們學校的教授先生們，未必每人有一套「道」傳授給同學們，但每一位先生，必有他一套學問。我們為重學，便不得不尊師。同學們既然同在一學校，同向一種學業而邁進，而努力，則同學們相互之間，自然會有一番樂群之心油然而生了。

我們不是常說，新亞有一個好校風，同學師生之間，能親密相處，如一家庭嗎？但以前的新亞，是限在三四間教室，限在一百位左右的同學，十幾位教授先生們的簡單範圍內。因此師生相互間，融洽如一家，此事並不難。此後學校發展，學生先生數量逐步增添，學校規模逐步擴大，譬如小家庭變成了大家庭。若我們仍希望保持我們以前那一番好校風，便該注意提倡培養出一番好學風來，必使同學們能在重視學問的風氣下來尊師，使同學們在敬重學業的風氣下來樂群。以後的新亞，在我理想中，將依然會如一家庭，但要造成一個學術空氣濃厚的家庭，不僅是限於一種日常生活相處的家庭，始有新亞之前途。

連帶我說到同學們的在校活動上。我希望此後同學們，盡量增加學業的活動，不僅在講堂，在圖書館，注意各個人的私人學業之進修。我更盼望同學們，更能儘量積極從事於集體的學術活動。如現有的座談會、講演會、討論會、壁報、校刊等等，都該注重在學業表現上，來聯合師生，共同參加。我並盼望此諸活動，漸漸把重心完全移放在同學們的肩膀上去。

譬如，舉一例言，同學們現有的幾種講演會，儘可盡量邀請學校教授們出席講演，或出席指導。由講演而增進討論，再由討論而長期繼續，便是形成了某幾種學會之雛形了。我希望新亞同學，不久能發起哲學會、文學會、史學會等種種組織。漸次邀請校外學者來學會作講演，便可把學校以前所一向舉辦的文化講座，也逐步歸併到同學們來主持了。

其次說到校刊。我希望校刊內容，逐步充實，逐步提高，把校刊變成為一種有學術分量的刊物。同學們有研究性的論文，愈來愈多，愈來愈好，愈精彩，愈豐富。將來校刊篇幅不能容納，便添辦哲學會刊、文學會刊等種種定期不定期刊物。

同學們能在此一條路上求發展，自然會尊師，自然會樂群。此一集團，因有共同興趣，共同事業，自有共同生活。自然能感情融洽，如一家人般。但此一家，卻是富有學術探討風氣之家。我希望將來新亞能轉變成如此般的一個家。

其次說到同學們活動之另一面。我盼望我們有了新校舍，能從積極提倡學術生活之外，再增加進許多富於藝術意味的新生活。孔子所謂「游於藝」。我們盼望新亞生活，能在好學生活之外，再增加進許多游藝生活。此一層，只要學校經濟有辦法，必然會儘先設法的。

大廈非一木所支，任何一事業，必待群策群力，共同策進。我盼望我們新亞的同學們，來共同努力創造此一理想的新亞。我盼望我們新亞的同學們，在我此文上述的一大目標之下，來善盡你們所能盡的職責。

（民國四十五年四月）

農圃道新校舍奠基典禮講詞摘要

民國四十五年一月十七日

今天新亞書院新校舍奠基，承蒙港督葛量洪爵士來主持舉行典禮，我們深感榮幸，我首先向葛量洪爵士致我們誠懇的謝意。

關於新亞書院的創辦經過，剛纔董事長趙冰博士已經詳細報導過。我此刻想對新亞書院的教育宗旨及教育理想方面，再約略補充說幾句。

新亞書院是一所純粹為教育事業而創設的學校，他絕對沒有任何其他背景，亦絕不作其他任何活動。我們的教育宗旨，不僅建立在傳授學生們以某項必備的知識上，同時我們更注重在人格教育和文化教育的理想上。因此新亞書院的教育宗旨，可以說是在知識教育、人格教育和文化教育三方面同時兼顧，會通合一的理想上前進。

先說到知識教育，我們的理想，不僅希望學生們在學校的四年時間內，傳授他們以某幾項必備的知識。我們更希望，新亞書院的學生，在他們畢業離校以後，還能有自己繼續進修的興趣和能力。因此我們對於課程方面，更注重文字的基本訓練。我們希望新亞書院的畢業生，在中英文這兩門基本課程上，能有一種較高的基礎。我們希望每一個畢業生，能有他自己閱讀中國古書的能力，同時也能自己閱讀有關各項參考材料的英文書。每一個學生當他們離開學校之後，必求他們能自己來接觸學問的天地，能憑藉自己的閱讀能力來繼續上進。

我們學校的四年課程，只能為他們打下這一個基礎，培養這一種能力。因此我們新亞書院的教育宗旨，不僅注重學生在校的期間內，並希望注意到離開學校以後之一段長過程。

其次說到人格教育，這一問題，在我們認為是最重要。一般青年，跑進學校，在他們的意想中，似乎只注重在習得幾項智識，獲得一種資歷，將來好在社會上謀求一份職業。這是近年來學生進學校的共同目標。但我們想，一個人不僅應在社會上好好謀求一職業，更應該在社會上好好做一個人。他必須懂得如何好好做一個人，他纔能懂得如何好好做一件事。事業更重於職業，而人格則是一切事業之基本。

因此我們的教育理想，不僅在指導學生如何讀書、求知識，同時也注重指導學生如何做人。好讓他們懂得如何憑藉他們的智識，來為社會服務。我們希望指導學生，做人更重於讀書，事業更重於職業。

第三點說到文化教育，我們認為，在今天的社會上，要指導青年如何好好做人，如何好好做事業，他必該先具備一種文化的觀點。我們學校的教育對象，是中國的青年。中國有他自己一套優良傳統的文化。但今天的世界，已是在走向大同的路上，中國人不能關著門做中國人。中國人必得站在世界的立場上來做一個人。因此每一青年，我們該指導他們，如何瞭解世界人類文化所包涵之大意義，及其大趨向。

香港是一個東方文化和西方文化接觸重要的地點，中西兩大文化在此交流，已經歷了一百多年以上的歷史。我們這一學校，創設在香港，獲得了香港政府精神上、物質上種種的指導和協助；近年來，又獲得了美國雅禮協會經濟的支援，我們這學校纔能有今天。可見這一所小小的學校，已經是中英美三國通力合作之成績，已經是在中西文化相互瞭解、相互尊重後，纔可能表現此成績。我們希望，我們這一所學校，在中西文化交流、中西文化合作上，將來能有其更大之貢獻。

以上所說，智識教育、人格教育、文化教育這三方面，是我們學校創始六年有半一向所抱的理想，這六年半以來，我們幸而獲得了中西社會各方面的同情和協助，使我們在感激之餘，更自努力。但一個理想要達到他所應有之實現，這不是一件容易的事。我們切盼社會各方面，能繼續不斷給我們以指導，給我們以援助。今天我們新校舍奠基，也可說新亞書院已邁步走上了一個新階段。

本院半年來大事記

本院研究所成立　經營積極發展快

為培養研究中國文史專材，造就對中國學術思想、歷史文化各方面繼起之學者。本院懸此理想，終於一九五三年秋季實現初步計畫，成立一研究所之雛形。招少數來自臺灣大學及本院之畢業生。經兩年來之努力，此研究所之經營有良好之發展。叢書業已出版者，有本所兼任導師唐君毅教授之《人文精神之重建》及內容充實之第一期《新亞學報》亦已問世。研究生方面，前已有獲得哈佛大學訪問學者之邀聘的有余英時君，獲瑪德里大學之獎金者有蕭世言君。本所自本學期正式成立後，導師有錢穆、唐君毅、牟潤孫、張保恒等教授，現有研究生中在各大學畢業的包括中央大學二名，中山大學一名，政治大學一名，臺灣大學二名及本院的三名。本年度哈佛大學又函邀本院推薦一人，以訪問學者資格去該校研究。該所畢業年限為二年，以修滿三十六學分，精習一種外國語文及完成導師所認可之論文一篇為畢業，今年暑期將仍在本港公開招生。

舉行破土典禮　嘉賓自遠方來

十月十八日，也是一個可紀念的日子，因為這天是農圃道的新校舍舉行破土典禮，全院師生同學都興奮地前往參加。破土的儀式由錢院長主持，他使用鋤和鏟，在校舍基地的前面一塊泥地上，作象徵性的掘土。典禮完成得很快。這次參加典禮的人群中，其中有一位不遠千里而來的嘉賓，那就是美國聖約翰大學校長 Weigle 博士，他又是雅禮協會的理事之一，所以他特地老遠跑來參加這典禮，有其不尋常的意義。會後他曾同本院教授們談到本院發展後的未來前途，同時又討論到一所新型的小規模大學的辦理及其教學方法。相信這位國際友人，亦熱切地期望著本院的未來成就。當他回美前，他曾邀請本院教授赴美在該大學作短期的講學，這事將在本年暑假後實現。

錢院長出國講學　為祖國文化爭光

十月二十一日，錢院長應自由中國教育部之請，搭民航機去臺轉日講學。因為前些時，日本文化界知名學者前田多門、宇野哲人等，曾先後來臺灣講學，故教育部此次組織訪日文化代表團是報聘之意。此次訪日，錢院長擔任了代表團團長，同行者尚有淩竹銘、鄧萃英教授等。代表團在十月二十四日啓程赴日，十一月十八日返臺，在日逗留計廿六日。錢院長在此期間，曾應日本治漢學權威的東方學會之邀請，作了三次講演，其次序為：十一月二日，在京都大學講「老子書的時代」，同月十六日在東京大學講「中國社會的歷史分析」，同月十八日在交詢社講「東方人的前途」。聽講者多為學者、教授及各界知名之士。錢院長並曾在來港招生的亞細亞大學作了一次短講，順便探訪本院在日留學的校友們。此文化團在日逗留時間除大部在東京外，並曾赴鎌倉、奈良、京都、横濱、根箱等地作了訪問。錢院長返臺時，曾在中日文化經濟協會上講了訪日觀感。並說及日本學術文化界對他們歡迎的盛意，可惜時間所限，不能應邀多作數次講演。

相信此次自由中國文化代表團的訪日，意義是重大的，不但為祖國文化爭光，而且對中日兩國間文化與友誼的相互交流上，有莫大的收穫。

美國各大學主腦　關心我書院前途

十月中，有美國華盛頓州立大學東方研究所主任 Taylor 教授來港。他對本院的發展極感興趣，對本院研究所亦垂詢頗詳，並由教授們帶領他參觀了有關院所部份。臨走時，他並應允本院研究所畢業生每年能有一兩位赴美該大學的研究所作研究。因他願意盡力協助在學術上有成就的中國青年，以便促進中西文化交流。

十一月底，由美國來港的哥侖比亞大學校長柯克（Kirk）博士，曾來本院參觀，他與本院教授們曾談到現時代的高等教育一般計畫，對本院研究所的發展亦甚關心。

哈佛燕京社教授　談支持新亞計畫

十二月二日，美國哈佛燕京社的教授 Reischauer 博士，他近年來駐在遠東方面工作，此次順道經港返美，主要來參觀本院及研究所。當本院院長與教授們談及本院研究所的發展時，他表示很願意與我們合作，並支持這一有意義的教育事業。當他回美後，該社已決定一九五六年度將捐助五千美元作為本院研究所的發展經費，指定用於研究所的購置圖書、出版刊物著作及其他研究工作之用。該社並答應今後每年能幫助本院研究所畢業生赴美留學之費用。其最初之名額，每年將為一、二名。

摩根索教授來港　對新亞備加讚揚

大家都知道，美國芝加哥大學的政治學教授摩根索（Prof. Morganthau）是世界知名的政治學說理論權威之一。當他來香港以前，他就想知道新亞書院的情況了。這次來港，他事先託本港的美國領事館與本院接洽，說明他的熱誠，並希望與本院教授們見面。我們表示歡迎。十二月十二日，校方在嘉林邊道第二院佈置了一個會場，錢院長並邀請了各位教授，就在這天舉行了一個座談會。這是一個輕鬆的談話會。各教授均自由地發表他們個人的意見。摩根索教授覺得這是有意義的聚會。事後他又參觀了本院。當他回美後，美國領事館的 Gerald. R. Daly 先生，曾致函錢院長。在該函中曾說到：摩根索博士對錢院長及其所創辦的新亞書院與研究所，雖然只是一個短短的訪問，但這在他看來是一件最感興趣並最有意義的事。當他在香港逗留的日子中，他並且將這觀感，在一個宴會中告訴了港督葛量洪爵士。

異邦友人所給予我們的關懷，使我們覺得友情有無比的溫暖。

校舍奠基典禮　師生鐵函題名

一月十七日下午四時，本院農圃道新校舍舉行奠基典禮，敦請港督葛量洪爵士奠基。此次奠基典禮的行列為港督、趙董事長、錢院長、高詩雅教育司、協恩陳校長、徐建築師、本院各董事、研究所各顧問及本院各教授等。大會假協恩中學禮堂舉行，由董事長、院長及港督分別先後致詞，接著行列向農圃道基石前進。徐建築師呈鋤後，由港督葛量洪爵士奠基石。接著又由院長錢穆博士向港督贈送張瑄教授所刻之石章一件以資紀念。最後，港督由董事長等陪至協恩中學，嘉賓隨後參加茶會。

在奠基禮舉行前，還有一件有意義的事值得一說的，就是準備埋入地基下的鐵函。事先由沈燕謀董事說明鐵函之意義。此鐵函內所藏的，包括中華民國全國及香港地圖各乙幅，中華民國國旗乙前，《四書》、《孝經》、《舊約全書》、耶魯的一冊贈書、《新亞學報》、《新亞概況》、錢院長的著作〈孔子與春秋〉一文，當天本港的中英文報紙各乙份、美國與本港的貨幣各乙套。在中華民國大地圖的背面，有鐵函師生題名錄。錢院長在題名錄的前面有銘語四句，後二句說：「後有發者考往事，所南心史等例視。」這是一件意義十分深長的紀念品，相信被人發掘出來，將是數百年以後的事了。

雙十節開慶祝會　國慶校慶又迎新

我們得由衷地感謝中國學生週報社，近二年來差不多每一次本院較大的集會，都是假座週報社開的。這一次不用說，週報又慨允借場所給我們了，這確是一個不尋常的節目，是國慶，又是校慶，同時還歡迎本學期的新教授與新同學，三個慶祝並連在一起，這一晚，師生來賓陸續地光臨了，漸漸地把這打通的幾間屋擠得水洩不通，主席葉龍同學最後講的那句話極使同學們興奮，他說：「明年今天，我們將在新校舍中舉行慶祝會了。」錢校長勉勵同學們仍應以精神為重，因為一件教育事業的發展，並不在物質條件，而有賴於其所持的理想與精神。接著張丕介教授致詞，幾位來賓與同學家長亦高興地起來發言。會後的遊藝節目向來是由王健武同學主理的，這次也不例外，由他的駕輕就熟的技巧，和豐富而別緻的遊藝節目，贏得全場會眾的笑口常開。

除夕聯歡晚會　師生感情融洽

一年一度的除夕聯歡晚會，這是本院六年來富有傳統性的一個有意義的聚會，這次聯歡會的籌備雖很匆忙，但成績卻並不比往年的為差。主席由梅恒同學擔任，當簡單而肅穆和諧的儀式舉行過後，首由錢院長致詞，大意是說：「現在我們的學校在發展著，在擴大著。師長們比較籌劃校務的時間多了些。雖然親近同學的機會少些，但愛護與關心期望同學的心則一如往昔，也盼望同學們多與師長接觸，領受教益。」又說：「我們的學校，現在正是向前跨進一步的時候，所以我們更得警惕自己，以期達到我們的理想境界。並且新亞的前途繫於每一位師長與同學，盼望同學們更能好學向上，培養出良好的學風來。」接著有唐君毅先生、張丕介先生、沈燕謀先生相繼講話，繼有豐富的遊藝節目，師生均在愉快的氣氛中散會。

除夕師生樂團聚　新年同學拜年忙

在農曆除夕的前兩晚，住在嘉林邊道的錢院長和牟先生，這邊住在桂林街的張師母和唐師母都分別邀請本院無家可歸的同學們在他們家中過年吃年夜飯，錢先生和牟先生是邀請了住在嘉林邊道宿舍和研究所的諸位；唐張兩先生所邀請的對象是除了桂林街宿舍的同學外，住在校外及留在宿舍的同學亦在被邀之列，這次除夕晚餐，師生們一團和氣，宛如一個大家庭，在唐張兩先生家中過年的就約有二十位同學，雙方師生們輪流著在唐張兩先生家中聚餐，先生們所預備的美酒和佳餚，使同學們大快朵頤，最後，所有的師生均齊集在張丕介先生的屋內吃水餃並玩有趣的遊藝節目，室內的燈光佈置得很美，更顯得充滿了和諧愉快的氣氛，其中有一個猜燈謎的節目，張先生出的燈謎其中有：「原子時代，唯我獨尊，乾坤一擲，醉翁開心（打食物一）。」「一對燕兒向南飛，一隻瘦來一隻肥，一年只可來一回，一月卻又來三次（猜字一）。」還有唐先生的「江流石不轉」猜詞牌名。這一晚師生盡歡而散。第二天元旦，同學們大清早起來，就三五成群的紛紛往師長家中拜年去了，這些中國傳統的優良風俗，使遠適異鄉的遊子們平添了無限的生活情趣。

新亞夜校兒童節　師生慶祝齊歡欣！

本院附設之新亞夜校於四月四日兒童節晚在桂林街舉行盛大慶祝晚會，到場的有全校師生、來賓、校友共二百人，會場佈置得很美麗，燈光亦很燦爛耀目，唱校歌後由學生自治會主席梁靜之同學首先致詞，續由校長列航飛先生致詞，他勉勵同學們慶祝兒童節不可忘記將來要做國家的好公民，並且在學校中要用功求學、敬愛師長。禮成後由同學們擔任豐富的遊藝節目，首先由全體學生合唱兒童節歌，接著有合唱與獨唱，歌名有「本事」、「黑霧」、「虹彩妹妹」等，其他尚有話劇、街頭節目、默劇、歌劇等。話劇為「破除迷信」；街頭即景包括「潑婦罵街」、「非法」、「捉魔鬼」三齣；默劇為「老大徒傷悲」；歌劇為「安全士與賣花詞」。這些節目由天真活潑可愛的孩子們演出，更顯得動人與美麗。教育下一代的責任是重大的，但願這些孩子們將來都是有用的國民，都是未來的主人翁。

圖書館增聘職員　藏書亦不斷增加

本院的圖書館，在館長沈燕謀先生的領導下，在業務上的進展很快，對圖書方面之充實，尤為校方所關切，最近增加數量最多的是屬於歷史及叢書方面的書，在外國文學書籍方面，則經常有外文系主任丁乃通先生的購置，也比以前充實了許多。最近又接到美國新聞處與香港大學方面的大批英文贈書，現在藏書將達四萬冊。此數目仍距本院所計劃的藏書數量甚遠。本院計劃暫定至一九六〇年得有中文書十五萬冊、英文書二萬冊，但相信在不久的將來將會實現。

又本院最近加聘了一位圖書館職員以利工作，她就是本院前期畢業的校友王懿文小姐。

本院增聘教授　同學人數增多

本學期新聘的教授與新增的課程為：左舜生先生擔任中國近代史，張伯瑜先生擔任訓詁學，羅集誼先生擔任日文，莫可非先生擔任大學國文，譚維漢先生擔任理則學，王聿修先生的財政學，張海慈先生的商用數學。外文系增聘的則有許吉鴻先生、布克禮夫人、甘夫人、葉雨果先生等。

本校本學期增設了外文系，現在共有五系。本學期就學同學總人數為一百九十五人，計文史系七十六人，哲教系三十二人，經濟系二十八人，商學系十四人，外文系二十八人，並選課生十七人。

告本屆畢業同學

諸位同學，今年諸位畢業，是我們學校正式遷到新校舍以來的第一批。這幾年來，我們學校在社會上薄負時譽，但究竟我們成績何在，這值得我們自己作一番內在的自省。校舍之建立，圖書之充實，教授之增聘，科程之添列，這些都該算是我們學校之成績，但主要的還該說到學生的程度。尤其是畢業生，他們成績如何，這是衡量學校成績唯一主要的標尺。

新亞的歷屆畢業同學，能獲機會，進入研究所，或出國深造的，究屬少數。大部分都是投身社會，謀一職業。但初從大學畢業，年事總還輕，在校學養也總還淺，所獲職業，亦比較多屬低級的，沒有什麼重要職位。如是，則試問畢業生的成績，又該如何表現呢？

固然，我們新亞歷屆畢業的同學，總還是大部分有職業了。而且一般說來，新亞畢業同學，也比較能獲各方信用，能勤奮，能盡職。但我們卻不得在此上自滿。我們並不希望，畢業同學初入社會，便有什麼異常的成績表現。然而就一般說來，我們新亞的畢業生，似乎仍未能與學校教育平日所期望者相符。

我們新亞的教育宗旨，向來都說要為學與做人並重。諸位畢業後，到社會就業，一面是諸位學業之表現，另一面是諸位品格之表現。在學校，或許諸位總認為學業為重。因為學校的課程與考試等，豈不都像偏重在學業方面嗎？但諸位一涉社會，致身職業，諸位便該覺悟，一切高下的衡量，乃及成敗的關鍵，卻處處是品格為重了。若使你有較好的品格，縱使你學問稍差，仍會得人信任，受人重視。你的地位和事業，也會逐步有上升之望。若使你品格差了，縱使你有較好的學問，你總會受人鄙視，失人信用。你的地位和事業，也總不會讓你自己得滿意。

我想，一個學校若能栽培出青年們好的品格來，這比能指導青年們有好的學問，更為有成績。今年諸位從學校畢業，諸位都該想，主要的不是在學校獲得了更多的知識，卻該是在學校養成了更好的品格。這是一個學校的成敗得失所在，也即是諸位投身社會，將來的成敗得失所繫。

就我歷年來的觀察，我們新亞歷屆的畢業同學，並不是說，在品格上有如何顯著的缺點。但似乎我們新亞的畢業同學，在此點上，也並不能說已有了一種深切的瞭解和覺悟。換言之，我們新亞的畢業同學，有些能在學業上還想深造，有些能在職業上刻意努力，但比較最少的是在自己品格上，能一意認真向上。

若使我的觀察並不差，我深怕，我們新亞的畢業同學，只要在社會久了，縱使他們能應付，能奮鬭，沒有大毛病，但也決不能有大成績。他們總會隨波逐流，變成一世俗尋常之人，卻不見所謂新亞的教育精神來。如此，則仍還是新亞教育之失敗。而同時，也是諸位終身莫大之失敗。總結一句，若不在做人方面，刻意認真上進，此人歸根結柢，總還是失敗，而且是大失敗。

我不想在消極方面，具體舉例來說，我仍想從積極方面，從大原則上來給諸位一指示、一鼓勵。說到此處，我仍想舉出我們新亞的校訓「明誠」二字來。

我們新亞的校訓「明誠」二字，本來從為學、做人兩方面全都兼顧了。但我今天，則只想從做人方面來對「明誠」二字稍稍有一些發揮。

所謂「明」，是要你明白人情，明白事理。總沒有對人情事理不明白，而其人可以負大責任、成大事業的。若要明白人情事理，此事儘不易，也儘有工夫可做。但諸位無論如何，總不能說對一切人情事理全都不明白。諸位至少也明白了幾許的人情事理。因此這一「明」字，卻已是諸位本已有之的。

所謂「誠」，只是不虛偽、不欺詐、誠誠實實，照你所明白的直直落落做去。那更不是難事。我想，諸位決不肯，而且也決不能，說我是一個不誠實的人。當然，諸位也決不能，而且也決不肯，說我是一個不能誠實的人。

因此，明白是人人有所明白的，誠實是人人都能誠實的。一個人，只要既誠實又明白，那將無事不可為，而且無往而不利。因此我們學校，舉出此「明誠」二字作校訓，單就做人方面言，那是一個最低標準，同時卻又是一個最高標準。說它是一個最低標準，因為這是人人所能的。說它是一個最高標準，因為只能此便夠了。

但社會上卻永遠有些人，而且是大多數人，對事理人情不明白，對說話做事不誠實，這為了什麼呢？簡單一句話，因他有了自私自利之心，專想從私處找便宜，於是對人情事理，遂陷於不明白。對說話做事，遂陷於不誠實。其實他對自己的不誠實，至少他還是自己明白的。而且他不該不誠實，他也自己明白的。只要他肯誠實，他依然是能誠實的。這一層，他自己也明白。但他卻存心要不誠實，認為他若誠實了，他會自己喫虧的。這一層，卻是他不明白之處。

其實，一個人立身處世，本不該專從自己利害作打算。縱使從自己利害作打算，也該從大處遠處打算，不該從小處近處打算。若明白得這一層，便知「明誠」兩字，所以是做人最低的標準，也即是做人最高的標準了。

我們學校，一開始便施行了工讀生制度。此一制度，卻並不專為同學們在校時之經濟上打算。此一制度，在學校的用意，是想用來歷練同學們在校時之做事能力。更高的，是在培養同學們在做事時的德性與品格。但此制度，在學校幾年來所表現的成績，似乎先後有不同，我甚想借此機會來一講。

在開始，學校經濟十分窮困，同學們激於此種情況，同情學校，都能自發心幫學校服務。只要能對學校盡一分力，在他心上，也感覺到一分愉快。那真是一種最高的品格表現。而且在那時，學校師生人數尚不滿一百人，關係也簡單。在當時，真是學校如家庭，師生合作，大家說「新亞精神」，那是夠使人快慰，夠使人興奮的。但現在不然了。一則學校經濟，似乎較之以前是充裕了。二則學校人事，也較之以前遠為複雜了。有些人便把獲得一工讀機會，認是他的一分權利，把對學校工作，認為自己的一分權利，於是其居心與動機都陷於不正。於是有趨逢搶機會，有躲閃不盡職，有怨望不公平，種種不良風習，便會慢慢蘊釀。我並不是說目下在校工讀，或畢業後留校服務的，都不如以前。只從大體說，有此趨勢。可見大原則一差了，循此以往，便會走向錯路上去。所謂差以毫釐，繆以千里。只要久了，影響自不同。

我從同學們現在在校工讀情形，便不免要聯想到離校到社會上去服務的。我們決不能對目前狀況自滿。只要在我們存心上、處事態度上，小有差失，積而久之，便會有大分歧。我們新亞書院的畢業同學，若要在社會上真能顯著出一種成績來，便該從此大原則處認真。

讓我再重複說一句，做人與為學並重，這是新亞的教育宗旨。「明誠」二字，是我們新亞的校訓。諸位此刻畢業不論學業高下，將來謀事不論職位大小，總之應努力做人，在自己品格上力求上進，力求完善。這是諸位唯一應該注重之要點。讓我便把此來貢獻於本屆的畢業同學們。

（民國四十六年七月）

新亞書院・亞細亞大學交換學生協定

宗旨

新亞書院、亞細亞大學，基於建校理想之相同，彼我共鳴於俗世之中。以崇高學風，互信互賴，為促進兩國文化之交流。除相互交換教授等外，先以作育將來達成中日合作之優秀青年為始，願相互交換學生教育之。

總則

一、交換學生之實施，定一九五八年度起開始試辦。試辦期間定為二年。

二、交換學生人數在試辦期間內，定為每年二名，嗣後之交換人數另定之。

三、交換學生之學費、宿費、膳費由雙方學校相互負擔。交換學生之香港——日本之間之往返旅費及零用，由學生自己負擔。

四、交換學生暫以商科志願者為限，入學後不得轉校轉系。

五、交換學生住宿於兩校所定之宿舍，於宿舍內與其他學生共享同樣伙食。

六、交換學生之履修時間為二年半，由雙方第三年肄業學生之中選派之。

七、雙方對交換學生之教育方法及內容，由各自計劃決定之。但宜留意使之不受國內學生履修課程規定之束縛，斟酌予以特殊方法有效的使之完成留學為目的。

八、新亞書院選派之學生留學後，於亞大留學生部可先受日本語教育。但亞大之選派學生，於留學前在亞大先受中國語之教育。

九、交換學生之啓程歸國時期，因雙方學期之不同，暫定如左：

新亞書院學生：每年九月末啓程，十月十日到校報到，於第四年三月畢業歸國。

亞大學生：每年二月末啓程，三月十日到校報到，於第三年之七月畢業，八月歸國。

雅禮和新亞雙方合作三年來之回顧與前瞻

民國四十六年（一九五七年）

一、回顧之部

新亞書院創始於一九四九年秋季，本是一所流亡學校，在極端艱苦中成立。自一九五四年，獲美國雅禮協款，又得亞洲基金會及哈佛燕京社補助，學校規模，迭有進展。舉其著者：

（一）新校舍之落成。最先開始，僅租賃課室三間，辦公室一間，目下已有一所可容六七百學生的新校舍。

（二）圖書館之充實。最先只有藏書數百冊，目下中西書籍已逾五萬冊。

（三）學系之添刊。文史系分為中國文學系、歷史系及外文系。

（四）課程之增設。最先每學年開課每週僅在八十小時左右，目下已增至每週一百九十六小時。

（五）教授之增聘。最先僅教授六、七人，均屬無薪給。目下已有專任教授十一人，包括研究所教務長及藝專主任。兼任教授三十人。

（六）研究所之創辦。本校創辦研究所已歷四年。本年已有正式頒給碩士學位之第一屆畢業生八人。

（七）學報之刊行。此項學報，大部刊載研究所教授及學生之論文，僅收小部分外稿。每期三十萬言，已出四期，頗為各國研究中國學術文化之學者所重視。

除上舉七項外，復有目下正在開始之事項：

（一）藝術專修科之成立。發揚中國藝術，提倡審美教育，本為本校夙所抱負理想中之一項目。惟直至今年春季，始獲創立一藝術專修科，暫定兩年畢業。該科教授四人，僅於該科所得學費項下，酌支車馬費。該專修科之開始，正與新亞之開始同一精神，乃僅有理想，而並無經濟憑藉者。

（二）科學實驗室之籌設。本校所設各系，並不涉及理工科範圍。但甚望授與學生以較普通之科學常識。故於第一期校舍建築，即有科學實驗室三間，及科學教室一所。目下正開始籌設生物實驗室。於本年秋季，正式增列普通生物學一科。如經濟許可，再增數學一科。並擬於再下年度繼續籌設物理、化學兩實驗室，及增開普通物理學與普通化學兩科。

（三）研究所叢書之編印。研究所除刊行學報外，其較巨篇幅之專著，擬另編叢書。目下第一種叢書已付印，暑假中可出版。其已有成稿，可編入叢書者，截至目下止，尚有兩三種可付印。本校同人，除努力於日常教育工作外，實從未忽略在學術上繼續作高深之研究。此亦為本校自創始以來所抱理想之一主要項目也。

上舉十項，均屬具體可指。第一，可證明本校事業，此數年來，實不斷在進展中。第二，以少量之經濟，完成多量之事業，此亦為本校同人共同之理想。就於此數年來學校規模及學校事業之具體進展，本校同人幸感對此理想，無甚大之內慚。

其次復當申述者，本校歷年延聘教授，雖在極端困難之環境下，遴選無不審慎。不論專任或兼任，多數均係資歷優深，在社會負有譽望，並多有著作或譯述刊行。又本校歷屆畢業生，共計四十七人。本屆三十五人不計在內。有赴國外留學者，有留本校服務者，有在香港、臺灣及南洋各埠從事各項職業者。截至現在止，多數均有職業，並在社會上建立有信用。其在校學生，凡遇香港各專門學校之論文比賽，演講比賽，及各社團之公開徵文等，本校學生，名刊首選者，占十分六七以上。此等亦皆有具體事實可證也。

二、前瞻之部

此數年來，本校獲有如許進步，其有賴於雅禮基金會之慷慨協助，本校同人同深感激。惟五年合作，轉瞬已過其半。此後新亞方面仍有待於雅禮之繼續協助，自亦為新亞方面一種極懇切之希望。今特就雙方此後合作，重申新亞方面之意見如次：

新亞得與雅禮合作，開始於盧鼎教授之來港考察。當時盧鼎教授與鄙人，雙方商有兩項主要之默契。

（一）新亞方面，除雅禮基金會每年決定所能補助之數字外，不向雅禮作任何額外之申請。

（二）新亞之教育宗旨及學校行政，全由新亞自主，雅禮不作任何干涉。

此兩項默契，於惠格爾教授來港考察後，雙方並曾互換信件，對此兩原則，重加肯定。新亞方面，認為此兩原則，實有為此後雙方繼續合作再次提醒之必要。

新亞教育之一貫立場，主要在以中國自己的文化傳統作中心，栽培中國青年，期望其能為中國社會服務。而有兩點當申說者。

（一）對各宗各派的宗教信仰，將儘量保持公開與自由，但並不想使新亞成一教會學校。

（二）對學生外國語文之訓練，將儘量提高其水準，但在課程比重上，將不使其超過於對中國本國文字訓練之上。

其次，再略述此後五年所急切期望完成之事業。

（一）校舍方面。本校所請香港政府撥給之地面，及第一期校舍建築，皆保留有第二期建築之計畫。因此，必待第二期建築完成，本校校舍之全部設計始完成。

（二）圖書方面。本校圖書館之已成建築，共三書庫，計劃收藏中外文書籍二十萬冊。目下僅使用一書庫，僅得藏書五萬冊。此後五年，至少盼再添圖書十萬冊。

（三）教授待遇。本校原從極艱苦之經濟狀況下開始，教授待遇，根本無標準。此數年來，一切經費獲得，大都使用在其他方面，教授薪給仍極微薄，僅堪與香港官立小學第二級以下之薪給相當。而教授任務，除繁重之課程外，尚各兼任學校其他職務。但各教授始終保持學校創始以來之刻苦精神，於自身待遇一項，從未計較。此實為新亞精神始終一貫之一項主要表現。但此種精神，究為可暫不可久。此後求學校繼續發展進步，教授待遇之調整，實所必需。

一、當減輕任務。教課多，即不宜兼任職務。職務重，即不宜多兼教課。節省精力，庶可於教務職務上，更求上進。並望於教授自身之學術研究上，更有深造。

二、當增加薪給。最低限度，凡專任教授，當求與香港一般官立中學之薪給相等。兼任教授，亦當依此標準而調整。

三、住宅問題。在香港最感困難者，厥為住宅問題。目下新亞教授，所得薪給，其三分之一都花費在租賃住宅。而多數住宅，全是逼窄煩囂，實與擔任高等教育及從事學術研究者之生活要求，太不相稱。

（四）關於研究所方面。基於本校之教育理想，於學校本部之上，添辦一研究所。使有志中國文史哲方面之研究，而可資深造之青年，獲得一繼續進修之機會，實為一主要而不可缺者。就研究所現有成績言，亦甚可使我們感到滿意。但因香港一般中學中文程度之低落，大學四年，基礎不夠。升進研究所，兩年畢業，仍嫌短促。為山九仞，功虧一簣，事至可惜。因此，研究所訓練，實有延長一年之必要。蓋此項對中國本國文史哲學有較高水準之後起青年，實為當前中國社會各方面所急切需要，而又無法仰賴外國教育機構代為培植。凡本校研究所之種種設計，實胥為針對此項使命而起也。

（五）關於藝術專修科。本於本校教育宗旨，及針對香港社會一般的精神需要，藝術審美教育，必當重視。此後五年內，希望此暫行辦法下之藝術專修科，能發展成為正式一學系，加入本校原有六學系，共成為完整之七學系。又望能成立一藝術館，與現有圖書館與正在籌備中之科學實驗室，成為本校鼎足而立之三機構。

以上為本校此後五年，所急切盼望完成之較大計畫。儻此諸計畫，能次第實現，此後當就此規模，一意力求內部充實，而暫不再求學校規模之擴大。

雅禮方面，就於上述諸要端，或能酌量協助其某幾部分之實現，或能代為向外募款，協助其他部分之次第實現。使在此第二次五年合作中，獲得新亞理想規模之確立，則實為本校同人所深切希望也。

此項報告，由新亞董事會之同意而執筆。

校聞輯錄

新校舍落成典禮

一九五六年十月十一日，這是一個可紀念的日子，因為我們的新校舍在這一天舉行落成啓鑰典禮，正如教育司高詩雅所說：「本院新校舍的落成是本港中文高等教育發展史上的一個重大里程碑。」也可以說，新亞的教育理想發展自今日起，將進入一新的階段。這是自美國耶魯大學之「中國雅禮協會」與本院合作後之一項重大建樹之一，即協助我們建立一所新校舍。也正如雅禮代表費爾先生所說：「雅禮與新亞之合作，冀求在中西文化間，促成更大之了解。」

增闢藝術專修科

為提倡我國固有文化藝術，培育繪畫人才師資起見，本院自本學期起增闢藝術專修科。由陳士文教授任主任，其他教授有丁衍鏞、王季遷、曾克耑等，分別擔任繪畫理論、中國畫、西洋畫、書法等課程。現有學生三十人，成績優良，下期聞將擴大招生（詳情另見藝專陳主任之專門報導）。又本院為使同學在科學上獲得基本智識起見，下期決定設立理化、生物、數學等課程，為一年級必修課，現正積極購置科學儀器中。

日本亞細亞大學校長太田耕造氏訪問本院

日本亞細亞大學校長太田耕造氏，今春來港，其主要任務為與本院商討交換留學生事宜。本院由錢穆院長設茶會招待，到會者除太田耕造氏及本院錢院長、王書林教授、牟潤孫教授、左舜生教授外，尚有本港文化界人士丁文淵、童冠賢諸先生及本港中等學校校長數十人。在此次會談中，雙方對中日文化之交流，亞大與本院之交換留學生，及本港中學畢業生赴日留學等問題，均有商討。本院與亞大交換留學生事，已有具體決定，自明年起先行交換商學系三年級生各二人。

中國古代名畫展覽

此次本院藝術專科主辦之中國古代名畫展，在本院圖書館展出，會期自六月一日至五日止，五日內觀眾逾萬，對本院此次展出之古代名畫，極為讚美。查此次展出之名畫計六十幅，包括宋、元、明、清各代，其中優品有宋劉道士「湖山清曉圖」、趙孟頫「龍王禮佛圖」、倪瓚「西園圖」和「岸南雙樹圖」、夏昶「清節高風圖」、沈周「秋山讀書圖」、唐寅「南州借宿圖」、文徵明「滄浪濯足圖」、董其昌「山水圖」、丁雲鵬「山水圖」、釋弘仁「山水圖」、八大山人之「荷花小鳥圖」、王翬「古木晴川圖」等，均為不可多得之名作。此等展出作品，係蒙本港鑑藏家慨允借得者，計有王南屏、田溪書屋、馬積祚、陳仁濤、張鼎臣、張碧寒、靜好樓、燕笙波等各家。此次畫展，本港文教界人士及書畫家咸認為本港有史以來最盛大、最有意義價值之一次。教育司高詩雅先生於三日蒞校觀賞，港督葛量洪爵士伉儷亦於五日蒞校，除觀賞古畫外，並巡視本院圖書館書庫、研究所、藝術專科畫室、科學館、宿舍等，港督對本院各項建設之良好情形極為稱道。

文化講座

本院「文化講座」自一九五〇年秋季開始舉辦，到一九五六年冬季，已先後舉行了一百四十六次。此一自由的學術講座，乃適應先後由各地來港之知識份子對思想與知識之要求。邀請各方面專家，作有系統的學術演講，通常於星期日假本院舉行，免費邀請各界聽講。所講範圍涉及人文科學、社會科學之各部門。本學期舉行了九次，茲將各次主講人及講題錄於後：

一四七：羅香林教授　法國漢學研究及其影響

一四八：達林博士 (Di Dauid Dallin)　蘇聯與匈牙利
一四九：劉若愚教授　中國詩之「情」「景」「境」
一五〇：施高德 (Scotte) 教授　中國戲劇中丑角之地位
一五一：鄭吉士博士　近代西方史學的趨向
一五二：休漠 (Hulme) 教授　The Writer The Bensorand Society
一五三：葛璧 (Kirby) 教授　今日大陸之經濟趨勢
一五四：董作賓教授　殷墟
一五五：康爾 (Dr Korn) 博士　今日之美國外交政策

圖書館概況

圖書館位於本院西部，面對科學館，恬靜軒爽，光線融和，洵屬一理想之讀書勝地。館之前部為閱覽室，占地面積二、五〇八英方尺，同時可容一百二十人。室中備有各種工具圖書及各系普通參考用書，尋檢極便。後部為書庫及辦公室。書庫高下三層，上層佔地面積一、七五五英方尺，分藏外文圖書及部份中文書籍。中層佔地面積一、〇五七・五英方尺，專儲中文線裝圖書及善本書籍。下層佔地面積一、四三八英方尺，暫作存放報紙雜誌之用。全部書庫，可容書二十萬冊。

藏書統計，截至一九五七年六月中旬止，有中文書四萬七千二百三十二冊，外文書四千一百一十四冊，總計五萬一千三百三十六冊。雜誌報紙在整理裝釘中。按一九五五年六月藏書統計為一萬八千七百六十冊，兩年來之增加三萬二千五百七十六冊。

關於圖書分類，自一九五六年八月起，中文書改用劉國鈞中國圖書分類法，而加以修訂。外文書則按杜威之十進分類法。其編目，中文書採用中文圖書編目條例，並參酌中國圖書編目法，編製卡片目錄。外文書則參照美國國會圖書館編目的條例，編製卡片目錄。

年來圖書館對於蒐購中文線裝書籍，艱苦頗多，又以購書經費有限，仍未趨於理想。至承中外人士及各界團體捐贈者，為數六千餘冊。目下圖書館工作極忙，除將已編目之書，隨時提供閱覽外，並加緊繕製卡片及添置書架，以期早日全部完成。

新亞研究所簡訊

本院研究所之設立，旨在培養中國文史專材暨大學師資。其學制暫定為兩年，研究生畢業後由教育部頒給碩士學位。自一九五三年開辦以來，已有研究生多名。其出國者，余英時在美國哈佛攻讀博士學位，蕭世言在比利時攻讀博士學位。留所者，章羣、何佑森編纂清史稿索引。本年正式成立後第一屆畢業計有：唐端正、柯榮欣、羅球慶、孫國棟、余秉權、石磊六位。關於渠等今後工作或留校或出國，聞校方已有所決定。

又研究所暑期招生在即，凡曾在大學或獨立學院（不包括專科學校）畢業，年齡在三十歲以內者，均可報名投考。考試科目照去年規定有：國文、英文、中國歷史、中國思想史、中國文學史、中國社會經濟史、中國史學史及文字學等。招生日期大約將在八月中旬，科目有無變動，現尚無所聞。據云與去年之規定恐無大出入。

學生人數統計

本院學生人數，歷年頗有變動，以下為各年學生註冊人數：

年　份	註冊人數
一九四九年秋季	四二人
一九五〇年秋季	四八人
一九五一年秋季	三五人
一九五二年秋季	六三人
一九五四年秋季	一二九人
一九五五年春季	一三五人

一九五六年春季　一九〇人
一九五六年秋季　二四九人
一九五七年春季　二九九人

第六屆畢業典禮講詞

民國四十六年七月十五日

今日是本院大學部第六屆畢業典禮，也是本院研究所正式成立以來，第一屆畢業典禮，並且將正式頒授碩士學位。

今天每位畢業同學，已在大學中完成了學業階段，將由學校時的青年時代進為社會的成年時代。各位將來進入社會做事，無論在那一崗位，都應具有愉快心情及活潑生氣，去迎接當前任務。盡自己最大的力量，去努力擔負你的責任。

俗語說：「做一天和尚撞一天鐘。」這句話普通人只看其消極的方面，認為是過一天，算一天，敷衍過去就算了。其實此話有其積極的意義，即是一天在職位上，就當牢守一天的崗位，盡量把事情幹好。

俗語又說：「一個和尚挑水吃，兩個和尚擡水吃，三個和尚沒水吃。」此話說出了一般人依賴推諉的心理。但如我們人人各在自己崗位上盡力，那麼三個和尚不但不會沒水吃，而且將會有六桶水了。

俗語又說：「各人自掃門前雪，那管他人瓦上霜。」一般人以為這是自私自利的行為。但從另一方來講，卻是積極的，本份負責。試想，他人瓦上霜有多少？如果連自己門前的雪都沒有掃，難道還有力量去管別人嗎？霜是在瓦上的，留著無大礙。雪是在門前的，留著是會阻路。如果人人把自己門前的雪掃清了，就會打開一條四通八達的大路，對人人都有利益。

其次希望各位踏入社會做事，當力求上進。有些人在沒有謀得職業前，甚麼事都願意幹。謀得了，就發怨言，對所處的人事環境都不滿意，這種心理要不得。我們不應該計較名譽地位，不應三心兩意，我們當努力於當前的事業崗位，帶著好像初進大學第一天的那種活潑、熱誠、興奮、鼓舞的心情，就會覺得幹甚麼事都有意義了。

一個人最怕是沒志氣沒活力，意志消沉頹唐，做事敷衍塞責，那就什麼都完了。我們不應貪小利小便宜，當腳踏實地的做去。所謂上進，並不指求天天有更高的職位與名利，而是不斷的完成充實自我。不要老批評別人不好，當反省自己的缺點。求學與做事，齊頭並進，人人都易上進，這社會就好了。我們當知，社會不好，責任在我，那麼社會自然上軌道了。

我順便講一件故事，當四十餘年前，即民國二年，我在無錫一座家鄉小學任教，有一位我所喜愛的學生畢業了，又去上海讀書。中學畢業回來，我請他同我一起在小學教書，但他不肯。他說：「我今年教小學，明年教小學，一輩子教小學，這不是我的好前途，有什麼意義呢？」這種意見是錯誤的，我們只應把當前的事盡力辦好，牢守崗位，力求上進。

至於前途，不必太計較。要知道一個人的升遷際遇，有時是靠機會，個人不能勉強。但是我們亦當知道，如果我們盡責任，力求上進，那麼社會也就決不會讓我們永遠吃虧。要緊的是我們當抱赤子之心，以迎接一切。我們不要以為社會是黑暗的。而我們應該用眼睛照亮這社會。光明是從我們每個人的眼中發出去的。

各位不要以為這是老生常談，當記得我這一番話，十年二十年以後仍然有用，並知道其好處，及當如何處世做一個人。

（香港華僑日報）

第九屆開學典禮講詞

民國四十六年九月十一日

今天是第九屆開學典禮。本院在香港是流亡人士創辦的第一所私立專科以上學校。在時代的大變動中產生，也可說負有時代的使命。

新亞創辦迄今已有九年，現在可說已非一所流亡學校了。但我們仍應認識，我們應對國家民族與社會作一番貢獻。近年來，新亞在物質上可說有了進步，如有了新校舍，有了像樣的圖書館，有了更多的教授，增加了新的課程等。但在精神條件上來說，我們是否也有了進步呢？近幾屆的畢業同學在各方面比較起來是不是比上幾屆同學更進步呢？其實仍是差不多。

又如過去學校在桂林街時期，每年新同學進校來，常感愉快滿意。而且舊同學們在學風上，常有影響新同學的力量。現在物質條件進步了，而這方面的精神就不見得比以前進步。

我常說，一間學校要辦得好，乃師生共同的責任，非單方面的事。一間好的學校，物質上的進步是不可恃的。新校舍，它會一年舊似一年。今年是新的，明年就舊了。但在學業上言，可使它一年比一年的提高。我們當各自思量，我們同學的程度是否有一般大學的水準？是否比得上今日世界上的一般大學呢？相信只要努力上進，那也是可能的。即學校的校風，亦可以天天提高。

照事實看，我們同學的水準，並不如理想那麼進步得快。例如英文程度，雖比過去幾年提高了，但是否合得上標準，則仍難說。就國文言，幾年來亦沒有很明顯的進步。一位大學生，應搞通本國文，字也應該寫得像樣些。現在一般大學生，文理通否不論，即連字也多數寫不好。故一位大學生，國文要夠水準，首先要會寫通順的文章，其次要能讀書。現在的大學生，只能讀五十年來的近人作品。但我們應該能懂三百年甚至二千年以前的古人作品。

講到英文，不妨降低一些標準，但至少也得能講普通的英語及流利閱讀有關各科的原文書籍，這是作為一個大學生應該具有的水準。

我們自建新校舍開始，就把重心放在建立一個充實的圖書館上，現在已有藏書六萬冊以上，希望以後幾年內能達二十萬冊，這是我們最低的理想。我們現在每天能平均增新書近百冊，這已盡了校方最大的努力，希望同學們能盡量地利用這個圖書館，找你所想看的書去讀，至少每人能每週看一本書。其次，盼望同學們，除了進圖書館、研究及課堂所授功課外，在生活上使同學間，尤其是新同學與舊同學間，有親密的活潑的團聚，有正當的團體活動，造成有生氣的良好校風。過去好的一切，我們保留它。過去沒有的，我們來提倡。總之，要使這個團體有活潑愉快的生氣。

我再重複說，請同學們多去圖書館自修閱讀，其次便是除了正課以外，多做些有益身心的課外活動。

（香港華僑日報）

孔子誕辰紀念講詞

民國四十六年九月二十八日

今天是孔子第二千五百零八年的誕辰紀念日。我們稱孔子為「大成至聖先師」，因為孔子是我國第一位為國人所崇敬的標準的老師。

可以說，孔子為我們師，並非是學問上、知識上的，乃是指人格上的。因為孔子最主要的是以人格來教導陶冶我們。所以稱他「大成」和「至聖」，是因為孔子在人格上，已經達到了理想標準圓滿的境界。

孔子的偉大人格，不但為我們國人所崇敬，而且也為我們亞洲東方民族所共同崇敬。如日本、韓國、越南，凡是曾受我國文化所陶冶的東方民族，他們都一致對孔子有共同的敬仰與崇拜。例如此次越南領袖赴韓，是去參加南韓的祭孔大典。今日他們又趕去臺北，參加祭孔盛會。同樣的，日本也尊敬崇奉孔子。故崇敬孔子的不僅是中國，也是亞洲東方民族所共同的。而且也可說是全世界所共同的。因為今日世界上，西方人也崇敬孔子。

一般人將孔子、耶穌、釋迦牟尼與穆罕默德相提並論，稱為四大教主。其實孔子與他們三位不同。他們都是由信仰而各形成一種宗教。孔子則並非一教主，也沒有形成一種宗教。第一：孔子無廟或禮拜堂，孔廟與耶、佛的寺院教堂不同。我國各省、各府、各縣均有孔廟，但並不舉行日常禮拜，只是有重要的祭祀大典時才行禮，與各宗教的教堂不同。第二：不論佛教、基督教、回教，他們均有特別的信徒，如和尚、神父、牧師等，用以專門宣揚其宗教教義。但崇奉孔子的，並無一批特別的信徒專門從事宣傳。故就形式上言，信仰孔子的人，並不比信仰別的宗教為少。除了我們五萬萬以上的中國人外，尚有日、韓、越諸東方民族，且有了二千多年的歷史。

何以崇奉的人會如此之多，且迄今不衰？這完全由於孔子本身的偉大人格精神感召，且孔子的教義亦實有一能普遍深入廣大人心的力量。力量在那裏呢？今天不能盡述，我現在只舉出《論語》一書，乃其平常講話經人整理而編成。今日《論語》已被譯成世界各國語文，只要是關心世界文化人生思想的人，無有不讀。各位同學如尚未讀，則趕快讀。如已經讀過，則還得反復再去詳細讀。

在《論語》中，可看出孔子教義的全體。孔子並不注重如何教，而是重視如何學。故我們稱孔子為教主是不妥的。其根本精神不在教人，而在自學。但他並非只學某種學問或知識，而更重要乃在如何做人。

《論語》開首第一篇第一章即說：「學而時習之，不亦說乎？」其第一字即為「學」字，是要常常學，時時學，永遠地學，一輩子去學。孔子說：「吾十有五而志於學，三十而立，四十而不惑，五十而知天命，六十而耳順，七十而從心所欲不踰矩。」他的一生，就一直是在學。不僅自己學，並且希望大家來同學。故說：「有朋自遠方來，不亦樂乎？」意即共學。又說：「吾非生而知之者，好古敏以求之者也。」又說：「十室之邑，必有忠信如丘者焉，不如丘之好學也。」即自稱好學。

孔子一生，即是學的人生。他教人亦希望別人與他同樣去學，並非有其他一套高深哲理。故孔子在《論語》中給人的教訓，也並非千篇一律，大都是教人實踐去學。也並非教訓全體人，只用一句話表達。故孔子回答學生同一問題時，也常有不同。如問「仁」，孔子回答亦並非用理論去解釋，而是告訴學生們如何去實踐、去學。孔子答顏淵問仁，曰：「克己復禮。」意即如何自兩者去學，去下功夫，即可懂仁了。孔子再答其具體的細目為「非禮勿視，非禮勿聽，非禮勿言，非禮勿動。」又如孔子答仲弓問仁曰：「出門如見大賓，使民如承大祭。己所不欲，勿施于人。在邦無怨，在家無怨。」總之，教人在日常生活中去實行。

後人稱孔子是大成至聖，但他當時很謙虛地對子貢說：「聖則我不能，我學不厭而教不倦。」子貢曰：「學不厭，智也；教不倦，仁也。仁且智，夫子既聖矣。」其實仁且智，就是聖善的至高境界。總之，孔子教我們最重要的就是要一輩子去學如何做人。

子貢問曰：「有一言而可以終身行之者乎？」子曰：「其恕乎！己所不欲，勿施于人。」其實孔子無法用一字回答終身可行的問題的，他只是非肯定地說：「或許是恕吧！」恕者，即是己所不欲，勿施於人。即子貢之引申意：「我不欲人之加諸我也，吾亦欲無加諸人。」這是消極的，是不可做的，但孔子亦沒有講別的字，可見其謹慎與謙虛。

孔子又說：「有鄙夫問於我，空空如也。」甚至還說：「吾不如老農，吾不如老圃。」孔子能虛心地接受，踏實地學習，所以有無限的造就。在宇宙人生界中，能超越的涵蓋持載一切，成為偉大的學者。孔子認為沒有什麼可以教人的，最重要的在乎學。所以孔子非教主，並沒有一種私人教條讓世人去奉行，並作為一種宗教信仰。孔子講仁，亦只說：「仁者，人也。」做人做到如此，可算一人矣。故孔子對仁的解說，也有各種不同的說法。並非如西方哲學上的假設與定義，而只是要我們努力地去學與做。

孔子認為，實行即是仁，即是要在社會中與人們一起生活，相處得好，並非要脫離這社會。是入世的，而非出世的。單是這一點就很難。因為我們在社會上將遭遇到各式各樣的人，為要處處實行做人的道理，故孔子主張「毋意、毋必、毋固、毋我。」不知命，便不免要臆測，要期必，要執滯，要私己。這些不可必得，而害仁。絕此四端，才能安命，才能成仁。孔子並不主張一定要固執地去硬做，只要牢守恕的原則就可以。

孔子並非一定要為人師，他說：「三人行，必有我師焉。擇其善者而從之，其不善者而改之。」三人中，即有其他兩人可相比較，處處有可供學習的地方。自消極處講，即別人有不善的，亦可作為自己的警惕。孔子無常師，而是一學人，因此我們均應學孔子的學。

中國最特別的，就是可容納任何宗教，不受排斥，不相衝突，這即是中國民族的偉大處。恕則道並行而不悖。己所勿欲，勿施於人，於是才有了思想、言論、信仰等等的自由，這才是真正的百家爭鳴，百花齊放。我們普通稱「孔廟」，那是俗話。其實應稱「學宮」，這纔充分表示出學的精神。

各位中，有信仰基督教的，也有信仰天主教的，也有信仰佛教的。但任何信仰，都不與孔子之學有衝突。故你讀了佛經或是基督教的新舊約全書，你仍可讀《論語》。《論語》可說是中國人的聖經，是東方民族的聖經。現在希望大家回去以後，能去讀這部寶貴的書。可從《論語》中，得到寶貴的教訓與啟示。

（香港華僑日報）

慶祝新亞第九周年校慶講詞摘要

民國四十六年十月十一日

本校本學期增加新教授十九位，幾與原有教授人數相等。新同學增加一百四十二位，佔全校總人數百分之三十六。可見新亞校務日漸發展，新亞精神與辦學宗旨也漸為社會人士所瞭解。

今天我們在這裏慶祝本院第九周年校慶。我們校慶與國慶原是在同一天，即在九年前的十月十日，為我校創辦之日。這不僅是巧合，也可說我們學校與國家命運是息息相關的，意義是深長的。今年我們慶祝校慶延後一天，今天只為紀念校慶，國慶雖過去了，但我想在這裏特別講幾句國慶的話。

過去幾年來，每逢國慶日，我必去街上各處跑跑。我所特別注意的，不是要看社會人士對國慶有何表示，而是看社會人士對國慶的不表示。大致說，年年情形都如此，小街巷尾掛的國旗多，大街鬧市掛的國旗少。如尖沙咀區，簡直很稀少。香港區方面亦然，在皇后大道中就見不到幾面國旗，向東往灣仔或向西往大道西，國旗掛的就多了。就住宅區說，太子道旗掛的少，九龍城區就漸漸多了。再往黃大仙、鑽石山等區一看，簡直是旗山旗海了。這究竟是什麼原因呢？何以經濟比較富裕、教育程度比較高一點的區域，對國慶比較沒有什麼表示，而平民對國慶卻比較更關心更熱烈呢？這當然是比較一般趨勢說。我們在香港可看到，某一階層的社會人士，對國慶比較地關心，這是很值得我們注意的現象。

本校創辦之初，是一所流亡性的學校。教授或學生，大都是流亡來港的。每逢國慶，就抱著興奮熱烈的心情，在精神上將國家與學校的前途打成一片。九年了，試問各位同學，我們是否還繼續保持有此種精神呢？新同學們在本港久些，也希望他們能對國慶校慶的意義了解得深刻些。

去年的國慶日，出了事，香港政府為了治安，要我們今年改遲一天舉行慶祝會，這是使我內心深感歉疚的。

照過去例，今晚也是歡迎新先生和新同學的聯歡會，希望每一位同學都能為學校的前途而努力，也不可忘掉學校的教育宗旨與精神，將來並擔負起對國家民族應盡的一份責任，作一番貢獻。

（香港華僑日報）

天才技藝大會開幕詞摘要

民國四十六年十一月二十日

今晚本院舉行技藝大會是一種新花樣，因為過去雖時有表演，但非專門性的。希望以後的第二次、第三次技藝大會，更能有進步。

今晚的會稱為「天才」表演，諸位以為天才是了不得的字眼。其實天才人人均有，且每一人可不止僅有一項天才。只是有時各人將自己的天才埋沒了，或者我們太看重現實功利，以致忽略了。各位今晚參加表演的，均可稱為天才。天才並非要比別人高明，只是天賦予我以某項特有的技能。至於技能高低，則是另一問題。

人生有小圈子，如謀求一職業。人生又有大圈子，如去尋求廣博的學識，以達成一事業。但亦只是人生的一小部份。人生又是多姿多采的，有各項的技能。去學習何項，則要看各人興趣習性之所好。人常有各種潛在的能力，只是有時放棄或埋沒了。現在社會上的人，有很多不知道怎樣去發揮自己潛在的能力，尋求正當的娛樂，於是養成不良嗜好，如打麻將就是。要之，也不過去坐咖啡館，去看電影而已。但這些只是被動的。我們所需要的是正當的娛樂，希望各位都能「游於藝」，此即要做到各人都能有天才的表現。上天賜予我們一切所具有的，我們即當充分利用發揮。

新亞不僅是研求學問之所，還當學做人。人生不是單調的、呆板的，而應是新鮮的、活潑的。不但當富有教育意義，亦當富有人生情味。希望大家能在技藝表現中，發現更多的天才。

（香港華僑日報）

第一次月會講詞摘要

民國四十六年十二月三日

此次徵文比賽得獎同學計有二十二名；前七名有獎金及贈書，其餘得獎者則不分名次，各贈本人所著《國學概論》及唐君毅先生著《人文精神之重建》兩冊。此項徵文之優點，是各位同學能廣泛地去找材料，於思想研究、歷史探討及學術考據等各方面，均有寫成論文。其缺點則因側重內容，而忽略了文章之技巧，如修辭佈局等。

本院此後將對徵文辦法有所調整，不致使經濟學系及商學系之同學有所吃虧。此次得獎者，除其中三位外，其餘均為以前未得過獎的同學，這是可喜的現象，希望每一位同學均能努力。

這次為本院第一次月會，目的是因為本校擴大了，師生聚會時間少，因此造成了每位同學只有為自己求學的觀點，只想到「我讀書」，而沒有想到「我是在新亞書院讀書」。但是發揚新亞精神是每一位師長和同學們所應該共同努力來完成的。現在我們所要談到的雖然過去講過，但仍極重要。具體說，表現新亞精神可分兩方面。

一為學風方面。本院向來注重中國文化，我們是中國人，將來當然也須為自己的國家社會服務。先能認清自己的目標，將來纔能對社會有所貢獻。要想造成有用的青年，當然首先須對本國文字有良好的基礎。過去本院同學所表現的成績是好的，校方也每學期舉行論文賽，並規定必修國文為兩年，社會上各界對本院文史方面有好的讚譽。我們是否能繼續保存下去，並更能進一步的發揚呢？自從港大的中文系開辦以來，有優良的成績與進步，且本港的各專上學校也在倡導重視中國文化，故欲保持本校的優良成績，有待我們不斷的努力。

本院向來提倡通才教育，因為學問是不能分隔的，應該互相融會貫通。求學問的門戶當闊，基礎宜廣。過去本港各界所舉辦的各項學術比賽；本院同學常能獲最高獎，這也與本院過去所倡導的通才教育有關。因為新亞的同學智識領域較廣，而且學國文的不能像三家村的老學究那樣祇懂寫文章。過去歐美學者訪港參觀新亞時，他們都稱讚本院為一所成熟的學院，同學所表現的成績優良。又如有一次日本京都大學校長來校參觀，還說新亞與京都大學的成就有很多相似之處。

第二點是校風方面，各位同學來校求學，除了不缺課、勤學及考試及格外，還得學做人，以成一品格完整的人。今日我們亟需提倡的即為「義利之辨。」我們做一件事，當問應不應去做，不必用功利的觀念去計較。學校所公佈的法則，同學也得遵守，這就是奉公守法。同學們做一件事，當重公義而輕私利，以愛護學校作為建立私人道德的標準。不然即會發生不可想像之事。至少同學們當公私兼顧。希望本院的校風更有長足的進步。

（香港華僑日報）

第四次月會講詞摘要

民國四十七年三月六日

本院的文史研究所，其實並不單為本院而設，而是為了吸收各地各校的優秀大學畢業生。例如我們很歡迎臺灣方面的青年來考，可是由於近年來臺灣青年來港不方便，因此有的考取了本院研究所，仍無法來港就讀。至於本港的，我們也希望別的大專學校的同學來投考。本所決無門戶之見，只憑考試成績。由於有的不願來考，來考的又未必能錄取，因此最近兩屆公開招考取錄的，均以本院畢業生為多數。其缺點是各位因此失去了競爭心。

至於本所過去畢業生，是由臺灣自由中國教育部承認頒發碩士學位的。根據送部的論文成績，這次我去臺灣講學時，教育部的負責人對我說，新亞研究生的論文特別好。甚至還要我們新亞設立博士學位的研究生。這是有關經費等問題的，只好留待將來再說。但鑑於本所研究生成績好，教育部方面是希望我們能申請設立博士學位的。

我們希望新亞的校友將來能在新亞任教，能負擔繼起教育的責任。總之，造就本所研究生的目的，一方面使中學有優良的中文文史教員，一方面是能培育出大學任教的人才，希望大家能做出優良的成績，以取得社會的信任。也希望準備投考的歷屆畢業生，努力準備學業。我們希望研究生的成績能日益提高。

關於研究所出版的《新亞學報》，已受各國學術界的重視，希望以後刊登研究生的論文，能逐漸佔多數的篇幅。

講到出國留學的同學，本院過去留美的已不下十人，也有去歐洲各國的，希望他們能切實地學些東西回來，以貢獻於本國。

最後還要提出的一點，就是諸位當知道作為一個中國青年，當尊重並了解中國的文化。新亞所特別重視的亦即著重在對中國文化的陶冶與訓練，這是我們的理想和目標。

最近有位新聞記者與我談及許多有關本港大專教育的問題，並特別讚許新亞能以最少額的經費，表現最良好的成績，而培植出優秀的大學生。我聽了不免覺得很沉重，我們當反省我們每一位是否都是優秀的大學生呢？諸位更當努力求學。尤要者，諸位更千萬不可忘記我是一中國的青年，我當尊重並愛護中國的文化。

（香港華僑日報）

發刊詞

任何一個團體，要希望它有前途，首先該為它創造一個「心」。這是個團體心，我們又稱之為團體精神。

如要創造此一個團體心，便得這團體中每一分子，各自把他們的心，貢獻出一部分給那團體。各自對此團體，由關切而瞭解，而愛護，真把他自己個人交出成為此團體之一分子，也把那團體認為是他自己生活和事業中之一部分。如此，由於那團體中各分子之心之交流，心之互映，纔會真有一個團體心，逐步呈露。待到此一個團體心真實呈露而成為客體化了，那一團體，纔始是正式成立，纔始有它的前途希望。

新亞書院創辦迄今，已近九足年，快將踏入它第十個年頭了。我們常喊「新亞精神」，但我們若真要一個新亞精神，便得先為新亞創造一個心。那是一個「新亞心」，要在我們新亞每一分子的心裏來創造。有了「新亞心」，纔能有「新亞生活」。但我們也可以從新亞生活中來鍛鍊出一新亞心來。

我們這一份《新亞生活雙周刊》，便想把新亞生活之各部門，各方面，盡量彙集披露出來。這是我們新亞現實的一面鏡子，各人照著這面鏡子，可以認識我們的新亞來。這是我們新亞將來的一部歷史。這份雙週刊，繼續著三年五年，八年十年，將來要瞭解新亞如何生長，如何成熟，如何發展，以及新亞生活中究竟包藏了些什麼，所謂「新亞精神」究竟具體表現了些什麼，便要憑這份刊物來察看，來推尋。

我願乘此刊物創始，來祝賀我們新亞之前途。讓我們新亞這一團體中之各分子，各自貢獻出他一分心力來共同創造「新亞心」。讓我們新亞這一團體中之各分子，各自交出他一部分生活，來共同發皇充實新亞的生活。讓這一份刊物來時時考驗我們和督促我們，向此目標而前進。

（民國四十七年五月）

惜別和歡送

民國四十七年七月二日歡送郎家恒先生離校致辭

新亞與雅禮的合作，在中美兩民族的教育史上，實在是一個創例。雅禮在經濟方面，逐年支援著新亞，而從不過問新亞之內政。只有一個代表，從雅禮來新亞，負責雙方之聯繫。郎家恒先生，即是啣著這個使命而來駐新亞的第一人。

郎先生來新亞，轉瞬已過四年了。他以雅禮代表名義而參加新亞之董事會，他是新亞董事會的執行祕書，又兼任了學校的課務。新亞的校務，隨著郎先生之來而不斷發展。起先由桂林街推擴到嘉林邊道，隨後又轉移到農圃道的新校舍。郎先生是新校舍的建築委員之一，他對此新校舍建築，貢獻了不少的精力。

他在學校課務上，起先負責一二年級普通英文課程之整頓。隨後又代理了一年外文系主任。

這幾年來，新亞同學英文程度之普遍提高，和外文系之迅速成長，郎先生有莫大之功績。

郎先生因為在學校任課的關係，他不僅參加了董事會，又參加了學校的校務會議。因此，在名義上，郎先生原只是雅禮的代表，但在實際上，郎先生已切實成為新亞之一分子。新亞的教授同人和學生們，對郎先生個人，莫不表示親切之友情和敬意。郎先生對新亞之克盡職責，較之新亞其他同人，可謂是有過之而無不及。

尤其是郎太太，一樣抽身來新亞任課，若非是第二位小郎先生出世，郎太太在新亞的課程，也會繼續不斷地擔任下去的。

下學年的新亞，正在繼續發展的途程中，第二期新校舍之建築，附屬中學之創辦，藝術館之成立，這幾個大項目，郎先生都曾預聞過，但郎先生已不及見其一一實現，在下月初，便要離去了。就我個人言，因於學校的職務關係，和郎先生接觸往回的機會特別多，對郎先生之為人，有一番更深切的瞭解，於郎先生這幾年來對新亞之貢獻，更所感激。因此我十分自信，我是最有資格來代表新亞全體師生向郎先生道達我們這一番惜別之情的。

中國古人云：「四時之行，功成者去。」郎先生在新亞，可說是功成而去了。因此我們於惜別之中，還兼帶有歡送之情。敬祝郎先生郎太太前途無量。敬祝郎先生郎太太和他們一家小妹妹小弟弟們健康快樂。還希望郎先生在離開新亞之後，他的心上常會記念到新亞，正如新亞的師生們常會記念到郎先生一般。

責任和希望

——給本屆畢業生

學校的希望，主要在學生們身上。學校的責任，主要也在學生們身上。

每逢學年開始，學校招收新生，總會引起我們一番新希望，希望這一屆的新生全是優秀有前途，能為學校增聲光，能對社會有貢獻。但在每一屆學年終結，學校將快舉行畢業典禮時，也總會引起我們一番責任感。我們要詳細檢討，這一屆的畢業生，究竟成績如何？他們平日的生活訓練乃及學業修養，究竟在他們畢業離校之後，能不能服務社會，勝任愉快？是否我們確已為社會培植了一批新人才？一面是是否已完全達到了我們學校四年教育所抱的理想？一面是對那批畢業生，將來立身處世，是否已能放心信託，覺得他們確已備具了高飛遠走，離開學校，進入社會，有他們各自獨立，奮鬥向前的能力？

所以每一屆的畢業生離校而去，在一方面講來，學校對他們所負的教育責任算是結束了。此後則有待於他們之各自努力，各奔前程了。但在另一方面講來，學校對他們的責任感卻正在開始。他們此後涉足社會，所表現的，是好是壞，為成為敗，卻正是我們學校這幾年中，對他們所施的那一番教育成績之開始受考驗，開始待批評。

學問和事業，人格和修養，總是永遠無止境的。在學校方面，對每年那一批批離校而去的畢業生，總該增加刺激起我們身負教育之責的一番責任感。回想當他們在學受教的那一段時間內，我們是否確已善盡了我們最大的努力，達成了我們在他們身上所應有的最大可能之期望？我們之對他們，是否尚有心力未盡之處？我們之對他們，是否可以有更大貢獻之處？這一層，總會引起我們每年一次的內心自省。

每一個家庭，為父母的，總希望他們的每一個子女，都成為理想中最好的子女。每一所學校，當教師的，也同樣地總希望他們每一個學生，都成為理想中最好的學生。每一社會機構，也何嘗不想他們所任用的各職員，所包容的各分子，盡成為理想中最好的分子呢？其實每一個人，也同樣地在希望他自己能成為社會上一個理想中最好的人。正為希望無盡，所以責任無盡。人類社會之演進，人類文化之向上，也完全寄託在那一番希望無盡，責任無盡的心靈感覺上。

我們對於這一屆的畢業同學，因於你們之快將離校而去，又會重新再引起我們對你們四年來在校時之無盡的責任感，但同時又引起我們對你們離校後之一番新的無窮希望。敬祝你們各自努力，前途無量。

（民國四十七年七月）

第七屆畢業典禮講詞

民國四十七年七月十五日

今天是本院舉行研究所第二屆、大學部第七屆畢業典禮。本院創辦研究所已有兩屆，成績很令人滿意。

我們感到今日中國四十歲以下的青年人，已很少能繼承中國文化遺產的。如果一個國家沒有人能擔負起他自己國家的文化，實是一件可悲的事。我們創辦研究所的目的，即在此。兩年來，畢業的研究生，他們都能獨立運用思想，並作高深的研究，且有一部份的成績，已在《新亞學報》中發表了。

與研究所相輔而行的，就是圖書館的創立。因為研究學習，不但要靠老師，而且更要靠書本。

過去一般社會人士，總覺得新亞只注重文史，而忽略了外文。然而，這一屆有了正式外文系的畢業生，他們的成績，已達到一般人所要求的水準，令人告慰。故新亞幾年來，對英語系的造詣，已可能趕及了中文各系。此外，我們還設有法文、德文、日文各科。今日的世界，將不再是壁壘分明，而且該是互相溝通的。所以每一位同學當懂得兩種以上的語言，除了中文，他當熟習英文或他種語言。

其次，我們當感謝藝術科陳士文先生及諸藝專教授的犧牲精神，不久我們將正式成立四年制的藝術系。

下學期開始，為了適應本港社會環境的需要，我們增設了工商管理系，聘請了陳靜民先生為系主任。此外，我們也希望能在最近的將來，開設一所附屬中學，興建第二期大學部的校舍，並建築藝術館。這雖是物質上、經濟上有了進步，但這不是唯一的進步，我們亦當在精神上更求長進。

同時我又將在這裏再次提到，新亞辦學的宗旨是要各位學做人，而且是學做一個中國人。各位求智識，求一種專門的智識。各位求職業，事先亦必選擇自己所喜好、所適合的職業。各位做人，在今日世界尚未達到大同以前，我們當做一個像樣的中國人。我們過去的失敗，並不在體力上、知識上、智慧上比外國人差，而是不知道怎樣做一個當前理想中國人。

（香港華僑日報）

本院南洋僑生申請免試入學辦法

民國四十七年七月十四日

(一)僑生申請免試入學資格：

一、高中畢業會考及格具有證件者，得申請免試入學。

二、具有高中畢業資格畢業年度之平均成績在七十分以上，由原校特別保送者，得予免試入學。

三、高中畢業未參加會考，及未得原校特別保薦者，得申請免試為試讀生，試讀期間成績及格，得升為正式生。

四、高中肄業二年以上，並曾自修一年，具有證件者，得以同等學力申請免試為試讀生。

(二)申請手續：填具申請書保證書(以原校校長保證為合格)，連同學歷證件，掛號寄本校教務處。

（三）申請日期即日起至八月底止。
（四）費用：本校設有男生宿舍，僑生得優先寄住，每月宿費港幣二十至廿五元，膳費每月四十元，學費每學期三百元，分五次繳納。
（五）紀律：學生須嚴格守新亞學規及學則規定，並不得參加任何政治活動，違者依章議處。
（六）獎助學金及工讀：本校為救濟清貧子弟，設有各種獎學金助學金及工讀，凡家境確實清貧而第一學年考試成績在七十分以上者，得行申請。
（七）學位：學生須在校攻讀四年，修足各該系規定課程總學分達一三二學分，並呈繳畢業論文，經審查合格，方准畢業。畢業生學位之授與，依教育部規定辦理之。

告本屆新同學

每一屆學校的新生入學，等於是為學校灌輸了新血，增長了新的精神，激起了新的希望。我願誠懇而鄭重地告訴我們本年度的新亞新生幾句話。

新亞是一所隨著民族的苦難而誕生的學校，諸位進這一所學校來，應該先明瞭這一所學校的時代使命和其創構精神。

諸位都是在這民族的苦難中誕生而成長，諸位必先明瞭，民族的前途，即是諸位的前途。民族的命運，即是諸位的命運。諸位莫認為，只在目前求得些知識，只在將來獲得一職業，便可解決諸位之前途，便可主宰將來諸位自己之命運。

諸位當善盡各自的時代使命，諸位首先當懂得，該為民族而獻身。諸位目前所尋求的知識，將來所擔任的職務，應該係於此一大使命之下，而始有其意義與價值的。諸位！莫為你個人的自私，莫為你當前的短視，而忽略了這一大使命。

這一使命，自然是艱鉅的，是又困難而又重大的。然而我們不該為此自餒，不該為此退縮，不該把自己躲在一旁，只讓別人來擔任。

遠的從近處做起，大的從小處做起。群眾的、團體的由各自個人做起。困難的、複雜的從易簡處做起。只要具此志願，立定此方向，一人人，一步步，一念念，一事事，朝著此方向而努力。積微可以成著，眾志可以成城。微茫之塵，可以堆成泰嶽。涓滴之水，可以匯為滄海。基礎只建築在各自心上立刻之一念，工程只開始在各自腳下當前之一步。諸位！努力吧！

我們這一所學校，成立以來，已踏進第十個年頭了。在創始時，大概正是諸位初進小學的時候，那真像是一個街頭流浪的窮小孩，既是無親無眷，又是無依無靠，衣不蔽體，食不充腹，酸辛孤苦，熬著挨著，現在是像快成人了。

我們這一所學校，正好是時代一象徵。我們要把這一所學校的歷史，來作時代歷史之縮影。我們要把這一所學校之精神，來作時代精神之反映。我們要把這一所學校之意義，來闡發時代意義。我們要把這一所學校之使命，來參加時代使命。我們希望，我們這一所學校的教育，將為時代而教育。我們希望，我們這一所學校的青年，都能成為一個時代的青年。

諸位！請你們各自激發自己的良知，各自開張自己的聰明。諸位當知，在我們時代的內裏，還有許多盤根錯節。在我們時代之前面，還有許多驚風駭浪。我們的時代是如此，我們的學校也如此。諸位各自的前途和命運，也莫不都如此。

我們希望，由於我們這一所學校，讓你們能認識時代，認識自己。讓你們能貢獻給時代，讓時代能擁有了你們。

諸位第一天踏進這學校，盼望你們各自具備一副軒昂的志氣，各自保持一番沉重的心情，各自開展一個寬廣的意識，來各自擔負一個偉大的使命吧！

新亞的新同學們，請你們大家來唱新亞的校歌，請你們大家來讀新亞的學規。

（民國四十七年九月）

孔子思想和世界現實問題

民國四十七年為紀念孔子聖誕二五〇九年作

前幾天，有一位美國朋友來學校，他問起，孔子思想如何引用到世界現實問題上來。

我想這問題，是極有意義的。或許有人會想，孔子遠在兩千五百年以前，他的思想，對現代世界，可能是無所用之了。但我們也得想，這世界，跨進了二十世紀，學術思想，日新月異。門類愈添愈多，科別愈分愈細。任何一專家，幾乎無不針對著人類現實問題求解答，求應用。然而此五十年來，人類問題，卻愈變愈複雜，愈來愈糾紛。因有太多問題積壓著，解決不了，纔引起大戰爭。戰爭仍然不能解決問題，於是第一次世界大戰之後，接踵而來第二次。兩次世界大戰之後，人類問題，益更嚴重了。到如今，幾乎有時時爆發第三次大戰可能之威脅，使人心惶惶，若不可以終日，這又為何呢？

本來，世界是整個的，人類是全體的。各項學術思想，分析太細，鑽研太狹，針對著甲，可能損礙了乙。注意在目下，可能抵觸到將來。人類當前最需要的，還該有一個更綜合、更普遍、更恆久的指導原則，來作解決一切問題的共同基準。若沒有了這個更高原則與共同基準，人類社會，將終不免於治絲益紛，欲解還結的。

說到這裏，令人會想起哲學來，是否該由哲學家來擔此責任呢？所不幸的，我們通讀人類的哲學史，似乎所謂哲學家們的興趣，是在提出問題上，而並不在解決問題上。因此在人類現實問題之外，乃別有所謂哲學問題，這已夠哲學家們的麻煩了。

於是又令人想起宗教，是否宗教家宜肩此職務呢？所不幸的，人類可以在同一信仰之下，而信仰了兩個不同的上帝。又可在同一上帝之下，而展衍出兩個不同的信仰。而一部人類史，因於宗教問題而引起難解難分，甚至於大流血、大屠殺的慘劇的，已是屢見不一見。若我們認為宗教信仰可以為指導人生的最高原則，則勢必在現有的各項宗教中間先引起一番劇烈的大鬥爭。

其次，要說到科學。科學縱然已為人生作出種種用，但科學並不能指導人生解決問題，這一層，似乎可以不煩深論。

現在讓我們說到孔子。孔子既不是一位科學家，又不是一位專門的哲學家。這些都不論，而同時孔子也不成為一個哲學家。因孔子思想，既無一套完整的形而上學，又沒有一套嚴密的思想方法，如邏輯與辨證法之類，又沒有一套鮮明的認識論。若要硬派孔子為一位哲學家，實在有些擬不於倫。他又並不是一個大教主，他的思想學說，並不建立在叫人信仰上。

然則孔子思想究竟重點何在？其價值又何在？竊謂孔子思想之重點與價值，正在要替人類提出一個解決種種問題之共同原則來。此原則緊何？用現在話說來，只「道德」二字便是。

何謂道德？這也不需像一般哲學家的特有概念般，先要把來作一明確的界說。孔子所講的道德，只是人們同有之一種心情，同能之一種行為，所謂直指人心，當下即是，只求如此這般，在人生實踐中一經指點便夠了的。

現在且舉幾個實例來說。即如「忠恕」，便是一種道德。只要以忠恕待人，受者決不會拒絕或不歡迎。在施者的心情上，也決不會感到不愉快或不滿足。又如「愛敬」，這也是一種道德。只要以愛敬對人，受者也決不會拒絕或不歡迎。施者的心情上，也決不會感到不愉快或不滿足。

一個人人忠恕與相互愛敬的社會，種種問題，總可有辦法解決。不忠，不恕，無愛，無敬，那樣的社會，無法解決的問題，自會不斷地產生。

科學與專家知識，是超道德的。在道德基礎上，一切科學與各門專家知識全有用。在無道德與不道德的基礎上，一切科學各門專家知識，不僅會變成沒有用，而且還會有害了。如科學家發明了原子能，豈不可在和平的場合使用，也可在大量殺人的戰爭場合使用嗎？

宗教固然也應以道德為主體，但一進入宗教信仰，便先要上帝呀！天國呀！靈魂呀！創世呀！儘從那些遠處去兜圈子。而宗教信仰上的種種爭論，則正在那遠處。遠處爭論不休，近處卻擱在一旁了。

哲學家除卻極少數，如主張唯物史觀，階級鬥爭等的理論外，也並不在主張反道德和不道德。但一進入哲學思辨，又是邏輯呀！認識論呀！形上學呀！牽而益遠，道德問題則成為曲終奏雅，強弩之末了。

只有孔子思想，是單刀直入，直湊單微的。他主要只在人類道德上建基，然後再擴而充之，由修身而齊家，而治國，而平天下，以達於全人類。再引而申之，由明心見性而萬物一體，而天人合一，以達於全宇宙。

在一切科學各門專家乃及宗教信仰以至哲學思辨中，若要在人類社會發生好影響，生起好作用，全少不了道德一味。而道德又是人人可知，人人能行的。不像一切科學與各門專家，便叫人有知有不知，有能有不能。又不像宗教信仰與哲學思辨，彼此有異同，相互有派別，而人類道德則應該推之四海，樹之百世，無彼此異同可爭的。

孔子言道德，扼要言之，可說有三本原：

一、本之於人類之心性。這並不是說人類心性全是合乎道德的，只說一切道德亦皆出於人類之心性。

二、本之於社會。道德只是人生實踐，由社會觀察而悟，由心性修養而得。人事相交，只要合乎道德的，便和而順。只要不合道德的，便不和又不順。察乎外，反乎心，便知人生道德是什麼了。

三、本之於歷史經驗。一部人類史，有了道德，便會有進步，種種問題也可尋求解決的辦法。沒有道德，便會無進步，種種問題，便愈出愈多而永難解決了。

因此，孔子思想，是最為近人而務實的。

孔子之學，向後展衍，有兩條路。一條是簡易的，直捷的，三言兩語，可以當下指點，可以終身奉行。這一條路，發展於象山與陽明。另一條路，是細密的，繁複的，千門萬戶，階級層次井然，要學者循序漸進。這一條路，發展於二程與朱子。前一條路，可以普遍大眾化。後一條路，可以特殊學術化。但其從三大本原而歸於道德中心，則是並無二致的。

根據上述，孔子思想應該仍可以引用到世界現實問題上來，自是無疑義的。至於如何具體而實際地把來應用，則正有待於我們之努力了。

變動中的進步
——第十屆月會報告摘要

俗語說：「五年一小變，十年一大變」。新亞今天已進入它生命史的第十年，正是要有重要變化的階段。當然這並非說我們好大喜功或是要突飛猛進。我們只是腳踏實地的一步步向前做去，從時間的積累上，造成進步。回想新亞過去，每一學年，可說都有新的進展。以上學期為例，就有幾件值得指出的新進步。

第一、本院與日本亞細亞大學交換留學生辦法，已開始實行，今夏兩校已互派學生兩人就讀。此外尚有日本青年數人及韓國青年一人，到本院研究所深造。另外約四十位的南洋僑生申請入學。又美國方面，有人建議，派青年學者，前來研究漢學。這些情形，是表示我們同學來自遠方異國的開始。

第二、「英語視聽教育班」是本院的新創舉。

第三、在張丕介教授主持下的《新亞生活雙周刊》，給予本港及海外各地以良好的印象。

第四、增置「工商管理學系」。

第五、籌辦「新亞附屬中學」，現已獲得港府立案，並已請得建校基地，校舍即將興建，明年此時可以開學。

第六、大學部增建第二期新校舍，即將動工。

我希望大家在求學期中，努力打好中文與英文，及其他外文的基礎。過去社會人士認為新亞同學的中文程度較好，英文水準較差。幾年以來，經外文系各教授的努力施教與督責，外文的訓練上已有進步，故希望中文方面也有同樣的進步。凡進入新亞任何一系的同學，必修中文與英文各二年。一個現代的中國青年，國文要好，外文也要好。拿學習英文的方法來學習中文，收效必將更大。

還有一件特別要向諸位報告的事。五年以來，新亞與雅禮合作，過去五年，雅禮代表是郎家恒先生。今年七月郎氏奉命他調，現改由羅維德博士繼任雅禮代表，並兼本院教授。羅先生致力大學教育多年，已屆七十高齡。他不但是耶魯大學的一位名教授，而且在全美國學術界，也享有盛譽。羅先生過去在耶魯曾得廣大的愛戴與敬仰，相信他在新亞也必能有同樣的成就。

（民國四十七年九月十三日）

國慶與校慶

十年前，我們挑定了雙十國慶來舉行我們學校的創辦年的始業式。從此以後，我們逢著國慶，便同時舉行我們的校慶。

這也有一意義，要我們新亞的師生們，時時都紀念到我們自己的國家，要大家深切瞭解到校運聯繫於國運。若無國慶，便無校慶可言。

但這裏面，也同時另有一意義。我們國家民族，已緜延著五千年的悠長時期，擁有五千年來優良的歷史文化傳統。中間縱然有些時，走上風雨飄搖，晦盲否塞的惡運，但終無害於其前途之光明健壯。我們學校誕生，正值國運又臨險惡之期。興學本期報國，作育人才，求為國用。誰又能說一校之校慶，便絕對不能影響到國慶呢？

社會私人間的教育團體，可以影響到國運的，自古以來，史不絕書。首先我們會想到孔子之洙泗講學。雖說孔子生年，也沒有能把當時魯國的衰運挽回過來，但孔門弟子，像冉有、子路、子貢等，究竟對當時的魯國，也有過不少貢獻。而且，更重要的，我們正該說，此下中國兩千年的歷史文化傳統，卻都是受到孔門洙泗講學的絕大影響呀！

更直接的是在漢代，漢儒都說孔子為漢制法。他們做學問，都主通經致用。豈不是兩漢燦爛光昌的盛世，受到洙泗講學的影響嗎？

其次要想到王通的河汾講學。他生前也並不能對隋代有何貢獻，但他的門弟子，相從講學之人，風聲所播，在唐初卻顯出力量來。雖說「興唐諸賢全是河汾弟子」是一句誇大話，但王通當時的河汾講學，對唐代有影響，究是不可否認的。

其次要想到胡瑗的蘇湖講學。胡瑗本人，並無政治業績，但胡氏蘇湖門人，卻在當時政府的各方面，表現出極大成績來。尤其重要的，胡氏蘇湖講學規制，後來被採為中央大學的規制了。更重要的，是由胡氏起而開創了宋代的新學風，蔚興了大批的新人才。

和胡氏同時，像范仲淹的睢陽講學，較後像程氏兄弟之伊洛講學，張載之關中講學，南宋有朱熹之白鹿洞講學，陸九淵之象山講學，這些都是為後代中國人所稱道想望不絕的。

在中國歷史上，自秦以下，漢、唐、宋、明是四個大時代。宋代比較國運最差，但文運學風，較之兩漢、唐、明，卻是有過之而無不及。我們也可說，宋學是開啓了從此以下近千年來中國後起之新國運。

其次要想到明代初年，宋濂、方孝儒師弟子之金華講學，這對明初國運，也有了大影響。其次如明中葉王守仁之浙、寧、贛講學，如晚明顧憲成、高攀龍之東林講學，都給當時的時代和後來的歷史以大影響。

總之，國運隆替，必將影響到社會各階層、各項事業之興衰成敗。但社會各階層、各項事業，亦必然會影響到國運，這是絕無可疑的。尤其是學術思想集團，文化教育事業，其可能發生之影響，更為宏深，可說是無微不至，無遠弗屆。若要舉例，古今中外，例不勝舉。上文所列，則因其為中國歷史文化大傳統所繫，故特為提出，以求吾人之更加注意而已。

如上述，可知一所學校之意義與價值，正在其如何能與國運相關通之處。茲事體大，然亦正貴能於精神上默默作主，生根發脈，從人所不見處用力。至於學校規模之大小，經濟之盈絀，物質條件之豐枯，此等盡屬次要。新亞書院本屬一所流亡學校，在艱難困苦中茁長，積年來所欲鼓舞淬厲者，亦端在此一點精神上。今正值新亞創始以來第十度的國慶校慶。大陸同胞，盡在水深火熱中。金馬風雲，又是險惡萬狀。回念此整整九年來學校之所僅有的一些成績，亦實微不足道。爰再重申斯義，以與吾全校同人同學共勉之。

（民國四十七年十月十日）

建校九年大事記

亞洲文商專科夜校成立，開學　一九四九年十月十日

新亞書院改組，開學　一九五〇年三月一日

本院第一次校慶　一九五〇年十月十日

文化講座首次講演　一九五〇年十一月

校刊第一期出版　一九五二年六月一日

第一屆畢業典禮　一九五二年七月十二日

畢業同學會成立　一九五三年一月二十九日

本院獲准香港高等法院登記　一九五三年七月七日

本院研究所成立　一九五三年十月一日

本院與美國雅禮協會合作開始　一九五四年五月一日

新亞社員大會第一次全體會議	一九五四年十月十六日
董事會改組後第一次會議	一九五四年十一月十六日
《新亞學報》第一期出版	一九五五年六月三十日
增設外文系	一九五五年八月一日
農圃道校舍奠基典禮	一九五六年一月十七日
農圃道校舍啓鑰禮	一九五六年七月一日
文史系分為中文及歷史系	一九五六年八月一日
增設二年制藝術專修科	一九五七年二月一日
第一屆研究生畢業	一九五七年七月十五日
增設英語視聽班	一九五七年十二月四日
雅禮代表郎家恒先生離校	一九五八年七月五日
增設工商管理系	一九五八年八月一日
雅禮代表羅維德博士到校	一九五八年九月十二日

孔道要旨

民國四十七年九月廿八日孔子聖誕日講詞

諸位先生諸位同學：今天是二千五百零九年的孔子誕辰。我寫有〈孔子思想和世界現實問題〉一文，登載第九期《新亞生活雙周刊》上，今天我再略加補充。

中國文化已歷五千年，孔子生在中國文化已產生了二千五百年之後。如果沒有前半期的二千五百年的文化，中國就產生不出孔子。孔子是從中國文化中陶冶出來的，上接二千五百年之文化傳統，下開新規模、新局面，至今又是二千五百餘年了。

孔子在中國，一向被尊為「至聖先師」。「聖」是中國人一種人格之稱。什麼人格可稱為聖？可以說聖是一種最崇高、最完美、最偉大的人格。而孔子是這種人格中更偉大、更崇高、更完美者，所以被稱為「至聖」。

「師」是老師，在小學、中學或大學中，教授任何一門課程的先生，同可稱「師」。但孔子之「師」是「為人師表」，做一切人的模範榜樣，做一切人之師。

孔子憑什麼來為人師表？做到如此偉大人格的呢？這很難講。孔子既不是一位哲學家，也不是一位在某一方面特別見長的專門學者，又不是一位社會改革家，或是一位宗教家、大教主，同時也不能只稱為是一位教育家。因今天我們所謂的「教育家」，涵義仍與孔子人格有些不相稱。

孔子之偉大處，正在教我們以人道，即人與人相處之道，即教我們如何立身處世，在社會上做一人。孔子的教訓，以道德始，也以道德終。

孔子所講的道德，卻並無甚深玄義，人人能懂、能說、能做。孔子之道之大，正因此道乃人人所能知、能行者。

也許有人要問：孔子所講已是舊道德，能否繼續應用在今天？

我們且看，曾子說的：「夫子之道，忠恕而已矣。」怎樣叫作「忠」？忠就是自盡己心。如我們進學校來讀書，大家可以捫心自問是否已經盡了自己的心，這只有自己才知道，別人卻不能知。若進了學校，不能用全心求學，這就是對自己不忠。我們做任何一件事，都該盡我十分之十的心，若僅用到七八分，那就是於己心有不盡，那便是不忠。這樣說來，又有什麼新舊之分呢？你交一個朋友，做一件事，自己都可問一問自己，是否用了你全心？這便是忠與不忠之辨了。

又，何謂「恕」？恕是推己及人。若別人對我如此，我會不高興，我為何可以如此對人呢？「忠恕」二字，只是孔子在他的做人經驗中覺得應如此，只是在其與人相處時體會得應如此。孔子只是一先覺者，他是以先覺覺後覺。我們若要接受孔子教訓，仍賴我們各自內心之自覺。我們生在孔子以後二千五百年，但我們卻可與孔子同有此心與此覺，正為我們和孔子大家是人，所謂人同此心，心同此理呀！

孔子又常講「孝」。「五四」以來，一般人批評孝是封建的，有階級性的。但如果我們自己做了父母，又盼子女如何呢？「己所不欲，勿施於人。」我們懂得這個道理，卻早已是孝道了。

因此孔子所講的道德，既不是一種法律，也不是一種理論，又不是一種神祕的啓示，只是普通人共有的一種內心之覺。故孔門教人又重反省。曾子又說：「吾日三省吾身。為人謀而不忠乎？與朋友交而不信乎？傳不習乎？」你自己總不喜歡別人對你不忠不信，你自不該以不忠不信對人。可見講忠信，便是講恕道。想來當時曾子所得孔門之傳，主要亦就在此。曾子在孔門見稱為愚，然而後人謂曾子得孔門之傳，實因孔子的道理講來本屬非常簡單，即就曾子的忠恕二字也就夠了。

孟子是很推敬曾子的，他在忠恕以外，又提出了兩個字：曰「愛」、曰「敬」。人誰不喜歡人家愛、人家敬？所以我也該愛人、敬人。這與人該忠恕，是一樣的道理。孟子曰：「愛人者人恆愛之，敬人者人恆敬之。」一個人若能得到大家的愛、敬，豈不就是人生最高幸福嗎？

但如果遇到一個人，我以愛敬待他，他不以愛敬待我，這又將如何呢？孟子說：「我們該反身自省，怕是我們的愛敬之心尚未全盡吧！」若我全心愛敬待他，而他仍不以愛敬待我，則又將如何呢？孟子說：「那麼此人與我像是異類了，我也好不必計較了。」可見孟子主張以愛敬待人的態度，是不可更改的。

我們新亞的校訓是「誠明」二字，此兩字出典在《中庸》。何謂「誠」？拿出你十分的心就是誠。何謂「明」？懂得推己及人，一切道理也就都明了。可見就淺近處講，「誠」還就是「忠」，「明」還就是「恕」。

從上所講，孔子之道重在原則上。怎麼樣叫做孝呢？在今天，家庭、社會、經濟情況、人事關係，全都變了。自然今天講孝，內容也該變。只是心不變，便是道不變。還是請大家來各自反省吧！

我們也可說，孔子的學問，是一種人類的心理學。這一種心理學，是在社會交際上、在人生實踐上，得到了解。接下來便成歷史與文化了。若使人類全成不忠不恕，不愛不敬，不誠不明，這一社會便必將被毀滅，也就沒有歷史文化可言了。

中國歷史上，三國時有一大人物曹操，他在政治上、軍事上、文學上，都有絕大聰明，絕大能幹。只他不佩服孔子。他說：「寧我負人，毋人負我。」這實在是違背了人與人相處之道了。

故曹操之人格，並不受後人敬仰，這是有理由的。

現在，我們如果覺得孔子的話是對的，我們就應該照他的話去實踐。孔子曰：「吾十有五而志於學，三十而立，四十而不惑，五十而知天命，六十而耳順，七十而從心所欲不踰矩。」孔子一生學問，自立「志」始。我們只要有孔子之志，便可學孔子之學。孔子之道，是本原於心理的、社會的、歷史的，人人能知，人人能行。只要你有志，你肯跟他學就行了。這是孔子之道之偉大處。

我們今天聽到孔子的話，若我們今天就去做，那今天便是一有道德的人。明天再如此做，明天仍是一有道德的人。天天如此做，便是下學而上達，可以直上達天德。

孔子之道，若從簡易平直處講：在古代是孟子，後代是陽明。若從複雜周備處講：在古代是荀子，後代是朱子。

孔子只是從先知覺後知，先覺覺後覺。孔子之道，還是在人身上，在人心中。但孔子之道，正貴人由身由心去實踐。孔子之道，必要配上活的人，纔見其為道的。

講到中國歷史，中國文化，便會想到孔子。中國的歷史文化，也都是從孔子這種道德精神而來的。

孔子之道，又該是世界的，我們應將孔道與中國文化宣揚光大，使之昌明在人類世界。這是我們的責任。

新亞書院概況序言

新亞書院是一所隨著民族之苦難而俱來的學校。當民國三十八年的秋季，一輩流亡教授和一輩流亡學生們，臨時租賃一所中學之教室兩間，以夜學校開始。翌年春，遂正式成立新亞書院，到今已滿九個年頭。其先是赤手空拳，艱難備嘗。此後陸續獲得外來援助，自己興建了新校舍，有了藏書六萬冊以上的圖書館，並添辦了研究所，最近並擬添辦中學，總算有了一個草創的規模。歷屆畢業生，出國留學的，也已分佈到美、英、西德、日本、菲律賓、西班牙、比利時諸邦，總數將近三十人。來學者，除卻港、臺、南洋各埠，並有日本、南韓的青年，前來留學。回溯此九年來，獲得如許成就，誠非始料所及。古人云：「十年樹木，百年樹人」，要培植一棵像樣的木材，也得至少十年以上的工夫。而況是一個作育人材的學府，在短短未滿十年的時期之內，處在此風雨飄搖，人心惶惑之時代，又是託庇在異國政令之下，曲折以赴。同人等徒抱區區之微願，而自知棉薄，力不從心。最近現況，羅載此冊。得荷覽者之矜察，而賜以匡輔而教進之，則誠同人等所深望也。

中華民國四十七年八月錢穆識

介紹張君勱先生講詞

新亞的文化講座已有百餘次，但今天卻是最盛大的一次。今天特請張君勱先生演講。他的大名各位早已知道，用不著我來介紹。但我要特別一說的是，張先生不但是一位現代的學者，將來在中國學術史上必有其地位。各位所接觸的是現代學者，書本上讀到的是歷史學者。諸位今天在這裏可以見到一位活的歷史學者，他的聲音笑貌活現在諸位眼前。

剛才我在樓下，聽到幾位先生談論關於那次張先生親身參加的「玄科之爭」，使我有所感想。現在我就對這點約略講幾句。約當民國十年，張先生在清華大學講學。那時正是「五四」運動以後，許多人專講「科學」與「民主」，要推翻中國傳統文化，引起了一場「玄」「科」大爭辯。當時胡適之、丁文江等先生曾高喊「打倒玄學鬼！」。這五個字，既非學術，又非思想，而只是一個口號，一種標語。其性質，不在討論，而在攻擊。「玄學鬼」三字，則更含有輕薄之意。又如他們的另一口號是：「打倒孔家店」，也同樣是一句輕薄而富有攻擊性的口號。學術而出之於以輕薄的口號，則學術不能有前途。但君勵先生在這三十多年來，仍照常講他的孔子思想與中國文化。他今日所講的是「儒家思想之復興」。諸位應當注意，這是講學術思想，大家可以來研究、討論、批評，也可以提出異見，但卻不應該用輕薄的標語口號來攻擊。

學術思想並非口號，並非群眾運動。如果稱為學術運動，也應該在各人思想裏運動，在講壇上運動，在圖書館中埋頭研究，在學術著作上去運動。斷不可學街頭群眾，搖旗吶喊，喊「打倒」、「擁護」等口號去運動。

今日仍有許多青年人問張先生說：「那麼，你用甚麼來領導我們呢？你所創造的新風氣是什麼呢？」須知要參加學術運動，是一件終身事業，要將整個的生命投進去。要形成一個獨立思想，要創造一個獨立學說，往往要三五十年的深潛功夫。張先生就是這樣的人物。他已年逾七十高齡，仍不斷繼續研究著作。他的精神和著作，就是上面一個問題最好的答復。

張先生這次旅行歐亞，在西德講學，途經香港。本來這裏的友人希望他在港多留些時日，我們也希望他為新亞作十次八次有系統的講演，讓大家可以知道張先生近年來做的學問，和他達到的更高境界。可惜因為旅程限制，不得如願。我們今天仍然很難得的請到他來這裏演講，所以我要代表新亞師生與來賓，向張先生表示我們的敬意與謝意。

（民國四十七年十一月四日）

中國史學之特點

民國四十七年十一月二十五日應中德文化協會演講

一、

若要指陳中國文化之特點，其人民對於歷史之重視，以及其史學之成就，亦當為主要一項目。中國擁有關於其人民活動及文化演進之悠長歷史，已達五千年。而且此項歷史，自始即在廣大地面上展出。一部中國史，論其所包疆域之廣袤，亦為世界任何各民族之歷史所莫逮。

中國歷史，一開始，便絕少神話成分。此即充分表現其人民所天賦之清明的理智。中國古史傳說，在五帝以前有三皇。燧人氏，庖犧氏，神農氏，此正代表初民社會文化演進之三階段。燧人氏代表此時代人民始知用火及熟食，庖犧氏代表此時代人民已知畜牧，神農氏代表此時代人民已知耕稼。此三個時代文化之演進，主要都由人類中一位或少數傑出聖人之發明。此後中國文化注重人本位精神，即在此種古史傳說中已露出端倪。

三皇之後為五帝。漢時大史學家司馬遷著《史記》，認為三皇傳說非信史，故其書自五帝開端。五帝中堯舜，以及此下夏、商、周三代之禹、湯、文、武諸王，綜合其在歷史上所記錄下之事業而言，可說他們之所以摶成此民族，創建各王朝，都全憑人類所能表現之一種最高道德，而不尚財富與武力。我們縱說此等故事中，亦有傳說成分，非可盡認為是信史，但此後中國文化特別注重道德文治精神，不尚財富積聚與武力征服，亦已在此等古史傳說中透露。

近代殷墟甲骨出土，證明了司馬遷《史記》所載〈殷本紀〉諸帝王世系大體可信。《史記》〈夏本紀〉，正與甲骨文中商代的先王先公同一時期，亦可證其當同樣地可信。下及周初，已有《詩》《書》傳後，在《詩》《書》中所表現者，不僅多數可視為當時之信史，而且亦極充分地表現了中國人之清明的理智，及其人本的，道德的，文治的文化傳統精神。

西周中葉，共和行政，下及宣王中興，那時已開始有逐年記載的歷史。從此直迄現代，兩千八百餘年，中國歷史便從來沒有一年中斷，此事為舉世各民族所稀有。

二、

至晚當即在周宣王時，政府已單獨設置了史官。從中央王朝外及諸侯列國，均有史官分駐。按年按月，各地有重要事件發生，那些史官，均須互相報告，待把這些報告彙集起來，各地便各自有他們一部編年的歷史記載了。可說那時已建立了一個頗為完密的歷史網。所以各國的歷史，雖是地方中心，而同時卻又是全國性的。也竟可說已經是世界通史了。

而且史官在政府中，其地位是超然獨立的。春秋時，齊太史為直記「崔杼弒其君」，崔杼把他殺了，其弟二人續書，都被殺了。又一弟仍續書崔杼弒其君，崔杼無奈，只好罷手不殺。在齊國南部另有一史官，聽說齊國史官都被殺了，他執簡而往，預備由他來據直記載。他聽到這條據實記載的史文業已寫定，才回他原駐地去。這一故事，正可十足表現出中國人自始即重視歷史記載的精神。我們又據「崔杼弒其君」一語中之「其」字，也可推想那時史官地位是超然於當地政府之外的了。

春秋時，又有晉太史董狐書「趙盾弒其君」。時趙盾正出亡在外。董狐說：「你是晉國正卿，逃亡沒有出國境，回來又不討賊，那能說不是你弒君呢？」趙盾也就由他了。後來孔子極贊賞董狐，說他是古之良史。那便是中國史學上之所謂筆法了。用現代人觀念來說，記錄歷史，不僅要據事直書，而且當記出那事件之內裏的實情來，此始謂之良史。

三、

以上是說當時的官史。待到孔子，他根據當時魯國史記來重行寫定一部《春秋》。那是中國由私家寫史的第一部，也是孔子畢生僅有的一部著作，這又是中國人一向重視歷史之一證。以下中國歷史，遂永遠有官史與私史之兩類。

孔子《春秋》，共僅兩百四十二年，分三世，一稱「所見世」，一稱「所聞世」，一稱「所傳聞世」。再往上，孔子便不寫入《春秋》，這是孔子寫史之謹嚴處。

孔子以下，中國第一個史學大家便要輪到漢代的司馬遷，他所寫《史記》，雖遠從五帝開始，但春秋以前，他只根據舊文略加整理，他所著意寫的，也只是戰國以下迄於他的當年，約略兩百幾十年的一段時期，正和孔子《春秋》的所見世、所聞世、所傳聞世，大體相似。

司馬遷雖是漢朝的史官，但他那部《史記》，也是師法孔子的一部私家著述。他書中對當時的漢武帝，以及武帝一朝文武大臣和他同時的，都能據事直書，並有許多嚴厲的批評。但此下漢代君臣，還是十分看重此書，保留其本來面目，不加以更動，這亦是中國傳統文化重視歷史之一種特有精神。

司馬遷以下，不斷有繼續《史記》來寫史的。到東漢初年，班固把此各家彙集來整理成一部《漢書》。《漢書》前後，也只共兩百多年。此下每一朝代亡了，便有人來把此一代史事整理成編。或出政府或由私人，公私雖異，其注重據事直書之精神則大體如一。直到近代，共有了二十五史，這也可說一直是保留著孔子作《春秋》的精神。因每一部新寫的歷史，最多也不過三四百年，正是所見、所聞、所傳聞，時代接近，因此記載也比較切實而謹嚴。

而且中國歷代政府，也一直都保留有史官之設置。把每年每月每日大事，隨時記下。唐太宗時，他曾向史官討他們的記錄看，但史官拒而不許。說：「史官所記，是供給後人看的，你是當事人，不便看。」唐太宗也沒法定要看了。可見中國史官之超然獨立地位，大體上還始終保持著。

四、

中國歷史，正因為注重逐年逐月記錄，不待事後追述，所以比較近於科學客觀精神。而且歷史是由人創造的，中國歷史記載，又特別注重在人物一項，此所謂紀傳體。此體乃司馬遷所創，這也是中國傳統文化重在人本精神之一種表現。

中國歷史記載人物又是頗重客觀精神的。只要在某事件裏有某人物參加，只要某人物在當時表現了某事件，便替他們人人分別作傳。譬如漢高祖、唐太宗得天下，這不是漢高祖、唐太宗一人之事，乃是當時一批人之事。有相隨漢、唐得天下之人物，有與漢、唐爭天下之人物。中國史家便把這些人一一分別列傳，不論其人賢奸智愚成敗得失，只要和當時歷史發生了關係的，便全有他們的傳。初看中國史，好像頭緒紛繁，一人一人地分列著。但若看熟了這一代的歷史，便易對當時所發生的事情瞭如指掌了。

中國歷史主要分上述兩類。一是編年，逐年的記載。一是紀傳，分人的傳述。這不僅比較更近於科學客觀精神，而且中國歷史，因其注重人物，故能兼具了教育的意義與功能。

在歷史中有不能分年分人寫的，如天文、地理、物產、經濟、社會、禮俗、制度、法律、文藝、學術、宗教信仰等，在中國史書中又有書與志之一體，把此等來分類記載。此一體亦由司馬遷首創，而後代史家加以變通活用。不僅在二十五史中，各有志與書，而且有專就此體來寫專書的，這就變成各項分類的專史了。這一類在中國史書中，極為繁富，不便詳述。

五、

上面所提，中國史中的編年和紀傳，可說是記錄了歷史之動態。書和志，可說是記錄了歷史之靜態。至於分著事件來寫歷史的，中國亦有此體，後來稱為紀事本末。此體在中國史學上發展較晚，而且較不受重視。這又為何呢？歷史本來應該注重記載事件的，但歷史事件如長流之水，難可割截。不僅每一事之先後起迄，沒有一定的界線。而且同時此事與彼事之間，實際是相互有關，相互通透，很難明確地劃分的。所謂歷史事件，正可把中國儒家相傳兩句話來形容，一如孟子所說之「必有事焉」，此謂無地無時而無事。一如宋程子所說之「本來無一事」，因此事那事實屬一事。此一事之外，則更無別事。只因寫史者各憑方便來分立題目，隨宜敘述，遂像歷史上真有這事與那事之分別了。

因此，若專偏重事件來寫史，便更易多帶進了寫史者之主觀成分，而與歷史之真實經過之全體情態走樣了。寫史者先認定了這件事與那件事，便有許多事轉會遺漏忽略。而且寫史者對其每一事之描寫，又必在無意中先認定了此一事之前因後果，於是其敘述時之取捨詳略，又易先有了一標準。驟看像是扼要而明備，但只要時代變了，後人對歷史的看法變了，於是寫歷史的題目也隨之而變了。換言之，卻像歷史上的已往事件，一切會隨而變了。於是以前所記錄下的史料，到那時會感到不適合，不夠用。

六、

中國歷史的寫法，重要在不分事題，逐年記載，分人記載，分類記載，驟看好像僅是一堆材料，而主要價值，也正在其是一堆材料上。正在其不把那些材料來分立題目。因此中國歷史，頗少成體成段對某一事件作有條理之敘述。而那些事實，則亦同樣包羅無遺。這正是中國史之長處，也正是中國史學之謹嚴處，正是其更易接近於歷史全體之客觀真實處。只要有此一堆堆的材料，便易使人對此等材料繼續去自由探討，便於使人對歷史不斷有新鮮活潑之觀點與發現，易於使人對歷史有新體悟。因此說中國歷史是極富於清明的理智的，正因於此項歷史記錄方法之得體，而更易使讀史者對於已往人事考察，更增長其清明的理智。

換言之，分事寫史是敘述的，分年分人分類寫史是記錄的。記錄的接近客觀，而敘述的則較易於羼進主觀成分，這是此兩種寫史法之大分別。

而且寫史若以事件為主，則無意中便把人物附屬於事件。寫史者易於把此事件，就其個人所認為之前因後果，都刻意搜羅，表而出之，好像使人讀了易生興趣。但卻易使人生起一種觀念，認為那事件之本身，自具有一種發展的內在規律，所謂事有必至，理有固然。而把人物在歷史進展中之主動力量忽略了，這易於使人發生出一種歷史的命定觀。

而且寫史若以事件為主，又易使歷史有時脫節。因這一事與彼一事之間，未必緊相連接。於是每一事件，就都像是驟然突起似的。這又易使人生起另一種的歷史命定觀。只是前一種命定觀，決定在事件之本身。而後一種命定觀，決定在事件之外面。前一種像是可知的，後一種像是不可知的，而其為一種歷史的命定觀則一。歷史成為命定，則人物便退處無力了。

又若寫史以事件為主，則往往使人容易去挑選那些聳動耳目的特出事件，像大戰爭大革命等。在此等事件中，又易使人引起兩種不正確的歷史觀。一種是英雄觀，認為歷史常為幾個傑出非常的人物所激起。一種是群眾觀，認為歷史常為一群亂糟糟的群眾一時盲目衝動而造成。

七、

中國歷史正因為是按年記錄的，所以易於使人瞭解歷史是一個整體，其間更無間歇與中斷。又因為中國歷史是分人立傳的，把一切事件全分散到各有關的人物的傳裏去，所以易於使人瞭解歷史由人主動，乃由人的共業所形成。縱使在此許多人物中間，也有少數傑出的英雄，又有多數無名無傳的群眾。但在這兩端之中層，卻還有不少人物，各有作用，各有影響。其作用影響，或大或小，或正或負，相反相成，而始得成此一共業。歷史乃由人類之共同業蹟而造成，既非盲無目的，亦非一二人所能操縱。這一看法，更近於歷史演進之真相，而中國史正著眼在這一點上來描寫。

而且中國歷史上之人物列傳，往往對每一人物，總是由生到死一線的記載下。其文體乃是人為主而附見以事，因此容易使人明瞭到每一人的個性與人格，才智與德行。乃是由各色各樣的人來共同參加這一事，乃是事由人而決定，並非由事來決定人。

而且，歷史上總有衰微與黑暗的時代。那些時，似乎無事可述，但一樣有人物。那些人物，則一樣有事業。因此分年分人來寫史，歷史便成為一貫的，而不致脫節與中斷。抑且在時代與事件之整個失敗中，仍可有許多人物。論其本身，卻有他本身的完成。有人說，中國人崇拜失敗的英雄，這正因中國歷史注重人物記載，因此在衰微黑暗失敗的時代下，卻見有許多人物存在。而且因於時代之整個失敗而更見此等人物之精采。如此則更易使人瞭解到人類歷史永遠有其光明面，更易使人瞭解如何由人力來潛移默運，把歷史的頹趨扭轉上正軌。

而且，以事件為主來寫史，則有些人物和歷史大事件像是無關了。以人物為主體來寫史，則一應人物，都和歷史有關，都成為歷史人物，都成為歷史的主人。而像若不成為事件之事件，也成為歷史中有作用有影響的事件了。因此，中國人遇到社會腐敗，政治崩潰的亂世和衰世，常能回過頭來，在自己本身上努力。好像此人退出了歷史，其實正是向歷史而奮鬥。因時代事業可以有失敗，而人物本身則可以永遠有成就。只要人物有成就，失敗的歷史，又會重走上成功的道路，這是人類歷史所以能永遠緜延的大真理。只有中國歷史的寫法，卻把這一歷史大真理明白揭示出來了。

讓我再重加申述上面的話。歷史是一個整體的，但若專以事件為主來寫史，便易使人把歷史當作一條線一條線來看。歷史是有人類自由意志的，但若專以事件為主來寫史，又易使人認為人常為外面事件所主宰而只隨之為移轉。即是人在命定之中了。而其實所謂歷史事件，卻是由人類意像所虛構而出的，由人把歷史整體加以重新組織而成的。歷史本身則只是一大事件，在此一大事件之內，由人挑選出某一段落之某一部分來認為歷史事件，那些事件便一條線一條線似的，卻把歷史本身遮掩了。中國歷史之寫法，不過分注重在事件上，那正是中國史學一特點。

八、

中國歷史除上述編年、紀傳、紀事本末諸體之外，又有一門甚重要的，則為地方志，那是一種分著地域來記錄歷史之一類。這是上述分類史中之一體，卻是中國史書中最後起之一體了。直到清代，省有省志，府有府志，縣有縣志，只要有此一地域劃分，便有專對此一地域之歷史記載。也有專載山川的，專載名勝古蹟的，甚至某一城市，某一寺廟，某一著名書院等，均有專史記載了。把歷史平鋪在地面上，正和把歷史分載在各個年月，各個人身上一樣的精神了。

中國歷史除地方志外，又有專記某一家族的，這是所謂氏族譜牒之學了。這一類，也是中國歷史之一大支。幾乎在中國，每一個較有社會地位的家庭，都可從歷史記載中來查考這一家之最古由來，及其分支蔓延，乃及其遷徙流動，直到這一家之目前情況為止。

這裏最可用來作代表的，便是孔子的一家。直從兩千五百年前孔子之當身起，到現代，共已傳了七十七代，每一代的人名都可稽查。有事業的，當然還記載其事業。因此孔子一家之史，便足足緜歷兩千五百年而直到現在。

不僅惟是，從孔子往上追溯，還是歷代有名字可稽。孔子生在魯國，但可追溯到自宋遷魯之遠祖。其在宋國，本是宋國國君之分支，便可追溯到宋國之初封。又可從宋溯殷，直到商湯，乃及商湯以前。於是由孔子向前，他的家庭來源，尚可追溯一千幾百年。孔子一家，直上直下，便有了將近四千年可稽考的家史了。這實在可說是全世界更沒有這樣第二部的家庭歷史的。

至於別的家庭，枝葉繁茂，遠勝過孔家的還多。大概在中國，有一千年以上可詳細追溯的家族，可說遍地皆是。

由家庭再轉到個人，中國有年譜一體。只要其人在歷史上有貢獻，有地位，後人把他的一生，從生到死按年排列，這是個人的編年史。中國也曾有過長篇大部的傳記體，但終於年譜盛行而長篇傳記則後無嗣響。這應有兩個原因。一是中國傳統向不喜把個人渲染得太過分。二是分年記載，比較樸實可靠。以近代觀念言，比較更客觀，更近於科學精神。故此體更為中國人所樂用。

九、

茲再將上述綜括言之。中國人極看重歷史，極看重歷史記錄，並注重隨時記錄，隨時整理。

政府與社會同樣注意此事，可說不斷有新的近代史出現。積累兩三千年，而從未間斷過。其記錄方法，又注重分年、分人、分地、分類，把歷史上一切經過，都分在幾個較自然，較顯見的體系下記錄。而尤所注重者，則為人物一項。因此中國史可說是一種人本位的客觀的記錄。驟看像是一堆堆的史料，而已往歷史的全貌，可說已儘可能地記錄保留下來了。因此時代變了，觀念變了，後代人要把一種新觀念來對古代史重新加以探尋研究，而那些史料仍會感得適用。中國的歷代史籍，盡量的保存到如今，而仍值得新史家之重視，其故在此。

中國可說是一個史料積集最富的國家。這一民族，這一文化，其各方面活動的分配，各時代生活的演變，可供此後全世界有意研究以往人類文化演進，作一最精細最完備最好的樣子與標本用，此即中國史學一最值得重視之特點。

（已收入《歷史與文化論叢》）

知識、技能與理想人格之完成

民國四十八年三月二日第十七次月會舉行
藝術專修科第一屆畢業授憑講辭

今天是本院第十七次月會，同時為本院藝術專修科第一屆畢業諸君授憑。回想兩年前，本校開始創辦藝術專修科，那時是一無憑藉，困難重重。我常說，本校藝術專修科之創設，正如本校開始創辦時同一精神。此兩年來，幸陳主任和各位教授，本著提倡藝術，純為教育而服務的精神，把開創時期的種種困難，逐漸克服。到如今，居然已有第一屆同學畢業，不僅藝術專修科已稍具基礎，薄有成績，而且從本學期起，能在藝術專修科之外，更正式成立了藝術系，那真是值得我們大家欣慰的。

古人說：「事非經過不知難。」這句話，確可玩味。但事情經過了，事後回想，那些難處，也就不覺得真難了。因若真難了，就無法得經過。現在既得經過，便證實非真難。事業無窮，路途遙遠，我們只該一意向前。當知任何事，總有難，一步難關過了，便有另一步難關當前。我們不該因於經歷了前一難關而自滿自足，正該面對著後一難關而再加警惕。而且行百里者半九十。譬如登山，從平地上迤邐前進固有難，到崇高絕頂在望處更是難。我們當把經歷了前一難來鼓勵自己更向後一難，才不致自我陶醉，中途自劃。本校自創始到現在，已歷九個年頭。常有人說，我們學校創始時那些艱難困苦，已逐漸為現在的同學們所遺忘，而無法再在他們心中活現了。我想，此亦事理宜然。讓我們把懷舊的心情解淡些，來鼓勵我們努力再前吧。

說到藝術專修科此兩年創始，固多困難，但成立了藝術系，此後如何逐步再進而完成我們的理想，那將會更難的。學校教育，縱說抱有如何般的理想，但就實施上言，主要還只是傳授知識與訓練技能。使來學的人，不知的知了，不能的能了，那便是教育功能。《論語》裏子夏說：「日知其所無，月無忘其所能，可謂好學也已矣。」不知求知，不能求能，學問之事，大體說來，如此也就完了。但諸位當知，此知與能之背後，必有一主體，此主體便是那學者，便是諸位之自身。諸位來學校，日有長，月有進。從前不知的，現在是知了。從前不能的，現在是能了。諸位當知，一切新知新能，是全會影響到那知與能者之主體，全會無形中變換那求知求能者之全人格的境界與內涵的。換言之，一人之知能增進，便該是那人之品格提高。

新亞的教育宗旨，常以提倡人文精神為主。試問人文精神何嘗能離開了知識與技能？那裏有無知無能的人文精神？諸位來校學藝術，講堂教授，只是教諸位知道些畫理與畫法，訓練諸位如何下筆畫中畫與西畫。但學校的教育精神，則並不在這些上，更要則在諸位各自之全人格上。學校不僅希望諸位懂畫能畫，更主要在求諸位各自能成為一理想上完美的人。就諸位之所學言，亦可說，乃在希望諸位能成為一理想上完美的藝術家。但試問，那有不懂藝術不能藝術的藝術家呢？

近幾年來，各系教授都要在提高各科的程度和加嚴各科的訓練上認真努力。盼諸位仔細了解此中的意義，莫認為傳授知識和訓練技能是一件可輕視的事。

但知識技能，範圍極廣，勢需各就才性所近，各自向一較為專門的目標而前進，庶可期其有成。學校分科用意便在此。但諸位又當知，各門學問，其實是相通的，並非可以分門各別，不相照應的。而且任何一門學問之背後那一個主體，則同樣是一人，那更是相通的。任何人，生長在同一的社會中，呼吸沉浸在同一的文化體系中，則更是相通的。因此包圍在各項專門知能之外，滲透在各項專門知能之內，是有一個共通的大境界大原理的。我們學校的教育宗旨，一面常講人文精神，一面又總要提到文化意識，也就為此。

諸位瞭解得此意義，便知學問之困難處。而那些困難，則待諸位自己去克服。從前有一故事說，仙人呂洞賓，能點鐵成金。他遇到一乞丐，把一塊泥土用手指一點成了金，給那乞丐。但乞丐不要那金，卻要呂洞賓那手指。諸位來學校，學校所能盡的責任，則只在傳授知識和訓練技能上，那些知能，縱有價值，也僅像一塊塊黃金。什麼是能點鐵成金的那手指呢？諸位當知，諸位之自身，諸位自己所修養鍛鍊出的諸位之品格，才是那點鐵成金的手指呀！

人常說，因他有好的藝術作品，他才出名成為一藝術家了。因他有好的文學作品，他才出名成為一文學家了。但就實際言，正因他先有了文學藝術的修養，才能有好的文學藝術作品之完成。換言之，先該有此品格，才能有此成就與表現。從一切知識與技能來訓練出一個人。有了這一人，才能再從這一人的身上來發現出新知識與新技能。我們不能盼望從知識生知識，從技能生技能，主要中心還在人。再就藝術言，從藝術之欣賞，到鑑別，到批評，到創造，一切關於藝術之知與能之背後，會有一人之存在。若沒有了那人，試問有何藝術可言？有好些青年，在學校中，未嘗沒有好的成績，但一出了學校，就平常了。也有好些青年，在學校時，像是平常，但出了學校，卻逐漸露頭角，顯得與眾不同了。正因有些青年，在學校時，只知道接受呂洞賓所給與的那黃金，而有些青年，則懂得討乞呂洞賓那手指。

因此，每一個青年在學校，應知有四件重要的法寶。首先第一件是知識，此一件法寶，一半得自教授之傳授，另一半須由自己去探討。第二件法寶是技能，此一件法寶，則幾乎全須賴自己練習。第三件法寶是自己的品格，這一法寶，更需要自己修養，自己鍛鍊，而且與第二法寶不同，因其不能與人以共見，只藏在自己內心自知之。第四件法寶是自己的人生理想。這一件法寶，更無憑據，無把握，有待於出了學校以後之逐步努力、逐步完成。諸位要能建立理想，便該從廣大的知識中覓取。諸位當知，任何一專門學者乃及一普通人之有意義有價值的人生理想乃及學術理想，全需在社會大群之現實境況與夫文化大體系之繁複機構中，而有其意義與價值的。我們學校之教育宗旨，重在人文精神，便是要諸位從認識第一件第二件法寶知識與技能之修習外，進而獲得第三第四件法寶，即自己人格之鍛鍊，與自己理想之建立。

所謂人生理想，雖是各別的，仍是共通的。主要不過要大家好好地做一人，做一能在社會人群文化體系中，盡自己的職分，能對社會人群文化大體有貢獻的人。從這一層說來，職業即是事業，事業即是出路，私人生活不成為問題。當知知識、技能乃至品格、理想，這四件法寶，是全不能把經濟價值來加以衡量的。出了學校以後各人的經濟情況，那全是些機緣與際遇，那些是全不可以預見預測的。因此諸位來入學校，選習課程，全該各就自己才性所近，由各自的興趣來完成各自的志願，這才是一條可以達到的途程。若先橫梗了一種經濟計較，認為某種知識技能可以有好出路，可以獲得好報酬，期望好待遇，那就大錯特錯了。

藝術這一門，尤易見得我上面所提出的種種理論，所以我特別要乘今天這一機會來講這些話。尤其是我們所以必要在學校中來添設藝術這一門，必要在兩年的藝術專修科之外，來增設四年完整的藝術系之用意所在。我很希望我們全體同學共同能瞭解這一番話。

現在再就我們學校所已有之各學分課程來講，大體可分兩大部門，一部門是中外文學、歷史、哲學與教育，再加上藝術，另一部門是商學、經濟與工商管理三系。這兩大部門，實在都是屬於人文方面的。諸位當知，無論修習那一系那一科，總之該從知識之獲得，與技能之訓練，來培養自己的品格，來建立自己的理想，那是一以貫之的。人文教育與職業教育是同本共源，相得益彰的。

將來學校逐步再有發展，我們很想把藝術那一支再擴大，把文哲、經濟和藝術，成為我們學校課程之三大支。換言之，即是正式成為文學院，商學院和藝術學院。我們並想把此三支的課程和興趣，盡量互相滲透，互相潤劑。學文哲藝術的，不要忽略了將來置身社會時之實際事務幹練。學商學經濟的，也不要忽略了各人應有的文哲藝術修養。我們在最近期內，更想把藝術興趣普遍到全校，設法來增添課外各項游藝活動。我今天深切希望，我們學校此兩年來藝術專修科之創立，以及此後藝術系之正式成立，能對我們學校增添出一番新光彩，來充實發揚我們學校教育宗旨中，有關於藝術教育一方面之意義與使命。

介紹董之英先生講詞

民國四十八年四月八日本院第十八次月會

董之英先生是今日香港的成功企業家。他極重視我國傳統的道德，對社會公益事業，更是非常熱心。尤其可貴的是，董先生雖然盡力於社會公益事業，但不居功，不求人知。四年以前，香港教育司曾表示，希望本院添辦一所合標準的中文中學，但要本院先籌經費二十萬元。這當然不是一件容易事。於是有友人介紹我與董先生見面。那是我與董先生第一次的會晤。

見面後，董先生開始就問我：「想辦中文中學，還是英文中學？辦中學之動機是不是為了賺錢？」當時我回答：「我們想辦的是一間中文中學，並且，本著新亞一貫的作風，決不是以牟利為目的。」董先生對我們的政策，立即表示滿意，並且很慷慨的應承，代為籌措這筆經費。他說的十分坦率：「二十萬塊錢沒問題。」

另外一個大難題，就是要找一個理想的校址。等到校址有眉目時，教育司認為二十萬元的開辦費還不夠。全部建築設備費要一百多萬元，教育司可協助四分之三，本院必須籌出廿八萬元。於是，董先生又在原先答應的二十萬之外，再增加八萬。這是一個不小的數目，而董先生竟毫不猶豫的應允了，這種熱心教育事業的人，在今天真是少見的。董先生的熱誠，使我十分感動。董事會決定邀請他作本院董事，而他再三謙辭，方才同意。現在我們董事會中增加了董先生這樣一個熱心教育事業的人，對於本院的發展，將會有很大的幫助。我希望我們的陣容中，再多幾個董先生，可以給今天這個只重私利少顧公益的社會，促成一種新風氣。

董先生是一個成功的企業家，他今天的演講，對諸位將來之獻身於社會服務，必將大有裨益。

擇術與辨志

香港大專學生學術研究會成立典禮講演辭

民國四十八年四月十一日

(一)

今天我所講的題目，為「擇術與辨志」，這是我們走向學問道路的兩大先決問題。學問如大海，一條船駛入大海中，先要有方向和目標。所謂「擇術」，便是選擇走那條路。所謂「辨志」，便是決定向那裏去。「術」是各項學問之途徑，「志」是學者自己的志向。諸位進入大學，首先便是院系課程之選擇。或進文學院，或進理學院，選定學院之後再選系，在每一系中再選課。

當知每一項學問，都有前人所已到達之園地，乃及前人所未到達之境界。凡屬前人所已到達之園地，其所從到達之路程及其到達之方法，皆已客觀存在，此乃以前學者之經驗與成績，後來從事這門學問的人，都該接受遵循，俾能到達前人之所到達。

繼此則當繼續向前，開創新園地，求能到達前人所未到達者。學問境界，以此愈闢而愈廣。學問路程，以此愈走而愈遠。當知目前大學科程，在先本無此種種科，盡由後人絡續創闢。待學問走進了新境界，於是又增添出新方法與新路程，而形成為一門新學科。

直到現在，學問分類日細，路向歧中有歧，各人之所到達，已成互不相知。但回溯其最先原始，實由同一路徑而出發。比如各海輪，由同一港口駛進了渺茫的大洋中。又如各飛機，由同一跑道而翱翔於遼闊的太空中，轉瞬間，便各奔前程，互相散開了。

又如一大樹，乃由同一根幹而分條分枝。現在成立的各學科，正如在此大樹上各處花開繽紛，果實累累，但此大樹根幹，卻是那些花實之共同生命，共同源泉。

近人論學，有所謂通才與專家之爭。其實不通則不能專，通了則仍須專。諸位進入大學，必有全校的，乃及各院的共同必修科，進而有各系的共同必修科，更進而有各自專門的分科選修學程，便是這道理。

故從事學問，必當先歷通途，再入專門，由本達末，乃為正趨。學問之道，歧之中復有歧，專之上猶有專，至於如何來各自選擇一條路，則貴各就自己才性所近，庶可望將來之深造。

現在一般青年，其選擇科程，都注重在某一科程之出路上，及其將來所能獲得之報酬上。當知此乃一種目光短淺的功利觀點，最是要不得。各門科程，有各門科程之意義與價值，在科程本身上，無法衡評其高下。至要分別，則在學者各人所經行道路之遠近，與其所到達境界之深淺。

譬如你若具有音樂天才，你能成為一個第一流的音樂家，其意義價值，便遠勝於你勉強所難，而成為一個第二流或第三流甚至更以下的醫生或律師。醫生與律師，同樣對社會有貢獻，但你不能把你自己內在的最高可能表現發揮出來，在你是埋沒了你的音樂天才，而在社會又無端損失了一位大音樂家，那才是大可惋惜的一件事。

㈡

以上這些話，已有很多人講過，現在我再想進一層來闡述我此番講演所要提供給諸位的另一些意見。

任何一門學問，都有許多被稱為定論的，那是前人從事此項學問者，在其所已到達的境地中，所開出的已成熟的花果。但除此以外，每一門學問，仍必有許多待解決之問題存在著。我們求瞭解此許多定論之由來，是知識。我們進而試求對此許多未解決之問題謀解決，此始稱為研究。

任何一門學問，其最先則莫不由於某些問題而來。人類開始，殆可謂毫無知識。橫梗在人類面前的，則無非是一堆問題而已。待某項問題解決了，便成為人類之某項知識了。但問題無限，整個宇宙和人生，便是一大問題。大問題中有小問題，小問題中則又有小問題，其經人類所已解決者，實是有限之中又有限。知識有限，而問題無窮，人類中有肯獻身於學問研究方面者，其意義之可貴便在此。

今試就於此無限待解決之問題而略為分析，則應可分為兩大類。一類當稱為內在的問題，即種種問題均出生在此項學科本身之內部者。另一類當稱為外在的問題，即種種問題，並不出生在此項學科之內部，而實發動在此項學科之外部者。此兩大類問題之分別，則正與兩大類之學術分別相當。一切學問，就其對象言，亦可分為兩大類。一是對物之學，另一類則是對人之學。此即所謂自然學科與人文學科之分別。自然學科對物之學之一切問題起於物，人文學科對人之學之一切問題則起於人。物質界則永遠是此物質界，比較少變動。如地球環繞太陽而運行，此一現象，永遠如是，自有人類幾十萬年來，幾乎全認為乃太陽環繞地球而運行。直至近代天文學開始，乃知其真相。但自此一問題解決，人類獲得了對於此一問題之新知識，而連帶關於天文學上之種種其他問題，也逐漸一步步地發現，又一步步地求解決。當前的天文學，便是由此發展而來。其他如物理學、化學、地質學、生物學等，亦莫不如此。凡屬自然科學方面，則全是如此愈鑽愈深，愈跑愈遠的。問題是一個挨一個，早都存在著。只是人類知識，逐步向前，那些問題才逐步顯現。你能向那一學科之內部鑽進去，便自知新問題所在，所以說此一方面之問題，則全都內在者。凡粗具科學常識的人，當無不首肯吾此說。

但一涉到人文科學便不同了。不僅五十萬年前的人類，與當前有不同。即五百年前，五十年前的人類，亦已和當前不同了。即就每一位個人言，五十年前之我，所見所聞，和五十年後此刻之我，所見所聞，全不同了。大而至於一個國家，一個民族，即就中國言，五十年來，在國際上，經過了第一次第二次世界大戰，而全世界的形勢大變了。就國內言，自中華民國創建，而國民革命軍北伐，而共產政權出現，又都大變了。在此許多大變中，意想不到的新問題，層見疊出。這全為研究人文學者所當注意。今試問此等新變化，新問題，何一是能在某一項學科之內預先存在著的呢？因此說，人文學科方面之問題，則全是外在的。

㈢

正因為自然科學方面的問題，都是預先存在著，所以研究自然科學方面的學者，儘可隔絕人世，埋頭在他的實驗室中，來大膽假設，小心求證，別有他自己的天地。但研究人文科學者則不然，他們正須時時向外通氣，正須在萬變日新的人生大社會中求新呼吸，正須面對人群當前現實需要，把握人生當前現實問題，而使彼所研究之這一項學科，不斷有新生命，有新創闢。

因此，研究人文學和研究自然學，其間存有甚大差異，為選擇從學途徑者所當知。要言之，研究自然學，應能有志獻身於學問。而研究人文學，則應能有志獻身於社會。換言之，研究自然學，其可貴即在其所學。而研究人文學，則可貴更在從事此學之人。牛頓之所以不朽，因其發明了動學三定律。愛因斯坦之所以不朽，因其發明了相對論。而孔子、耶穌之所以不朽，主要更在其本身人格之偉大。

用中國人觀念來分別述說之。研究自然學的條件，應是一智者。而研究人文學之條件，則必然應是一仁者。惟其是一智者，才能於別人想不到處提出新假說，於別人見不到處尋覓新證據。惟其是一仁者，他才會對社會人群有敏銳的直覺，有深厚的同情，能在大處深處，發掘出人類普遍的，潛伏的，真問題之痛癢處，及其癥結處。

研究自然科學，可以逐步向前，逐步上進，前人所不知而後人知得了。前人所未解決的問題，而後人解決了。後人勝過了前人，所以見其為智者。研究人文學，不能如此用心。愛因斯坦可以比牛頓前進了，但誰又比孔子、耶穌更前進了呢？當知研究人文學，只求對當前人群社會有貢獻，說不上前進與否的話，所以見其為仁者。

研究自然科學的，最先可以發源於一時的某種好奇心。他之所研究，可以與人類痛癢漠不相關，其存心本不在求實際之應用。即如首先研究電學的人，何嘗先著意到以後種種的實用，如電燈、電話、電線、電影等種種發明上面去？因此，可以說他是為學術而學術的。他的一種冷靜的、純理智的，專在知識上求真理的，所謂純理論的純粹科學，雖為種種應用科學之本源，而其探討精神，則並不在人類之實際應用上。

然而此種態度，若移用到人文學方面來，也把圖書館作為其藏身之所，一如自然學者之埋頭實驗室中般，專在學科自身之內部作研究。則其自身最多僅成一學究，其所得之知識，將僅是一種書本上的死知識。經學之流為訓詁與章句，文學之流為詞章，史學之流為考訂與纂輯，全用心在前人所已有的學業上，卻與自己身世不相干。如此用心，則絕不能成為一濟世導群的大學者。

(四)

昔朱子曾提出「格物」「窮理」兩大綱，竊謂此可奉為從事自然科學者之最高最大的目標與宗旨。顧亭林先生又提出「明道」「救世」兩大綱，竊謂此可奉為從事人文科學者之最高最大的目標與宗旨。此兩途，其共同精神，則厥為能獻身。獻身必具有大勇。有大勇於獻身者，尤貴能不失其身。故學問擇術，貴能自審其一己才性之所近。仁與智，則為人類才性之兩大區分。必具大仁大智，乃能有大學問。亦為其有了大學問，才見其為大仁與大智。人之德性與學問，乃於此而結合。

說到此，可見擇術之上，尤要者，貴能辨志。所謂獻身，便是把你的全部生命都交出來，全部精力都用上了，此非先有決心不可，此非先能立志不可。然而所謂立志獻身，也不過把你那一分天賦的才性之最高可能盡量地讓它發展而成熟，那又於你何損呢？

今不此之圖，而反把你的那一分天賦才性隱藏了，埋沒了。把你的整個生命，全部精力，來隨便使用，隨便浪費了，僅僅換得一些私人的金錢報酬與職業出路。試問有了真學問，那會無出路？如此打算，實是既不仁，又不智，且無勇。以如此之人來投身學問，試問其價值意義何在呢？

（已收入《中國學術通義》）

家庭母愛與孝道

民國四十八年五月母親節演說辭摘要

任何一個社會，希望獲得和平與快樂，安定與繁榮。這些，並不能靠賴在此社會的財力或強力上，而需靠賴在此社會各分子相互間的善意，即道德心情上。

此理可資歷史為證。世界各民族，儘有在歷史上富強過人煊赫一時的，但只為它憑仗富強，把人類相互間應有的善意拋棄了，道德心情墮落了，此一社會便可不久而腐敗，而崩潰。富強美景，只如曇華一現。甚至此一社會，根本在歷史上消失，而更無蹤影可尋的，也不少。

就近取譬，據人人目前可見事來說。家庭正是一個社會之雛型，正是一小社會。若此家庭中各分子，全縈心著意在財力強力上，把相互間各自應有之善意全遺忘了，此一家人相處，根本沒有一種道德心情作維繫，試問此一家庭，從何處覓和平，求快樂，更從何處得安定，有前途呢？

中國社會，在全世界人類所組成之各色社會中，綿延最久，展擴最廣。亦只有中國社會，一向最看重家庭，人人懂得把處家之道來處世。在中國社會裏，那一番人與人相互間各自應有之善意最真摯，最洋溢。亦只有在中國社會裏，道德心情，流露得最深厚，最自然。以此中國社會纔能長久存在，廣大散布。

我們也可說，中國社會是比較最和平，最快樂的，又是比較最安定，而最有前途的。此中涵有甚深真理，卻莫要單憑一時財力強力來衡量。

今天在香港，大家真誠熱烈地來舉行這一個母親節，正可把來為我上面那番涵有甚深真理的話作見證。

那一人無母而生？母愛正是表現著人類最深厚的善意，最高貴的道德心情。無論是孔子、釋迦、耶穌、謨罕默德，乃及世界人類中其他大教主，只要成為一大教，必然將宣揚人類間仁愛慈悲那一番大道理。而那一番大道理，則在每一人的母親身上，正在不斷地用最自然、最平凡、最真切、最具體的人生實踐來重複表現，重複闡揚了。

中國《詩經》上說：「哀哀父母，生我劬勞，欲報之恩，昊天罔極。」正因為人間世有此一番深摯真切的母愛，纔激發起為人子者之孝心。孝只為求報恩，報恩也正是人類相互間一種值得重視之善意，一種高貴的道德心情。中國社會一向提倡孝道，那是寓有一番甚深真理的。也可說，中國社會之所以得綿延久而展擴大，其主要因緣即在此。但若無施則何來報？施是主動而積極的，報已是被動而消極了。而且孝道常要有人來提倡，母愛則是不煩提倡而亙古皆然的。在不懂得提倡孝道的社會裏，母愛依然存在。母愛之偉大處正在此，而中國社會之常常懂得來提倡孝道，其中實寓有甚深真理，堪稱為人類社會一種高度的文化表現者，其理由亦在此了。

今天又是香港社會大家在真誠熱烈地舉行此一年一度的母親節，敬獻此辭，讓我們大家來珍重此一番心情，來發揚此一番文化，來各自反省，各求報答我們人人所具有的那一番昊天罔極的大恩吧！

研究生報告指導摘要

民國四十八年四月二十一日研究所月會
金中樞同學報告「董仲舒的思想」

「董仲舒的思想」，這個題目很不好講。因為在講一個人的思想時，很難抓住它的重點，何況董仲舒的思想又甚複雜。

西漢人特重《春秋》，因此亦看重董仲舒的思想。至東漢，轉而尊鄭康成。宋人講思想，甚看重董仲舒所說的：「夫仁者，正其誼，不謀其利；明其道，不計其功。」清人陳蘭甫，在他的《東塾讀書記》中，將朱子與鄭康成相提並論，對董仲舒未見尊崇。董仲舒成為一個近代所注意的思想家，始於康有為今文學家。所以重倡董仲舒，基於下列二因：

（一）康氏是今文學派，講公羊者。

（二）康氏主張變法，不看重革命。

反對康氏者章太炎，是古文學派。不過他有些地方難免有偏見，他極力地批駁康氏，甚至詆董仲舒為「大巫」。實是過份。

清末，中國初與西方接觸，遇到了耶穌教，中國人民就認出宗教之重要性。於是康有為提倡董仲舒，孫詒讓提倡墨子。當時夏曾佑寫了一部中國歷史教科書，推尊今文學家，以為漢代今文學家是在宗教觀念上講孔子。「五四」之後，大家又來反宗教。因此對董氏亦喜依太炎講法，視之為專涉迷信。

思想隨著時代而變，批評思想的亦隨著時代而變。金同學這篇報告有一點甚好，即是並未偏重在「通三統」或公羊學的傳統上來講。或是他並未注意到現代。有時書讀的少，反可無門戶之見，多讀書反而能入不能出，受了拘束。讀書應能見其大，不要鑽牛角尖，如此可不受束縛。今晚金同學講，董仲舒因不得已，故講「天」，用來壓在當時政府之上。此說亦有理，然亦可換一說法。

漢代確開中國歷史上向所未有之新局面。古代各國皆遠有淵源，即秦亦然。惟漢獨否，無端由平民為天子，此是中國歷史上向所未有的。此一點，當時的人便想加以解說。最流行的，就是：「受命於天」之說了。太史公為董仲舒弟子。當時人又極力推尊鄒衍，太史公卻不肯用鄒衍說法。可是講到漢高祖，畢竟也不得不採用了「受命而王」的說法。可見「受命」之說，亦是當時人用來解說歷史上之新局面的。董仲舒亦接受此觀念，可說是應時代的需要，來解答一個歷史上之新問題，總比主張該用武力征服天下的說法好。因此，鄒衍說法加上了五德終始、通三統等，遂大盛於漢代。此一觀念之盛行，吾人應加以原諒。金同學自此觀念輕輕接下去，便落到人生、社會上。此種講法卻無大病。

董仲舒以前有賈誼，賈誼的〈過秦論〉甚好，他講秦之亡是：「仁義不施」，這四字是儒家的。又云：「攻守之勢異也」，則是從軍事上講了。賈氏並未講及「天道」。如說秦亡是「仁義不施」，則秦孝公至秦始皇一段之富強，亦並非仁義使然，這又該如何解釋呢？〈過秦論〉後面寫的似乎有些不好。

董仲舒之偉大處在反對秦人之尚法，因此要復古更化，此與賈誼的講法同。如果將賈、董講法對比，賈誼是根據歷史、利害、人事來講，董仲舒卻能自最高原理「道」來講。「道原於天」，漢人推尊此一說。

可是原於天之道，落下來應到何處？在董仲舒的理論中，講的是「禮樂教化」。禮樂教化作為國家之政治制度，其大本在天，而由皇帝來接受。如此講，仍是從上到下，不大好。賈誼〈治安策〉本於歷史經驗、歷史教訓。此條路本好，可是有一最大問題，即是無法講漢代別開一新天地之事實。

即如近代法國盧梭的《民約論》，實際講，歷史亦並非如此，也不過隨便找出一個說法而已。

當時中產階級興起，藉此一理論，結果造成了法國大革命。

中國人在漢代無法用選舉，而且當時又毋須革命。道原於天，天無法表現道，天只能表現災異祥瑞。依董仲舒講法，禮樂教化其實仍找不到一根本所在，董仲舒理論的缺點卻在此。

禮樂教化的根本，應在孟子「性善論」中去找。荀子講「性惡論」，人要戰勝天，結果造成了後日之法家。董仲舒另配上漢代大一統政府，一切禮樂教化全在政府，他的政治主張成為漢代所定之法度。董仲舒對當時政治上誠有貢獻，但在思想上卻不能與孟子及以後宋儒相比。

中國儒家一定要講「性善論」。依董仲舒講法，便要講成神權政治。此套理論直講到王莽時代，至《白虎通》成書，即不再講了。《白虎通》不講五德終始，今文經學的大題目便失落了。於是東漢時古文學派興起。後來曹氏、司馬氏篡位，仍要根據五德終始說。這只有更失信用，終至無人肯信。隋、唐後，遂至再無人講此一套學說了。

既不講「天」。宋儒遂出來講「理」。即使貴如皇帝，亦得遵「理」，於是把董仲舒的缺點去掉了。但董氏並非存心要講專制，若如此批評董氏，似乎不應該。惟道原於天，天子受命而王，此說終有毛病。但宋儒說法也有病。戴東原曾云：上面人（統治者）講「理」，則下邊人將毫無辦法。戴氏此語又甚有理。如今日在大陸上，凡有父子、夫婦、子女、家庭倫理觀念者，則必被加上一「溫情主義」、「小資產階級意識」的罪名。一定要為社會、為大眾。這也就是一「理」字。

也是拿「理」來殺人，人將莫奈之何，這就符合戴氏所言了。戴氏用意實是在指斥清廷之大興文字獄，及頒布《大義覺迷錄》等，故有感而發也。

可見每一時代之思想，皆是針對此一時代的。董仲舒思想，有其缺點。孟子不失為儒家之大正統。後來王陽明講「良知」，一字不識，仍可做聖人。這一講法，亦有毛病。講自由的講到極端時，天下之罪即皆假之以行。可見批評他人思想之不容易。

通情達理　敬業樂群

民國四十八年六月一日第二十一次月會講詞

今天或許是這一學期最後一次的月會，我想將我們學校這一學期之經過來作一檢討。

首先，我要提到，我們這一所學校，是從艱難困苦的環境中奮鬥出來的。我們創辦這學校，自認有一個理想。希望能透過一個艱難困苦的境界，來達成我們的理想，這也可說是我們的新亞精神。

諸位進學校，或許是為了求得一張文憑，以便畢業離校後，可謀得一職業。這種想法也並不是錯了。可是我們辦這一所學校的宗旨，只是為了要培植人才。任何一種職業，均得由人才來充當。如果你是一個人才的話，就不怕在社會上無職業，無貢獻。人才教育與職業教育，是相輔而行的。我希望每一位同學，一定要把自己做成一「有用之才」的理想放入心中。

再換一面說，無論講人才，或職業，我們所栽培的是中國的青年，希望他們成為一中國的人才，將來在中國社會謀職業，對中國社會有貢獻。因此，要求諸位能了解中國文化的意義，受中國文化陶冶。

我們學校又注重文化教育。文化教育，人才教育，職業教育，這三個目標實係相通，等如一個，這是我們學校教育的宗旨。新亞的校歌和學規，申明了我們的精神和宗旨，希望諸位常常在念，深加瞭解。

可是新亞自成立至今已九年。我們的理想，究竟完成了多少呢？這不得不時常地檢討。或許我們所表現的，與我們日常所談的精神、理想，距離得太遠了。這更要我們認真來檢討。

下面試分四點來檢討本院此半年來之成就。

（一）物質建設：新亞初創時，物質方面是我們最大最難克服的困境。到現在，我們總算有了一座自己的校舍。去年我曾說，要開始第二期的建築了。但由於各種的原因，荏苒一年，迄未開始。因此對於南洋同學來校的住宿問題，未能獲得圓滿的解決，這裏面的情節也不再在此述說了。好在今年的暑假，第二期校舍建築准可動工。第三期校舍建築也已在計劃中。至於是否能有第四、五期的建築接著來，那是將來的事了。依照學校目前的校舍規模而論，我們可算已經脫離了艱難的階段。其他如關於物理、生物、化學等實驗室，我們早曾有計劃。前年已擬添設生物室，可是今年連生物室的地方都被擠去了。可見即在物質建設這一條路上，也就很曲折，只能一步步地向前走。不過這終不算是太困難，只要有經費，問題就簡單。

（二）事業發展：去年中，我們增設了工商管理系和藝術系。下學年是否又可有新計劃，那則很難說。其次說到創辦中學的事，地是領到了，建築經費也已籌到，中學校長也早經聘定了。大概要在暑假期間纔能開始建築，明年春是否能開學，此層在目前尚無把握。總之，此一事在發動中，可算已走上了大半的路程了。

（三）學業進步：這一點，我想應該是我們最大希望之所在。我們同學的一般學業水準，是否能逐年在進步呢？我們至少希望我們一般同學的學業水準該與國內外大學，如臺灣，或英、美、日各國的著名大學，達到相等的程度。這一層，要待我們有更大的努力。社會上對我們薄有稱道，那只可說是虛名吧。外人總認為本院提倡中國文化，所以在中國文史方面的課程，應較其他學校好。其實也並不然，我曾屢次在講堂上對大家說：外面稱道全只是虛名。我們切莫認以為是自己的實情呀！但這一種虛名也是有其來歷的。

回溯本院在桂林街時，學生總數不到一百人。有一次，《中國學生周報》舉辦首次徵文，初選十名，新亞就佔了五六名之多，第一名就是新亞的同學。此後凡有那些比賽，新亞總是名列前茅。即如前年中國文化協會舉辦大專院校辯論和論文比賽，我記得似乎新亞同學又得了兩個第一名。

社會上都說新亞中文確比他校好，是由此等事而來的。可是日前這次辯論比賽，新亞國語組失敗，而英語組勝利了。外人一般批評，都認為是意外。他們說，新亞的國語組不應失敗，這似乎好像英語組也不應勝利似的。其實本院在中國文史方面雖擁有虛名，也不過是我們率先開了風氣。實際上，我們的中國文史水準，也不比他人超過得太多。我每年都批閱港大中文系各年級的試卷，這幾年港大中文系也歷年有進步，到今天，他們的程度也並不比新亞差。最近我又評閱了港大的碩士論文，我認為在這方面，似乎還不如新亞。但或許再過一兩年，他們也將不比我們差。這些，我是在很客觀地檢討著。如說我們的中文程度比人家特別好，這是未必的。

從去年起，本院國文系做了很多改進工作，至今已有一年。如要抄書，不許寫別字，督促看參考書等。諸位也許覺得很麻煩，很辛苦。但諸位要知道，擔任國文課的先生們，他們的責任也加重了，他們要比諸位花費更多的精力。關於這方面，學校的大方針是正確的。工夫上不可馬虎。希望每一個同學能在一兩年內，把國文程度能達到一水準。至少不再寫別字，能多讀課外書。即如《詩經》、《史記》等，驟然看像很沉悶，但在文化的、人才的教育意義上，是應該注重的。對諸位將來造詣亦將大有幫助。我要求諸位，多多鼓勵明年一年級的新同學能在國文課上努力，幫助校方闡明我們這一番宗旨。我們希望能慢慢走向這一個理想。

現在再談談本院的外文系。最開始，外文系隸屬於文史系。本院最先幾屆的畢業同學中，有識英文字母的。這些同學從大陸流亡出來，由於以前種種經過，使他們沒機會學英文。但他們畢業後，在社會上也都能勝任他們的工作。我們學校，自遷入新校舍後，開始注重英文。我曾屢次公開地說：我們同學們的外文是有進步了。我們希望中文系也像外文系一樣向前更進。本院外文系，現已有了二三年的歷史，我們確是把它當件事來辦。而外界並不知道我們是在努力中。這次比賽，我們的國語組怕是犯了自驕的毛病，而英語組比較虛心。做人是該要虛心的。這次英文組之勝利，並非僥倖所致。而國語組之失敗，則是我們的教訓。

我們雖不敢說我們的中文、外文都好，但我們實在是歷年在進步中。本院是一間文學院，同學們無論讀那一學系，中英文都要好才行。要能直接看中英文的參考書，能口講筆寫。一般水準盼能繼續提高。

照我們學校的宗旨來講，我們所希望的人才，文化的教育，一定要注重中英文。在今日之世界中，若不通外文，這是苦痛的，不方便的。若在中國人的社會中而不通中文，這將是一種奇恥大辱。所以希望我們全體同學，要努力在此兩課上注意。

本院的文史研究所，在國內外聲譽都很好。但研究所也並不能經常維持一高水準。現在第三四兩屆，就未能較第一二兩屆更好些。希望今年下半年研究所方面，能有更滿意的新成績。今年文史系的畢業同學中，聽說有幾篇頗好的畢業論文，不過我尚未看到。總之，同學們的學業，今年好，或明年壞，這是有種種理由的。但是我們總希望諸位的學業，尤其是中英文，能逐步向上。平心而論，我們的中英文程度是尚不夠一標準大學的水準的，所以我特別希望諸位能積極的努力。

（四）學風陶冶：學業水準固然重要，可是學校的一般風氣更重要。譬如本院的圖書館，常常丟書，這是不應該的。我前幾天見臺灣東海大學的學生刊物中，刊載有一篇由他們同學所寫的文章，指責他們圖書館丟書的事。我看了甚為激動，我深感那種現象是甚為不好的。而且本院不但圖書館丟書，同學們還有在學校中丟錢的事。

再就同學的服務精神言，在校同學，千方百計請求免費。有些是經濟困難，有些則並不然。又如在校工讀生和畢業後留校做職員的，也不免有「遇義不先，見利恐後」的意態。這不論是講職業，或講人才，都談不上標準。我希望同學們能「通情達理」，「敬業樂群」。諸位當知，學校是一公的機關，一切都該從公的方面著想。諸位在學校，都該通情達理。偷東西是無情無理的，全是不堪恕的。諸位平日對各人自己功課要當一件事情看，這是「敬業」。對先生、對同學要快樂和平相處，這是「樂群」。

一個學校的校風，是很難養成的。有了短缺之處，是很難糾正轉移的。我不知我們學校上面所說那些不良風氣，何日才能轉好？《詩》云：「高山仰止，景行行止，雖不能至，心嚮往之。」我總希望我們新亞能有一良好的學風。學校固然無法注意到每一位同學，但每一位同學，各該自己警惕，自己勉勵。那丟書的風氣則總是不對的。丟一本書，像是小事，但可使整個學校之精神因此而降低。此等事，反映在各人心中，都要覺得有羞恥。每個人的向上精神都會有損失。諸位當知，你們將來離校走進社會，做任何一件事，任何一個職，你的一舉一動，無論好壞，都對整個團體的精神上有影響。當然我們不能說新亞同學都不好，但事實不容否認，不能說像失竊的事，全是校外人幹的，這裏面總有校內人在做。在我們學校裏，容有如此類的人，這將使我們精神沮喪。各自在內心上貶低了我們學校全體的價值，而連我們自己各個私人也在內。我們當知，任我們做一件好事或壞事，都足以鼓動團體，或打擊團體，無形中都有其影響力。

我們創辦這學校，是懷有一番理想的，是想對社會有一番好的影響的。希望諸位在校，在學業上要求上進，對公共的校風及對各自的日常生活，要「通情達理」，「敬業樂群」。我們總希望我們的學校，能蒸蒸日上，至少須把我們的有些醜惡面，能儘量洗刷去。

為學與做人

民國四十八年五月廿六日香港蘇浙公學講演辭

今天我第一次到貴校來，看到有這樣宏大規模的新校舍，一個新創辦的學校，一開始就有很好的氣象。諸位同學能在此讀書，我想是一定非常高興的。

今天我所要講的題目是：「為學與做人」。諸位入學校讀書，由小學到中學，中學畢業後或許進入大學。那麼我要問諸位，進學校有甚麼意義？為甚麼一定要進學校呢？諸位或許是想學一點知識和技能。以前所不知、所不能的，進學校後知了、能了。將來畢業後進入社會，就可以謀有一職業。不知道諸位是否如此想？我認為這樣想法也並不是不對。因為每一個人都應有一職業。人生活在社會，該對這一社會有貢獻。我們貢獻給這社會的，就是我們的職業。任何一種職業，都需要有一定的知識和技能。我們入學所得的資格或文憑，便是表示我們的知識、技能，已經達到了某一程度、某一階段。諸位進學校來求知識和技能，以備他日到社會上去得一職業，這是十分應該的。

但是選擇職業卻有一個重要的條件，就是我們該要有自由。為甚麼選職業要有自由呢？我們每一個人，對於社會的貢獻是多方面的，而各種職業又有不同。在挑選職業時，我們應該有兩個標準：

第一個是選我最喜歡的，最高興擔當的。即是我們每一個人的性之所近，也可說是天性所愛。譬如說：我喜歡文學，你喜歡科學，或者愛好運動，或音樂，各人所好不同。但每一種職業，對於社會都有其貢獻，有其需要。因此，我們儘可挑選自己喜歡的來學。

第二個標準是，要選我最能盡職，最可有成績，和最能表現我自己的。如學醫的可以做醫生，學法律的可以當律師。我們應該考慮那一種職業最能表現我自己最好的成績，那就決定挑選那一種。

這兩個標準，實在就是一個。自己所喜歡的，就一定能學得好、做得好。不喜歡的，則情形就相反。所以一定要選與自己天性所近的，自己所最喜歡的，將來也可以是自己所最自信最能幹的。因此，選擇職業應該讓各人有自由。選擇的條件並不在外而在內。如問甚麼事情可得到較高的待遇，或者那項職業容易找等等，這是在外面的。所謂在內的是，選擇的標準要是自己所喜歡的。諸位進學校後，要慢慢能認識自己，要知道自己的性情近於那一方面。如此，將來諸位方可挑選、決定自己的出路。如果我們挑選的職業，恰是自己所最喜歡的，做起來當然是最能幹，最出色，最有把握的。這樣，人生才會有幸福，對社會也會有貢獻。

職業是我們的義務，人進入社會後，應替社會服務。但是我們選擇職業，同時就有一權利，就是選我最喜歡，最能表現我自己的。諸位不要認為職業是一項負擔，或者是令人痛苦的。反之，職業是我們人的生命之表現。人總要有一職業，或者做教育家，或者做實業家，這就要在教育事業上，或者實業界中來表現你自己。人總是希望能拿出自己最有把握的給人家看，當知這絕不是苦痛，乃是快樂呀！

今天諸位在學校，將來要走進社會，擔當職業，這背後有一極重要的因素，就是諸位自己這個「人」。無論是知識、技能或職業，這都是屬於每一個人的。

人並不是天生就如此的，知識、技能都要學。而更要緊的，我自己將來要做何等樣一個人，這更要學，這是一整套的。要做何等樣一個人，這也是各位的自由。人不是一架機器，機器只會工作。但人有他一套整個的性情和整個的生活。在整個生命中，拿出一部分時間來做職業方面的工作。即如諸位入學校，豈不也是拿出一部分時間來用功讀書嗎？另外的時間呢？諸位上課聽講，下課寫筆記，這只是諸位日常生活中的一部分。遇到了星期日或放假日，諸位就覺自由輕鬆了。

但是不要忘了，你還要在那裏做人呀！功課有一定的程序，走路有一定的目標，那麼做人呢？諸位是不是認為人是要「做」的呢？若認為是的，便也就該學。諸位讀書成績有好有壞，我要問諸位，做人有沒有好壞的呢？社會上有沒有不及格的人，或甚至不算是人的人呢？我說是有的，我想諸位也會說是有的。人有好有壞，甚至有不及格的，不算是人的，但也有優級的，超等的。一切的知識和技能都要學，做人的道理也就該學。

應該如何做人，這也是知識。能否如此做，這也是技能。任何職業由你這個人去做，卻不是純由你的知識在做。即如老師教你們書，並非只憑知識在教書，而是他整個的「人」在做你們的老師呀！所以在一切的知識、技能中，做人的知識和技能應該是第一等的。

我們常說某人能幹或聰明，可是他做人不好。諸位在讀書時，先生教你們這樣是好，那樣是不好。然而做人是不是也要知道好與不好的呢？這一種知識重要不重要呢？諸位除了上講堂之外，還應該有講堂以外的生活。做一好學生，不但要功課好，而且還有許多其他條件。在學校中要做一個好學生，在家中要做一個好子弟，將來在社會上也要做一個高貴的、有價值的、好的人，不要做一個壞人，或不及格不算是人的人。

諸位讀書成績的好壞，不過僅是一端而已，做人則並不僅限此一端。做人要我們在日常生活上，起居飲食，坐立言行，一切的一切，都有一規矩。這不是贊成和不贊成的問題，而是應該想一想，究竟有沒有這一個道理之存在。什麼叫做規矩呢？圓的叫規，方的叫矩。圓的是自中心至四邊的距離都相等，方的是四個角都成為直角。如果圓的不圓，方的不方，這就不像樣子，這是不及格。

做人要規矩，諸位一定想那是外面對你加上了束縛，其實不然。諸位當知，規矩乃是一種藝術。圓的應是圓，方的應是方。寫一個字，畫一幅畫，要像字像畫。人也要是一個像樣的人，怎麼可以不像樣呢？諸位在家對父兄，應該要像一個子弟。在學校對師長，應該要像一個學生。將來離開學校踏入社會，謀到了一項職業，做甚麼應該像甚麼，應該各有各的規矩，各有各的模範。人有人的樣子，也便是有規矩了，這是人生最高的藝術。如此說來，人要有最高的藝術精神，才能做一像樣的人。

如何是像樣，諸位正該學。所以科學是對物的，而藝術則是對人的。西方文化主要是在科學，而中國文化主要則在藝術。科學一點不能馬虎，藝術亦然，同樣不能馬虎，都有一定規矩的。比方說：穿衣服多了就覺得熱，少了就覺得冷，應該穿得恰好纔舒服。我們的飲食起居言行，也都應有一恰好的程度。從外言之是科學，從內言之是藝術。亦可說藝術實即是道德。故科學與藝術，同樣有一標準。人能合乎這標準，這是一件最快樂的事。我們所謂「人品」，這就是做人的內在標準。合標準，方是合理想，也就是品格高有道德的人，其實則是一藝術人。

又如要倒一杯茶來喝，所用茶杯的質地，一定有好壞之分。如果那茶杯是稀世之寶的古瓷，拿那杯的人內心就會肅然起敬，十分地謹慎。做人也如此，人是有品格的。在社會上做了一個不夠規矩沒有品格的人，社會就要把他丟在一旁，輕視冷落他。倘是一個品格高尚的人，別人對待他也就會肅然起敬的。如今社會上不幸是好品格的少，壞品格的多。大家不互相看重，像那破茶杯不值錢，老被人家隨意丟。

在我臨結束這番講話之前，貢獻諸位四個字，曰：「敬業樂群」。「敬」是當心，要把事當事看。諸位在學校有師長同學，在家裏有父母、兄弟、親戚、鄉鄰，如果在社會上服務，就有同事，這都不止你一個人，這就是「群」。「群」是在你之外還有別人存在著。職業由你自己喜歡，自己挑揀，他人不該強迫你，這是你的自由。但做人則應有一個做人的共同標準。一個人可以失業，也可以沒有職業，但一個人終不能無群。縱使你眼前無群，然而在你腦中仍不能無群。假若世上全沒有別人，只有你自己，在這樣的情形下，今天的你，也還要替明天的你負起一個責任。否則，對不起明天的你了。僅是一個人，尚且如此，故在社會上處群，不得不當真看重，那便是「敬業」了。同時更須有一快樂的心情。對父母、師長、同學，甚至對職業，對社會，全該有此一番快樂，即便是「敬業樂群」。

人又有「喜、怒、哀、樂、愛、惡、欲」七情。你現在入學讀書，他未入學讀書。這並不能說，你是人，他不是人了。七情是人所共有，卻也是做人的條件，我們稱之曰「性情」。性情都該有修養，有合藝術的、道德的規矩。性情的價值，就是人的品格的高下所在了。若深一層言之，諸位當知，做人的條件，可以是知識技能不在內，職業高下不在內，而主要即在性情上。諸位要懂得一個做人的道理，無論起居飲食，一言一行，對待家庭、學校、社會，這一切都有你內在性情的表現。最主要還是要敬業樂群。能知敬業樂群，便使為學與做人，一以貫之了。

我以上所講，諸位或者會認為很普通，可是真要照所講去做，可也就很難。孔子曰：「學而時習之，不亦樂乎。」一個人自小至老，時時在學，最快樂的就是學「做人」。這是人生下來第一個職業，也是我們人最偉大、最高貴的知識和技能。今天我所要貢獻給諸位的，就是那「敬業樂群」四個字。必「一天人合內外」。儻或僅敬業而不樂群，中國人則不奉以為性命之正宗。

研究生報告指導摘要

民國四十八年六月二十二日，研究所月會，某研究生報告「陸象山思想研究」

最近幾次的月會報告，有一個共通的長處，就是大家都很守時，都能以一小時講畢。由於時間的限定，所講的內容就應該朝向深入精彩方面走。不可枝蔓，範圍要縮緊，精神思想要集中。人所熟知的，可以不講，只需說出心得。

就以剛才所報告的象山思想舉例，如果在這一小時內，還要附帶提出周、程、張、朱許多思想家來批評，就不易講得好。如果讀書功夫不到，便很容易講錯。其次，別人所知道的，我們不必用來作客套式的平舖直敘，免得浪費時間。但我們仍須知道，以當作研究時的參考。同時進一步，就得就某方面或幾個問題作深入的發揮。譬如報告象山思想為例，我們單說象山不喜伊川思想，這便太膚淺。如果我們能進一步，用心在象山何以不喜伊川思想？及以象山對明道的看法，研究作發揮，那就有意義價值得多。那才算是成功的讀書報告。

又如楊慈湖、王陽明、李穆堂，這是最重視象山思想的三位不同時代的人物。如能把他們對象山思想的看法與偏重點，作一分析與比較，便成一好論題。又如欲以象山的實踐精神為中心的話，則可自他的治家及治國（至少是治一地方）方法處入手，作深入的研究，則又為一好論題。又如就象山對王安石新政的批評，如何自其心學落實到對現實社會的看法，作一研究，這又不失為一好題目。又如人說象山不重讀書，其實他讀經學很多，我們看其精讀的著重點何在？讀經學目的的偏重點又何在？那麼這也將是一個容易發揮的題目。如果我們只說象山重精讀，也重師友，那麼朱子及其他學者又何嘗不如此？這樣講便太膚淺了。

讀書時應該深入的去找問題，不可走馬看花，不然等於水手遊歷世界，無所用心，也就無從發生心得和意見了。所以報告時首先要有好的命題，避免「今天天氣很好」這一類的客套語，儘量略去別人所熟知的不講，要變換方式，及就其重點講。最好是發揮引申前人所未講過的，才是有所見。

我們看太史公的《史記》所以偉大，就是他在表面上看來只是一篇平鋪直敘的歷史報導，但骨子裏卻是一本有深刻見地的思想論文集。又如我們讀《孟子》〈梁惠王〉章，首節是用論辯的體裁，詳細的舉實例道出孟子的輕利重義思想。這番話讀來固可使人興會淋漓，但比起《論語》的

「君子喻於義，小人喻於利」兩句，意境究竟低得多了。故並非說平鋪直敘不好，而是說，要深刻而有見地的思想，能寓於平凡的文句中，那才是最偉大的。

我今晚所講的，並非專就今晚的報告來批評，而是指出大家通常均所疏忽的地方，希望以後報告的同學均能注意及此。

第八屆畢業同學錄序

——代畢業訓詞

新亞書院第八屆畢業諸君印畢業同學錄既竣事，來索序。余惟古人臨別贈言，於情於義，皆不可已。然臨別之贈，亦何容易。惟其臨別，故所贈貴於要而不煩，尤貴於人人時時處處事事而皆適。則余將何所言以塞諸君之意。計惟有仍舉平日之所常言者，以昭余之鄭重，而期諸君之毋相忘。

吾儕共生於此苦難之時代，新亞乃在苦難中產生，而諸君亦於苦難中來學。諸君之來，已挾苦難而俱來。諸君之去，亦將挾苦難而俱去。則諸君之所學，莫貴於能認識此苦難，能善處此苦難，能於苦難中求如何完成諸君生命之意義與使命。諸君在校，常唱校歌，曰：「手空空，無一物。路遙遙，無止境。」此十二字，實足象徵吾儕之時代，亦以象徵吾儕之學校，亦將以象徵諸君前途之生命。果使諸君常能保存此十二字之意象，常能真切瞭解此十二字之內涵實相，銘心刻骨，勿使忘懷，則前途將無往而不順。

《中庸》有言：「君子素其位而行。素富貴行乎富貴，素貧賤行乎貧賤，素夷狄行乎夷狄，素患難行乎患難，君子無入而不自得。」今日吾國家，吾民族，正值一貧賤患難之素，素其位而行，是謂常行，是謂庸行，是謂中道之行。否然則素隱而行怪，尠不為小人之歸矣。

何謂素隱，處貧賤而妄欲自掩其貧賤，處患難而妄欲自諱其患難。不惟掩諱於其外，抑亦掩諱於其心。是謂無認識，無擔當，則其所行必失常，而終見為怪行矣。舉國舉族而莫不素隱行怪是務，斯所以貧賤之日甚，而患難之日深也。

天地一真常，生命一真常。人生大道，則亦一真常。惟其是一真常，故無往而不自由，無往而不平等。惟我行我素，乃無往而不得。「手空空，無一物」，乃是大富有。「路遙遙，無止境」，乃是大歇腳。竊願揭舉此義以贈諸君。然諸君真欲瞭此義，具此行，則自此以往，乃大有事在。《論語》之首章曰：「學而時習之，不亦悅乎。」惟此學最宜時習，惟時習於此學，乃見有大悅。苟大悅生於心，則貧賤患難亦復何有於我乎？

中華民國四十八年七月三日錢穆序

開學致詞

民國四十八年九月十六日

諸位先生、同學：

今天是本校的開學典禮，我想先報告一下我們這一學期幾點新的變動。首先是關於新校舍的事：第二期校舍打樁工程現已結束，即將開始建築，希望在半年內完成。其次談到新亞中學：大家都知道，中學的建校地址，在去年即已看定，不過因為種種手續上的麻煩，始終未能正式領到。今天開會後，就要去與政府正式辦理接收土地的手續，我們希望經平地、測量、建築諸過程後，能在下學年正式開始招生。

我們學校一向講做學和做人，二者相通一貫，兼重並進。基於這一點，所以本校教授們，不僅擔任課程，並多兼行政工作。而本校同學，亦儘設法多留機會在校工讀，兼習做人做事。在畢業後，亦有很多同學留校服務。然而一個理想，總不能十全十美，可能在某幾方面有它的缺點。經過數年來的實施結果，發現了此項理想仍是與事實有著一段距離。教授兼管行政工作，每每妨礙了教授們自己的治學，且對行政工作亦不能全力以赴。所以自本學期起，學校內部的行政與教學，盼能漸次分開。這仍是在一個大理想之下，期求能加以一些修正。

本年度學校在行政上分教務、訓導、總務三處。教務長管理同學們的課程和學業，仍請唐君毅先生擔任。自本校創辦以來，唐先生即已任此職。

總務長請雅禮協會代表蕭約先生擔任。蕭約先生是本校的客人，而且他事務亦相當忙，現在請他擔任總務長，在學校方面也有一理想。

我常覺得關於社會、團體、公眾的事情，西方人治理似較東方人好一點，這也許是我們的缺點。我們似乎尚未有一種經訓練的現代群體生活。本校一天天地擴大，對事務方面似乎始終未上軌道。我們一向講儒家思想，對依法理辦事，普通目之為法家而輕視之。

一般自以為追隨新潮流者，看到西方人講自由，亦隨之講自由。我們應知，自由是有其意義與限度的。譬如隨地吐痰，是否是自由呢？大家應該知道，這並非是在自由範圍之內的。此數十年來，一般知識青年，每每自以為是「青年」，便該要求多一分的自由。個人如此，二三十人的集體行動更甚，要求特權，踰越規律。這些不煩舉例，諸位自可知道。西方人奉公守法的精神，確較東方人強。民主社會所講的自由，實並不如我們一般的想像。我們希望學校在事務方面能上軌道，同學們亦可無形中受到一分寶貴的教育。

人們常說：中國社會是一個現實社會，實則有些處中國人並不講現實。中國人有時不大看重經濟，西方人則不然。這並不是愛錢貪財的意思，而是一種嚴肅認真的態度。譬如中國人上館子吃飯，遇見熟人多是爭著付賬。西方人則儘親熱也還各自付賬。乍視之，每覺西方人不近情理。實在說，西方人在此等處是嚴肅的，並不馬虎，這是在精神上和道德上的兩種不同態度。中國社會現在越來越窮，我們要每一文錢都用在恰好處，不要再馬虎。以前我在北大、燕大教書時，北大用錢就比燕大浪費。北大工友多，燕大工友少，然而燕大院舍反較整潔。中國社會若長此隨便浪費，它的經濟問題將永無辦法。我十分希望諸位同學要奉公守法，對公眾經濟要嚴肅認真。中國人本有節儉的美德，可是對待公物就無此習慣了。蕭約先生是一位文學家，請一個文學家來管事務，恐是違其所好，然而我想這也許是期望中西文化交流之一個具體事例。

本校原有生活輔導組，本學年則另聘程兆熊先生為訓導長。程先生曾在本校任教，本校第一、二、三屆畢業同學都熟識他，有好幾位同學至今還和程先生通訊。程先生是臺灣臺中農學院園藝系主任兼臺大教授，又在農復會任職。程先生雖是學園藝的，可是對於中國文化思想道德精神各方面，都有甚高的認識與修養。他著書很多，其中尤以對於《論語》和禪宗的研究極為深湛。在臺灣，程先生曾花幾年工夫進入山地考察，歷盡艱辛，一度失蹤。我許多友人都說：程先生的書固可愛，但其人更可愛。程先生不喜多言，他是一個感情內涵的人。我希望諸位同學與程先生多接近，對人格修養上必有大益處。師生之間本是雙方的，學生要自先生處有所感受，這一分責任卻該由學生們負其半。程先生來，我希望他能將儒家的活的人格來示教。但亦希望同學們能好好領教得益。程先生前在新亞任教時，家居沙田，每日遠途跋涉來校上課，但從不誤課。程先生能克服外境之艱苦，而其內心則極平和，在艱困中更不忘著述。即此一點，已夠作同學們的極好模範了。

蕭約先生可說是代表西方文化，寫的多是描述中國社會的文學書籍。程先生可說是代表中國文化，他留學外國，對西方瞭解甚深。希望二位先生之來任此新職，能使本校之理想，有更進一步地實現。

對於今年入學的新同學，校方內心有不愉快之處。首先是外面需要升學者甚多，可是由於受了三院聯合招生之諸多限制，本學期已報到之新生人數不如理想。我憑良心說，新亞確聘有好的教授，在教學上亦極認真。我們希望能多收容優秀的青年，關於這點，本校殊感歉意。有一部分新同學，在填寫志願時，第一志願本不是新亞，這類新同學來校，或許抱有委屈的心情，對本校來說，無異是多負了一個使其能安心向學之責任。此次三院聯合招生，為了提高程度，要中學會考合格始得應考。此一限制，使很多學生裹足了。又錄取標準，亦與本校往年所採者不同。例如：考中文系者，國文課考得甚好，數理考得不好，在過去是無問題的。然在此次三院聯合招生試中，即不能合格。又這次投考人數也未如所預料者之多，因此錄取標準亦並不比過去一定高。我們的理想是希望能提高程度，但本年度同學不知真能比去年更好否。大學程度本是很難有一客觀水準的，我們只希望好了可以更好。盼本校新舊同學，都能加倍努力為是。

下學年本院的校舍更寬敞了，教授陣容也加強了。可是照高標準講，現在同學們的程度，實並不比過去更佳，或許僅可說是較整齊而已。這一層，盼同學們大家注意。

我們希望新亞從此以後能有一良好的學風，更重要的是要培養校風，這是先生與同學們都要負責任的。有好的學生，纔是新亞辦學的真成績。希望新舊同學都能體諒此意，和學校共同來負起此責任。

（民國四十八年九月十六日）

友情的交流

歡送雅禮代表羅維德博士夫婦暨歡迎蕭約先生

民國四十八年九月五日

羅維德博士、羅維德太太、蕭約先生、諸位先生、諸位同學：

今天我們的心情非常激動，因為我們學校中一位最受敬愛的先生將要離開我們。我雖不能用英語表達我內心的話，但即使用中國話，也無法完全表達我內心的意思。

羅維德先生對我們學校的貢獻實在太大，這種助人的精神，真使我們全體師生感動。就過去一年來說，如新校舍的建築，院務的推進及教學上的發展等，羅維德先生都予極大的幫助，現在我試舉出幾點來加以說明。

第一，我們第二期校舍開始動工了，我想明年的今天，工程將會完成。跟著第三、四期工程也會開始。這新校舍的建築，羅維德先生幫了不少忙。

第二，我們學校原有的藝術專修科，在羅維德先生的贊助下，已正式成立一學系。

第三，在過去，我們的教授們除授課外，仍須負學校的行政工作，這樣便犧牲了對學生的指導及個人的研究。從下學期起，教學與行政分開，各自獨立的去從事有系統的工作。我們從前只有學生生活輔導組，從下年度我們將要實施訓導、教導及總務三種制度，這個制度的建立，也是羅維德先生提供我們的。

第四，我們學校原來沒有理學院，現在我們正計劃在二、三年內，能增建一所理學院，包括物理、化學及生物等學系，同時也希望有各該系之實驗室。這個計劃也得到羅維德先生的贊助。

這些都是羅維德先生在過去一年來，對我們學校的貢獻。

最近香港政府，表示承認我們學校，及其它各校共同組成一所香港中文大學。這件事的進行籌劃，也大多由羅維德先生代表我們學校出席商洽的。據我所知，羅維德先生幾乎每日不停地辛勤地為我們工作。

記得有一天，我們在四樓開會，羅維德先生問我們說：「你們能聽見我所說的話嗎？」起初我們都不明白羅維德先生問這話的意思，後來才知道，羅維德先生由於工作過勞，而甚至不能聽到自己所說的話。雖然如此，羅維德先生第二天經醫生檢查後，仍然照常工作。

在我們學校裏，羅維德先生的年齡算是最大，而且是我們的客人。然而在這半年來，他卻最忙最勤勞。如幫助計劃院務之興革與發展，籌募基金等，各項事務上所耗費的時間，比我們都多。羅維德先生這種忘我助人的精神，我願代表學校向羅維德先生致敬意。同時我個人，亦敬佩羅先生之高貴品德。

有一天，我到羅維德先生家，問及他能否留在香港時，他說：「首先，我心底的意思是希望留在香港，俾能予新亞書院作更多的貢獻。問題是，假如我回到美國，比留在香港對新亞書院的貢獻更大的話，那我還是回去的好。」我們也曾致函雅禮協會要求挽留，可是羅維德先生終於決定最近回去了。我們希望羅維德先生回去後，能好好的休息一下。然而，羅維德先生卻仍願繼續為新亞書院辛苦。羅先生比我年齡大，又非學校的正式負責人，可是他不辭勞苦，忘我的為新亞工作。諸位同學都是不到卅歲的人，趁著羅維德先生仍在這裏的時候，我們要想想，這應該是我們的好榜樣。

我們學校一向主張中西文化交流。我也常聽諸位說：「雅禮協會對我們的幫助是耶穌精神，而新亞所提倡的是孔子精神。」我想孔子精神與耶穌精神雖若互異，卻是可以相結合的。羅維德先生在校一年，從未向我說過一句宗教的話，可是他的確代表著耶穌的精神。用中國的話來說，羅維德先生可以是一個賢者。在我們的校歌中，有這樣幾句：「東海，西海，南海，北海有聖人」，這是陸象山先生所說的話，說明了全球無論甚麼地方，此心此理，總可相通的。羅維德先生不僅是一個耶穌的信徒，同時和孔子的道理相符，可見中西聖人的道理是可一致的。比如羅太太，她來此不到一年，便能畫很好的中國畫，而且能夠深切地了解中國的藝術，這更充分地說明了全世界各民族的文化、藝術、文學、哲學，皆可互通。其所不通者，在於語言的阻隔而已。

羅維德先生即將離開我們，他對我說：「我再三考慮後，才將蕭約先生推荐給你們。」蕭約先生是代表雅禮協會到新亞書院的第一位外國人，也是我們學校最先接觸的第二位外國人。當時我們的學校很窮，我還記得我與郎家恒先生的見面，還是在蕭先生的家中。蕭先生是一位傑出的文學家，擅長以中國的事物用外國文字表達出來。

前幾天，有一位耶魯大學物理教授到我們學校來，說：「中國人長於埋頭讀書，卻短於手腦並用。」我覺得他批評並不大錯。記得我從前在北京大學以及在燕京大學教書的時候，北大校役甚多，但地下的清潔總比不上燕大。這次我們請蕭約先生做我們的總務長，相信我們的事務行政一定能整整有條的。

今天我們覺得十分抱歉，因為我們不知道怎樣報答羅維德先生在過去一年對我們的貢獻。同時我們也感覺到對蕭先生抱歉，因為我們將給他更多的麻煩。現在我只好在這裏結束，因為即使說得再多一點，也無法完全表達我心中所要說的話。

珍重我們的教育宗旨

——新亞書院成立十週年紀念演講辭

今天是我們新亞書院成立十週年紀念日，回憶在十年前的雙十國慶日，我們新亞書院在那天正式舉行開學典禮。那時我們結合著好幾位由大陸流亡來港的學者，鑑於許多大專學生流亡失學，而決心創辦此學校。我們最先是絕無絲毫經濟憑藉的，來學的青年又是隻身流亡，衣食無著。進了學校，還得想法幫他們解決生活。我們的免費學額，最多時，佔了全部學生名額百分之八十。我們這學校，最先從佐頓道偉晴街租了一所中學的兩間教室，從夜校開始。半年後，纔遷到深水埗桂林街，租得三間教室，改成為日校。在萬分艱難中苦撐過五年，開始獲得美國耶魯大學雅禮協會之合作，同時又獲亞洲基金會協助添辦研究所，此後又獲得美國哈佛燕京社對研究所之協助。到今天，我們已建築了一所新校舍，第二期的建築正在開始。我們又有了一所中外書籍超過了六萬冊的圖書館，我們並有了八屆的畢業生，和三屆的研究所畢業生。我們在今天來回想此十年的經過，真所謂感慨萬狀，一言難盡。

此學校十年來仍獲存在，而且不斷獲有長進，得像今天這樣的一個規模，這全由學校外面各方的同情和援助。我得趁此機會，代表新亞師生全體向十年來同情我們援助我們的各方，致萬分誠懇的謝意。

說到此學校十年來之成績，大部份亦多是關於物質方面的，多是學校外面人的力量。說到學校內部，如校風之培養與學風之策進，關於學校自身理想方面精神方面者，實在很慚愧。我們總感覺，我們學校自身之進步，我們學校同人自己所盡力的，較之學校外面人所給與我們的同情與援助，是相形有媿了。這一層，我也願趁此機會來鞭策鼓勵我們全校師生，繼今以後，加倍努力，使學校能繼續蒸蒸日上，庶不負了此一學校艱難創始的原本精神，與夫中外各界對此學校之同情與援助之深切厚意。

我們開始創辦此學校，自問對於教育宗旨方面，有一番理想與抱負。我們鑑於整個世界動盪不安之局勢，鑑於我們自身當前所受之苦難，我們認為，當前的大學教育，至少有兩目標該注意：一是人類的文化價值。一是個人的生活理想。此兩項目標，該使來學青年都能深切感到其重要性，都能對此兩項目標懂得追求，懂得探討，懂得身體力行，懂得為此而獻身。

我們是中國人，我們是為著栽培中國青年而創辦此學校。中國文化有其五千年的悠長傳統，必有其內在可寶貴之價值。我們該使中國青年，懂得愛護此傳統，懂得瞭解此傳統之內在價值而能繼續加以發揚與光大。

但我們亦該知道，今天的中國人，正是受盡磨折，歷盡辛酸，陷在奮拔無從的深阱中。中年老年人，只有隨分掙扎。青年們更加如迷途羔羊，要在迷惘的路程上摸黑前進。即就新亞書院的同學們說，有些是在饑餓線的邊緣上，有些是流亡的苦味永遠佔據著心頭，大多數是今天過了不知道明天。這樣處境的青年們，若我們不能給與他們以一個正確而明朗的人生理想，那在青年們的內心上，可以泛起連他們也不自知的種種異樣變態的心情來。

我們常認為，若非對中國自己的文化傳統有一肯定的價值之認識，中國青年們終難找到他們的人生出路。反過來說，若使這一代的中國青年們，各自找不到他們的人生出路，所謂文化傳統便將變成一個歷史名詞，如一團影子般，會漸淡漸失。

我們自知，我們所抱的教育宗旨是正確的，但也是艱鉅的。但若不把握緊這個宗旨向前邁進，則種種物質上經濟上的發展，將全會失卻其意義。在香港社會上少去這一所學校和增多這一所學校，將會無甚價值可言。以上這一番話，我更願乘今天這機會鄭重提出，來鼓勵我們全校師生共同向此目標而前進。並懇切盼望，凡屬同情我們援助我們的中外各界，能同在此一宗旨上，來加深他們的同情，和加強他們的援助。

（民國四十八年十月九日）

讓我們來負擔起中國文化的責任

民國四十八年十月十日

國慶紀念暨第二十二次月會講詞

諸位先生、同學：今天是本校第十次舉行國慶紀念，十年前我們挑定了國慶紀念日，來作為我們開學的日子。諸位可試回想：十年前我們自大陸淪亡來到香港的情形，與今天是大不相同了。我們懷著沉重的心情來創辦此學校，又挑了國慶日作為我們的校慶日，以後每逢雙十節，我們必紀念國慶，同時又慶祝校慶。我可告訴諸位，我們有數位先生在參加第一次校務會議，作了如此決定時，心中都抱有一極大信仰，相信我們的國家仍必是有前途的。倘使國家無前途，我們決無此心情來辦此學校。倘使我們辦此一學校，無一準備貢獻國家民族之大理想，我們亦不會選今日作為本校開學的日子。

自創校至今已是十年了。我們看到此十年內，國際間與香港一地的變化情形，我可說：我們的國家一定是有前途的。若國家無前途，無國慶，即無校慶。我們學校就寄託在此一信心上。信仰國家絕對有前途，這是我們學校的精神。在今天的香港，這是一個殖民地，和商業化的都市，我們卻要來講中國人、中國民族、中國文化的前途。我們因有此信心，故有此膽量來如此講。諸位之前途，是寄託於國家民族之前途上的。若國家民族無前途，我請問諸位，你們做人的理想、事業、希望，與意義價值將在何處？我希望諸位皆應有此一深深的信仰。我們為何能有此一信仰？此即要講到我們文化之價值。中國文化有價值，絕不會使我們無價值。

回溯二十年前，日本人侵入中國，那時我隨西南聯大文學院流亡至後方。在湖南南嶽，某晚聽到廣播說：南京淪陷了。因為南京是國家的首都，戰局惡化到如此地步，所以到第二天，一般同學心理上都惶惶然。我記得，那時曾在一次公開講演中，對大家說：南京雖是淪陷了，然而南京是否代表了全中國呢？戰爭是否就要結束了呢？南京雖失，但是國家仍必存在，戰爭也仍是要持續下去的。當時有許多同學要去延安從軍，我不記得是那一天了，在校園草地上開話別會。去的人講了話，歡送的先生和同學也都出來講話，都一致感覺到國家民族已無前途，去延安也是一番惘然的心情，犧牲的、無把握的。後來他們請我說幾句話，我說：諸位既是惘然，為何要去呢？國家民族如何會在此惘然之下獲救呢？我勸你們安下心來，中國仍必要站起來的。當時的清華大學哲學系主任馮友蘭先生站起來講話，他說：他對我所說的一半同意，一半反對。同意的是勸同學們安心讀書，反對的是不贊成我反對這幾個同學去延安。馮先生講完之後，我說我還要說幾句話。我說：一個人只該有一條路，同時並無兩條路可走。今天我站在做你們先生的立場，我只有一個目標，就是學術救國。若我贊成赴延安，我自己必先去，我絕不身在此地而歡送他人赴延安。人亦只能有一個信仰，不能同時有兩個信仰，若不然，則必陷入惘然的心情中。後來在成都，局面已較安定，我常對同學們說：你們應知大局之變化，不要老是心不定，等到真正勝利來臨時，你們的年齡已在你們的心情不定中蹉跎了。中國是有前途的，等到中國光明日子來臨時，那些不定心的人將要悔之莫及。你們不要只是等待，而無堅定的信心。

我們來香港已十年了，我們似乎又是在等待了十年。在我自己，我自知有一極真切的信仰，即信仰我們必將回去。此一信仰何處來？乃從我一輩子努力在要求瞭解中國歷史和中國文化價值之過程中來。

諸位應知，若真到了那時，你們將以什麼來貢獻於國家民族？在光明將臨時，我們要準備迎接此一光明，我們要懂得「藏器待時」。我們辦這一所學校，即是要為國家民族藏器，將來必有一日用上。倘使國家民族無希望了，那我們又何苦來作此「種桑長江邊」的工作呢？桑樹在江邊易受水淹，是不會長大的。我們做一件事，必先要有一番眼光和計劃，然後此事方有意義，方有價值。新亞書院的意義和價值，即是寄託在對國家民族的信仰上。倘使一旦國家有了辦法，而我們對國家無貢獻，那諸位也該要擔負此一責任。不但是諸位白費時光，在國家，在民族，亦算白有了你。今天是你們努力的機會，我希望諸位仔細想一想。

諸位在此學校求學，先要你們堅強此信心，確定一目標，求對國家民族將來有貢獻。若只講謀職業，結婚成家。當知做一亡國奴，一樣可有職業，可結婚成家，可世世代代做亡國奴。然而意義與價值何在？我們的理想又何在呢？

昨天慶祝校慶，許多客人見到我，都道恭喜。我說無喜可言，難道多一座校舍，圖書館多添了些書，每年多幾個畢業生，這就值得喜了嗎？我們的校歌說得好：「手空空，無一物；路遙遙，無止境。」我們應走的路實在太遠，今天的成就距離我們的目標尚遠。有一位先生對我說：你們艱辛十年，總算已出了一口氣。我想我們是有一口氣，可是此一口氣仍未有出。又憶抗戰時，在成都華西壩，有一天，在一個歡迎馮友蘭先生的會上，又請我講話。我說：諸位在今天一定要做一個中國人。馮先生卻認為做中國人太不夠了，應做一個世界人，結果那天甚不愉快。我說：沒有中國人、美國人、英國人，而要做世界人的那個日子尚未到。在今天，若要做一世界人，首先必要做到是一個中國人，或美國人，或英國人。我們要做一中國人的那一口氣，至今仍未出。但此一口氣，並非我一個人所能爭，一定要大家來同爭此一口氣。我們希望喚起中國人來共同爭此一口氣。諸位要了解我們學校的精神所在，應首先要懂得校歌中：「手空空，無一物；路遙遙，無止境。」此一心情之何所來。

我昨晚回家後，仔細想十年來我們如此艱辛，我們的學校究竟有無令人得到安慰處？我心中想，這十年該仍是值得的。十年來我們的同學，仍是有努力，有成績表現的。即談到我們這次校慶中之成績展覽，我們同學每年都寫有甚多論文，雖不盡好，然仍可代表我們之努力。我敢說，在香港，不會有第二間大專學校能有如此成績。上半年哲教系有一位美國先生，在港大刊物上撰文，談到了香港的大專學校。他說：這些學校中能走上學術研究之路者，只有新亞書院。我想至少我們已有小部份同學業已如此，這是我們可引以自慰的。

前些日子，香港某報上登有一篇文章，談到最近新嘉坡南洋大學經審議會評定，認為不夠大學標準一節，該文作者認為香港的一些大專學校亦如此。我看了以後，心中極為不服。若說我們學校不夠大學標準，我可舉實例來說，我們學校的教授先生們的水準，實可與任何大學作比。我們研究所歷年所出版之學報，亦已獲得歐美各地研究漢學的機關所看重。常有各地來信，稱許讚揚。我們畢業同學，也有在本校任教的，成績都尚不錯。在此點言，我們在短短十年中，便已有了如此成績。再過十年，我們希望新亞各系，都能交給新亞的畢業同學們去主持，這方是我們的真成功。

昨天校慶會上，林仰山教授最後講：世界上應該需要有像新亞這樣的一所學校。我承認林先生的話，至少在我們新亞的辦學宗旨上，我們是受之無媿的。

我們學校此十年，確有令人可安慰處。只是我學校的師生們都有心希望學校更好，大家同基於此一心情來批評學校，這是一好現象，我們該以一更高標準來衡量自己。我們不該以少數學生之成績來代表學校，希望全體同學都能好。我希望每一位同學，進新亞後，即要共同來負擔此責任，為學校力爭上游。我們仍得要奮鬥，諸位同學都該參加此一奮鬥。學校如此，國家民族又何嘗不如此。今天要來講中國文化，猶如今天在香港辦新亞書院，我們要努力，終有一天光明會到來。至此時，方是我們真的國慶、校慶的日子。

我們在此大波瀾中，創辦此一學校，也有許多同學一意欲赴外國，而且去了不思再返。有如此意圖之同學，大可不必進此學校。不信仰中國，不願做中國人者，不必進新亞。「手空空，無一物；路遙遙，無止境。」我們學校的缺點尚多，距離理想尚太遠，我希望同學們共同努力。下一個十年，希望能有一個新的新亞出現。

中國傳統思想中幾項共通的特點

民國四十八年十月六日十周年校慶學術講座演講詞

中國傳統思想，以儒家為主幹。然先秦時儒、道抗衡，即《中庸》、〈易傳〉，已是融會儒、道兩家思想而成書。此下在中國思想界，儒、道兩家可謂平分秋色。佛教來中國，儒、道思想不斷滲入，及隋唐天台、華嚴、禪三宗興起，正式成立中國的佛學。宋明理學家則又是融會先秦儒、道兩家及隋唐中國佛學思想而成立。此講所謂中國傳統思想，大要根據上述諸流派而言。

此諸學派，對象各別，內容相異，所謂共通點，乃指各學派之思想方法及求智態度言。所謂特點，則係指對印歐西方思想界而言。此等共通特點，乃屬中國人心情與智慧之自然流露，亦可謂是中國傳統文化之主要淵泉，及核心所在。

此下當分七項陳說：

一、知識論：

知識論在西方哲學中甚為重要，但此名稱亦到康德時始正式成立。在中國，並無所謂知識論，但中國傳統思想對此問題實有一共同的態度。孔子云：「知之為知之，不知為不知，是知也。」人類知識自有一限度，人能知道有不可知，並能知道那些當屬於不可知，此實為一種極重要的知識。正猶行路人知道此路不通，便可不再往前多走冤枉路。

孔子自稱：「五十而知天命。」天命有所不可知，知天命亦即是知有不可知。孟子說：「盡心知性，盡性知天。」自己的心及性可知，但天終是不可知。孟子又說：「莫之為而為者謂之天」，此即認天為不可知。但能走盡可知的路，到盡頭處，前面始是不可知的境界，此即司馬遷所謂「天人之際」。故中國人態度，貴能盡其在我。

道家思想亦常保留此一不可知。莊子只在「化」上求知，老子只在「象」上求知，象是化之有軌跡可尋者。老莊亦似並不認天為可知。

《中庸》、〈易傳〉亦同樣保留此一不可知。故《中庸》自愚夫愚婦與知與能講起，直到聖人亦有所不知不能處。《易經》講陰陽，講死生晝夜之道，亦是可知與不可知同時存在。

佛法來中國，其思想態度顯然不同。佛法並不重視天，佛法所求到達之終極境界稱「涅槃」。但涅槃究竟是如何一種境界，在中國人想法中，似乎仍屬不可知。天台宗講空、假、中一心三觀，華嚴宗講理事無礙法界到事事無礙法界，則全屬可知了。禪宗不立文字，語言道斷，心行路絕，只從行中覓悟。天台宗近似《中庸》，華嚴宗近似〈易傳〉，禪宗則近似《孟子》。此三宗之所以成其為中國佛學者，主要正為其能把佛學中不可知部份抽去了，而多講些在中國人智慧中所認為可知的部份。

宋、明理學家雖直承先秦孔孟傳統，但有許多與孔孟之說不相同處。如朱子注《論語》云：「天即理也。」他把一「理」字來替代了「天」字，正因天不可知而理屬可知。宋儒又云：「理一分殊」，分殊之理易知，而理之終極到達於一的境界，則仍屬不易知。朱子主張即物窮理，莫不因其已知之理而益窮之，以求至乎其極。此一途程，仍屬遙遠。因此程朱講「性即理」，而陸王定要講「心即理」，亦是要從更易知更有把握處去講。

因此，在中國傳統思想中，不易產生如西方哲學界所討論的起源論，目的論等，種種不易解決的問題。也不易產生如西方般的宗教信仰，更不易接受如馬克思等等歷史命定的哲學。中國孔孟傳統的知天命，正是要人知道理雖可知，而宇宙人生一切事變有不可知。

二、宇宙論：

在中國傳統思想中，亦無專一討究宇宙論之圓密著作。但中國人對宇宙，實有一共同信仰，即共同信仰此宇宙乃是一個整全體。所謂整全體，乃指其渾然不可分割言。故宋儒喜言渾然一體，因其有同一主宰，即天。又有同一原則，即理。而所能觀察而承認此同一主宰與同一原則之存在者，又見人類心智之同一。故信宇宙必屬一整全體，即是並不由相異各不同之部份組織而成，而乃係渾然成其為一體。故曰：「萬物一太極，物物一太極。」如是則一可以代表多，部份可以代表全體，人生可以代表宇宙，而個人可以代表全人類。而剎那間之一念，亦可代表過、來、今三世之無窮之心念。故曰：「人皆可以為堯舜。」又曰：「人人皆具佛性。」又曰：「當下即是。」蓋中國人智慧，常主從易簡中見繁賾，從無限中覓具足，於實踐中證真理。

三、本體論：

中國傳統思想，既信宇宙乃屬渾然一體，故不喜再作現象與本體之分別。中國人常認為天即在人之中，理即在事之中，道即在器之中，形而上即在形而下之中，即是本體即在現象中。因此亦不易發展像西方哲學中形而上學這一部門之研究。

四、實踐論：

中國人既認此宇宙乃渾然一體，同時又認其是變動不居。既屬變動不居，故宇宙真理乃即在變動中見，而人生真理則應在行為中見。故主「學思並進」，又主「知行合一」。中國人所稱道之聖賢及有道之士及佛門中之高僧大德及祖師們，其主要精神，皆在其信修行證，在從其生活之實際經驗中來體悟真理。若如西方所謂哲學家或思想家，從純思辨中來探討真理者，在中國不易遇見。因此，在中國並未有純思辨的哲學著作，亦並未有在思想上求系統，求組織之思想家。中國思想乃多屬實際生活中內心體驗之一種如實報道，而且多一鱗片爪。惟其一鱗片爪，故乃盡真盡實。其間惟天台、華嚴兩家，著書立說，比較還帶印度佛學規模。至如禪宗語錄，後人都謂其下開宋明理學家語錄體裁，實則亦可謂其上承《論》、《孟》記言之傳統。

五、體用觀念：

體用二字，始用自王弼，然此一觀念，在中國傳統思想中，實是直上直下，無往而不見其存在。體不可見而用可見。

中國儒家言「命」，道家言「化」言「象」，〈易傳〉、《中庸》亦言「化」言「象」，其實在「命」與「化」與「象」之中，即可見宇宙之用。至《大乘起信論》言「真如」「生滅」兩門，亦主本體現象合一，亦是代表中國人觀點，然究與言體用有別。

宋明儒常言佛家有體無用。宋儒言體用一源，顯微無間。一源則無先後之辨，無間則無彼此之異。至明儒乃謂即流行即本體，又言即工夫即本體。如此則宇宙人生相通合一，即以人生大用來證宇宙本體。此條可與前第四條合參。

六、理欲問題：

中國人言全體大用，亦可謂宇宙即全體，而道是其用。亦可謂人人所同然之性是全體，而個人自我之內心即其用。心貴能自知，又貴能自主，此能自知又能自主之心即道心，即天理。若心陷溺於不自知不自主之境界中，則為人心，為人欲。

禪宗亦言常惺惺，言主人公，即求此心之能自知自主，與宋儒主敬工夫無大差別。惟儒家言體用終自與佛門傳統不同。道心與天理是體，而修身、齊家、治國、平天下始是用。必到達於修、齊、治、平之境界，始可說是天人合一，始是全體無不盡，而大用無不達，此乃儒家思想終為中國傳統思想主幹之所在。此條可與前第三條合參。

七、理氣問題：

就於上述，故程子雖言體用一源，顯微無間，而朱子論理氣，則終必言理先而氣後。因必如此主張，始見人由天來，事由理來，用由體來。此乃一終極信仰，仍與孔孟言天命之深旨相合。如此始可對宇宙對人生有信心，有樂觀。故事事無礙，仍是天命之一片流行。而一切行道修心工夫，乃頗偏向於消極。即是只要減一點，不須要增一點。去其害心者而心體自呈露，去其害道者而道體自流行。《中庸》所謂「由明誠」與「由誠明」，兩者更無異致。故佛家言悟，而孟子、陽明言良知良能，此仍是一種天人合一，信仰與知識亦終極合一。而道家對人生之一種藝術情調，所以終為後來儒家所襲取而不廢。而西方科學知識亦遂不能在中國傳統思想下自由發展。此條可與前第二條合參。

上述七條，仍是勉強分說，必會合而觀，庶可於中國傳統思想中之共同特點有心知其意，相視莫逆之樂。

（已收入《世界局勢與中國文化》）

歡迎英國大學委員會代表福爾頓博士訪問本院講詞

民國四十八年十月十六日

福爾頓先生來香港，是負著香港在最近將來將設立一所中文大學之使命而來的。我們今天代表兩種身分表示歡迎福爾頓先生，一站在香港教育界立場來歡迎，二站在新亞書院立場來歡迎。

先就站在香港教育界立場言，我們認為香港應該有一所中文大學，可分三方面來說：

第一方面，就香港社會言，香港現有三百萬以上之人口，而僅有一所香港大學，又是學額有限，理應再添一所大學。又香港乃是一個中國社會，因此理應增添一所中文大學。

第二方面，就中英兩民族之關係言，從前的香港居民，我們亦可稱之為香港人。十年以來，情形變了，此刻的香港居民，我們已不能僅稱之為香港人，而應改稱為中國人。香港政府能用香港社會中國納稅人之錢，來幫助中國教育界人士自辦一所中文大學，以培植中國青年為目標，將來此輩青年，逐漸成為中國社會中之優秀分子，對將來中英兩民族之感情與友誼，必可有好影響。

第三方面，就世界人類文化前途言，中國民族擁有五千年優良文化傳統，在香港辦一所中文大學，應以注重闡揚此一文化傳統為主，而再以謀求中西兩大文化系統之溝通，此對世界人類和平前途必有大貢獻。

其次，我們將站在新亞書院之立場說幾句話。新亞是十年來香港首先成立的第一所流亡學校。新亞創立，無政治背景，無經濟憑藉，純由於一種教育理想之抱負，即就上述之三需要而創辦此學校。

新亞此十年來，不敢說有何成就，只是憑此理想，十年來艱苦奮鬥，這一段精神，我們自認為值得要請校外人士之瞭解與同情。

我們此十年來，自認為是在辦一所大學，而且是在辦一所有理想有抱負的大學。經此十年奮鬥，現在已蒙香港政府正式把此學校也列入為將來可能被承認為大學中之一分子，在我們自感快慰。

若我們此下能繼續發展，我們至少有三個目標，將繼續努力：

一、網羅第一流的好教授；

二、完成一個像樣的完備的圖書館；

三、提倡專門性的高深的學術研究。

我們自有種種困難待克服，有種種缺點待改進。但我們今天蒙福爾頓先生之光臨，我們所急切想知道的，在於一所學校究須到達如何般的水準，纔能得被正式承認為大學這一問題上。

今天我們歡迎福爾頓先生，一面是熱切希望在香港之最近將來，能真有一所中文大學之出現。一面是熱切盼望福爾頓先生能坦白直率地對新亞前途應有之種種改進作指教。

校務概況

——錢校長致董事會報告書摘要

本院一九五八——一九五九年度之校務發展情形，與上年度大致相同，而呈穩定的進展狀態。本年度之重要成就，計有藝術系之設立，教授之增聘，課程之增開，學生人數之增加，圖書設備之添置，研究計劃之開展，獎助學金範圍之擴大，新註冊手續之進行，第二期建築計劃之開展，與新亞中學校地之接收，此其举举大者，玆分別說明如後：

一、藝術系之成立

本校於一九五七年春季，設有藝術專修科（為兩年制）。玆為適應香港社會之需要，及提高學生程度，與發揚中國藝術起見，經於本年二月，成立藝術系，並定為四年制之正式學系。聘陳士文教授為系主任。原有藝術專修科於一九五九年七月，宣告結束。現有藝術系學生人數為三十六人，男生二十二人，女生十四人。

二、教授之增聘

本校教授分為專任與兼任兩種，專任教授除擔任全時間之課程外，多兼任一部份行政職務。兼任教授則以教課為主，待遇按上課時數計算。本年度聘有專任人員十八人，包括教授十人，副教授二人，講師五人，助教一人，兼任教授四十人，總數為五十八人。其中中國籍者四十七人，美國籍者十人，日本籍者一人。一九五九——一九六〇年度，專任增至二十三人，兼任為三十九人，茲將過去三年來，本校專任兼任教授之數字列後：

年度	專任	兼任
一九五六——五七	一三	二七
一九五七——五八	一三	四一
一九五八——五九	一八	四〇

三、課程之增開

本年度所開設之課程，計九十四種，共三百三十二周時，較之上年度，有顯著之增加，茲按其分配情形列表如後：

系別	課程	周時
一二年級共同必修課	二〇	一三〇
中國文學系	七	一九
歷史學系	七	一九
外國語文學系	一〇	二九
哲學教育學系	八	二一
經濟學系	六	一七
商學系	九	二四
工商管理系	一	三
藝術系	一七	五二
研究所	九	一八
合計	九四	三三二

一九五九——一九六〇年度所開課程為一〇七種，茲將過去三年來所開課程列表如下：

年度	課程
一九五六——五七	六二
一九五七——五八	七七
一九五八——五九	九四

四、學生人數之增加

本年度學生註冊人數共四百五十六人，包括大學部及研究所在內。其分配情形如下：

系別	人數
中國文學系	一〇三
歷史學系	三六
外國語文學系	五九
哲學教育學系	八二
經濟學系	三八
商學系	六二
工商管理學系	一八

藝術學系	四三
研究所	一五
合計	四五六

茲將過去三年來學生人數列表如下：

年度	學生人數
一九五六——五七	二五六
一九五七——五八	三二五
一九五八——五九	四五六

五、獎助學金名額之擴充

本年度學生所獲得之獎學金，共一十三種，包括香港政府、孟氏基金會、西雅圖、雅禮同學會、青年商會、李氏、孟氏特別、扶輪會、留美同學會、歐德利、聯青會、國際大廈，及本校獎學金共十三種。獲得獎金之人數共五十四人，金額由每年六百元至二千五百元不等。

助學金方面，本年度本校學生，所獲得之助學金共有四種，計孫氏助學金、政府助學金、孟氏助學金及本校助學金。助學金額，由每年六百元至一千五百元不等。獲得人數共一百一十四名。

六、交換學生

本校與亞細亞大學，訂有交換留學生辦法，每年交換名額為兩名，饍宿學雜等費，全部由學校供應。第一期交換計劃，暫定兩年，為試辦期間。現此項計劃，業於本年七月期滿，經教務會議，及校務會議檢討結果，認為有繼續實施之必要。至交換名額，則仍照原案辦理，惟須通知亞細亞大學，應注意交換學生中英文程度。

七、圖書設備

本年度中西圖書之增加，現有中西圖書七七、四五九冊，其中中文圖書為七〇、四七八冊，英文圖書六、九八一冊，茲將過去三年來圖書增加冊數列後：

	（中文）	（英文）
一九五六——五七	五〇、六三一	四、五五八
一九五七——五八	五二、八五九	五、二二七
一九五八——五九	七〇、四七八	六、九八一

八、研究所

本院研究所成立於一九五三年，截至目前為止，畢業研究生，共二十一人，茲將本年度研究所發展要點列後：

（A）導師研究員及助理研究員：本年度聘有導師、研究員七人，及助理研究員八人，分別擔任指導及研究工作。

（B）課程：本年度所開課程計論語、孟子、通鑑、中國文學、朱子、詩經、史學名著、中國思想、經學史。

（C）研究生：本年度共有研究生十五人，其中男生十四人，女生一人。一年級生六人，二年級生九人。本年夏季畢業者七人，一九五九年考入新生為八人，現有人數為十四人。

（D）出版：《新亞學報》已出版至七期，大部份刊載導師、研究員、助理研究員、研究生之論文。此外並編印研究叢書，本年出版者，計有錢所長著《兩漢經學今古文評議》及《學籥》。其在編寫中者，尚有二三種。

九、建築計劃

第二期校舍建築圖則，業經教育司及工務局正式批准，刻正公開招標。一俟決定，即可開工。

打樁工作，業已於本年八月完成，本期建築經費約港幣乙百萬元，尚缺設備費約港幣拾萬元，已向政府申請補助。

第三期建築計劃，亦已擬就，所需建築經費港幣一、〇三六、二七〇元，設備費港幣六八、三八五元及修繕費六〇、〇〇〇元，已向政府申請補助中。

十、新亞中學

新亞中學之校地，業經政府正式撥給，面積為九萬二千尺，於本年九月十六日，正式接收。目前正進行繪圖及劃界等工作，建築經費定為一百四十萬元，除由董之英董事捐助港幣二十八萬元外，其餘一百十二萬元，刻正向教育司接洽貸款。

十一、重辦專上學校註冊

本校為適應將來中文大學之需要，經遵照一九五九年專上學校法令規定重新註冊，並進行新立法手續，及通過新組織章程。

新亞書院十年來的回顧與前瞻

民國四十九年一月四日第二十六次月會

諸位先生、同學：今天我在此月會講話後，不久即要暫離學校，恐怕要在十個月後，方能再和諸位見面。前幾天同學們舉行除夕聯歡晚會，並歡送我。當時我曾講過一番話，不過有一部份同學沒來，未曾聽到，所以我現藉此月會再講一次。我今天的講題是：「新亞書院十年來的回顧與前瞻」。

前天研究所同學們約我同赴新界旅行，有幾位桂林街時期的老同學，與我談到過去新亞的情形，引起了我今天作這番講話的動機。

新亞書院十年來的發展，可分為三階段。開始在桂林街，可說是學校最艱難困苦的時期。一個月前，我和唐君毅先生陪著雅禮協會攝電影人員，去桂林街舊校舍。街道房屋依然如昔，教室又小、又低、又黑、又髒。我們已習慣了現居校舍，再回那邊，不禁令人緬想過去，感慨良深。

我想起在桂林街舉行第一次開學典禮時，先生同學們侷處一室的情形。直到現在，我還記得很清楚。那時同學人數從未超過一百名，校舍極不像樣，然而師生們卻有一光明的遠景，無限的希望，並有一種無所畏懼、奮鬥向前的精神。此外什麼都不想，也是什麼都沒有。那時我們常講：「新亞是一個大家庭」，「師生合作」等話，事實上亦確是如此。師生們朝夕相見，每一先生皆熟知每一同學的姓名、狀況，彼此間極其親切。而每一同學的心目中，亦都將新亞的理想前途，作為自己的理想前途。此種精神，今日想來，極值得回念。那時我們的希望很簡單，只想何時才有自己的一所校舍，地方可大一點，同學可多一點，以為如此便足。此一想法，亦可說甚空洞而幼稚。可是此一空洞、幼稚的理想，實具有無限價值，極可留戀。此一時期至少有四年之久。

後來學校與雅禮合作，又得亞洲基金會、哈佛燕京社幫助。開始自桂林街時期，進入建有今日之新校舍時期。此時之發展，突飛猛進。理想與希望在具體實現中，遇到了新刺激，而至一新階段。但亦可說，此段時期比較前四年更艱難，當時我們學校遭遇到種種危機。因在此時，學校面臨著開創以來的最大變動，亦可說是翻了一個身。在大變動中，必有種種危機潛伏著。猶如諸位離開家庭進入學校讀書，由小學、中學而大學，這是一步步的。一旦畢業後，進入社會，正式是一個成人了，此中變動極大，下一步如何？不但是你的家庭和學校，甚至你本人亦都不知。現在我們幸而跨過了重重危機。諸位或只見學校在一步步地向前，而不知其經過實況，今天我特地提出來講一講。

自桂林街至農圃道，此一時期，簡言之，是理想與事實發生了衝突。從前只有一簡單空洞的理想，當此一空洞的理想逐步進入事實時，就不簡單了。猶如諸位現時在校讀書，對職業、婚姻等問題皆有一理想，及至面臨事實，將發現無法與原來理想完全切合。本校在初期數年，亦是只有一理想，及至此時，理想與事實相夾雜。如雅禮幫助新亞，雅禮亦自有其理想，且與我們的理想有些處並不一致。任何兩套理想，要融成為一套後，方能美滿。不止雅禮如此，即如亞洲基金會、哈佛燕京社等，凡屬援助我們的，皆亦各有其理想。新亞最可寶貴之處，則為自己有一套理想，並始終堅持此一理想，來迎接外面種種的事變。

新亞自接獲外界幫助後，教授同學日增，各系擴展，內部日趨複雜。在此情形下，將來究如何？我們並不知，且亦無把握。例如當初辦研究所，即曾經過一長時期之辯論。如要不要辦？如何辦法等？其他學系的增設等亦均如此。

從前學校猶如一大家庭，在桂林街時，我下課以後，可與任何一位同學交談。現在我不但不知同學們之姓名，甚至不敢確認某一同學是否為新亞學生。今日我們學校已不再似一大家庭。同學之間，因此亦有了各種不同意見。已畢業同學和新進學校的同學，各自有一套想法。我記得在一九五六年夏，借協恩女中禮堂舉行大學部第五屆畢業典禮時，曾說：希望同學們對學校要多愛護，不要多批評。即使有批評，亦應自愛護學校之本原上出發。但那時，事實上批評漸漸超過了愛護。並且各力面意見不同，好像只聽見一片批評。儘管說是愛護學校，總是對學校有不滿，此乃危機之一。

在教授方面，亦有了新舊之分。比如一個大家庭分了家，各系同學僅與本系教授保有親切關係，如此逐漸有系與系間之界限。例如以前學校全體師生，每年至少旅行兩次。我個人也從沒有一次不參加。到後來同學多了，無法聯合在一起，各系皆單獨舉辦，以致我每有無所適從之感。在去年，我們曾有一次全校師生旅行，然而一至目的地，各系仍自分開。實際上，亦無法不分。又如最近這次除夕晚會之攤位遊戲，亦是各系自為一單位。其勢如斯，不得不爾。不過此一情形，仍自過去之大家庭精神蛻變而來。

另一方面，新舊同學間亦顯有隔閡。例如在過去每逢過舊曆新年時，同學們多至先生家中拜年。現在新同學日多，不可能仍保舊風。在此等處，新舊同學間也會互有批評。此因學校當發展時期，我們並不知下面將如何變。空洞的理想變複雜了，於是師生們的精神自會稍嫌渙散。那時我曾再三要求大家，對學校要多愛護而少批評。我總覺得當時學校相當危險，潛伏有種種離析之可能性。

新校舍建成後，我曾講過，經過了一段發展，應能有一段安定的時期。上次除夕晚會中，我又告訴諸位，我們希望能穩定一時期。第一步站穩了，再開始第二步，不可跳躍前進。那第二段時期約有三年，此三年中實是相當艱險。因此第一個四年是困難期，第二個三年是艱險期，最近的三年幸而日趨穩定，危險期幸已渡過。雅禮與新亞之合作，也已日趨融洽。此外援助我們的，如亞洲基金會，或哈佛燕京社等，亦都有此情形。雙方關係之增進，應是自然而然的，不能勉強，求其一步登天。現在已是危險期後走上了一穩定期，能穩定了，然後再求擴展，是較省力的。

我現在勉強將新亞十年來之發展，分成為三個時期：

一、生長時期：亦即創始期。在此期內，新亞一日一日長大，漸得各方面看重和幫助。

二、轉變時期：亦即發展期。此時有了自己校舍，日趨發展。猶如植物之開花期，開花期也是一危險期，人在得意時亦每易有危機。

三、成熟時期：成為今日之新亞，漸已定型。

但若將過去十年合起來看，仍應只算是一開創期，下一十年將是危險期，而再下一十年方可預想為新亞之穩固期。

每一件事，在開始時總覺空洞幼稚，但此時期卻最可寶貴。例如研究所創始，固然令人時刻擔心，然總是在日日長大中。但今天的研究所，能否再如開始時之日見長大呢？又如藝術系，在創辦時是勇往前進的，但到現在也會覺到漸漸與各系無甚差異了。因此我們的事業在日益穩固後，應自加倍警惕。一如逆水行舟，若停留在目前階段，認為滿意，則必然會退步。

我們的校歌「手空空、無一物」的情形，現已漸成過去，新亞在物質上已有了些基礎。然而前面正是「路遙遙、無止境」的階段了。我首先要求諸位都要自我警惕，不要停留退步，要勿忘最先所有理想，日日向前。其次，明年我們的學校或許又可能到一轉變期，面臨許多新的困難。我們在形式上雖不能再與桂林街時代相似，但總要保留新亞大家庭之原來精神，要師生合作。再一點，我希望諸位同學對學校要愛護多於批評。若批評過多，則將成為對學校的不滿，此是一危機。今日同學們似仍有兩大缺點：一是對學校之不關切。二是無生氣，不活躍，不往前。

十年來，我們只可說是建立了一個新亞書院。明年起，新亞將面臨另一時期。我這次赴美將要在十個月後纔回來，此十個月內之變化必定很大。我希望諸位能和衷共濟，努力向前。學校一切均能照常，並且蒸蒸日上。

中國經學家講《公羊春秋》的說有三世：一是撥亂世，二是昇平世，三是太平世。新亞在香港十年而能有今日，這是撥亂世。開創難，守成更不易。撥亂世比較簡單，因只要衝開一條路。其後慢慢向前，卻更難。以後十年的新亞，希望是一昇平世，逐步穩定發展。至於太平世，其實永遠只是一理想，或許永遠不能真有此一世。對於新亞來說，也該是路遙遙、無止境，永無太平世。我們只能把太平世的理想，安放在撥亂世與昇平世的過程中。今後十年，我們又會有一個新時期，大家要小心翼翼向前發展。我在此臨別前，謹祝福諸位能同心協力，將此一事業向一更理想之境界邁進。

本校今後的理想與制度

民國四十九年一月十六日歡迎吳副校長、程訓導長、研究所謝教務長、研究所潘導師大會講詞

諸位先生、同學：

今天我們在臨大考之前，週末的下午開會來歡迎副校長吳俊升先生，訓導長程兆熊先生，研究所教務長謝幼偉先生，和研究所導師潘重規先生。此一歡迎會，可說是對新亞前途充滿著光明和希望，並且有極大的意義。此四位先生中，潘先生本在南洋大學執教，那邊聘約是在本學年告終。我們現在是預聘他從下學期起開始授課，所以我以前未曾向諸位談過。而程、謝二先生，則原是希望在本學期初來校，在開學典禮時，我已向諸位作過介紹。至於吳先生，我們早已和他接觸洽聘。因他有一研究計劃，須到美國考察訪問，不知道需時多久，因此未能決定。自吳先生至美兩個月後，始答應重回新亞。本校在桂林街時，吳先生早已參加，所以新亞亦可說是他的老家。

但吳先生允應重回後，不久又要重作考慮，在此期間我不好對諸位講。因吳先生來擔任的職務責任重大，他若不來，我先講了，恐使諸位失望。所以我在去年除夕晚會，和本學期最後一次月會中，皆未提及聘吳先生事。最後吳先生才電告決來。吳先生所以中途遲遲不決再三考慮者，並不是關於他個人之出處，而只是考慮他若來新亞，對學校有無貢獻？倘使他來對新亞無貢獻，或反有礙，便不願來。吳先生是一肯負責，能擔當，且能精密考慮的人。他所考慮的不在新亞之內部，因他自己就是新亞的舊同事，今天許多舊同事仍在學校。即新同事中，他也有甚多熟識的。吳先生所考慮者，是在學校之外面，考慮學校的整個環境與對各方的關係。我常說我們學校雖小，但背景卻甚大。也可說是各方面關係相當複雜。吳先生來新亞，須考慮到他所擔當的職務與學校各方面的關係上。結果事實證明，他之來不僅對學校無礙，甚且有利，所以吳先生最後終於毅然決然答應來校。吳先生經過了兩個月的精密考慮後，而作此決定，我想他對新亞定有一極大自信，必能對本校有甚大之貢獻。

我現在接講我們所希望於吳先生者，這是我個人的意見。吳先生決定來新亞前，他的來與不來，在我心中始終盤旋著。本學期最後一次月會時，我講新亞的回顧與前瞻。過去十年來的回顧，我已講了。前瞻一層，則並未講到。今天我想藉此機會來補講這一方面的話。

我們學校今後所最需要者，亦即過去所最缺乏者，乃是學校之「制度化」。我們在桂林街時代，只抱有一個理想。從嘉林邊道來農圃道後，理想漸與事實接近。理想要與事實相融會相配合，這是相當複雜艱難的。我們今後所當努力者，主要當使學校之制度化。即如今年所新聘的各位先生：研究所教務長從前由外文系主任張葆恒先生兼任。副校長、訓導長根本是新添設的職位。研究所過去也並無專任的導師。本校日益發展，各部門也逐漸分開。現有文、商兩學院，不久又要有理學院。在此情況下，學校之制度化是亟需的。制度即是一規模，亦可說是一局面。亦可說有了制度便是走上了軌道，從前只是崎嶇前行。

孟子有兩句話：「徒善不足以為政，徒法不能以自行。」善是人生的最高理想，然而只有一理想，縱然高，卻不能平白地在事業行為上表現。新亞在桂林街時，只有一理想，並未曾與事實交融為一體，可說是僅見精神未成局面。現在本校先生、同學日多，自要建立起一規模，此需一項活的學問來促使其實現。理想可從書本上得來，如修、齊、治、平之理論，諸位讀了《大學》，即可獲得此等理想與觀念。然而我身非汝身，明日之我又與今日之我不同。家與國更是日日在變動中，明日將如何？我們並不知。若我們求把理想融入於明日之未知中，此即需要一種學問。而此種學問則是活的，並不能專在書本上獲得。此須事上磨練，有人生事業之真實經驗，纔能接觸到此項學問之真實境界。

三十年前，我已曾與吳先生同事，那時他是北京大學教育系主任。當時北大一個學系的學生至少有七八十至一百多，教授也可有二三十人，可謂相當龐大而複雜，吳先生在那時早已有了豐富的行政經驗。抗戰時，吳先生進入政府教育部，負責全國高等教育。不久以前，尚在臺北教育部負責教育行政。因此吳先生早已有了此項活的學問修養。吳先生可說是始終致力於教育行政工作者。

法與制度是空洞的、呆板的，亦可說是死的，它自己邁不開步，不能自己往前。我見過許多大學有經費，有規模，局面大，各種設備亦齊全。好像是有了制度，卻無精神、理想。此正如孟子所說：「徒法不能以自行」，只是一空架子存在著，要它真向前卻也難。諸位不要誤會吳先生是一只會辦事、能應付的人。吳先生是學教育的，又偏重在教育思想與行政方面。最近他赴美，即藉杜威誕辰一百週年紀念，去參觀訪問各著名大學和學者。吳先生前在教育部時，曾有甚多關於我國教育制度上之建樹，中國在此一時期的大學高等教育的立法，大部成於吳先生之手。不幸國家未能有一日之安頓，大陸淪陷，吳先生之精力可謂是浪費了。我想吳先生何不以其數十年之教育理想與經驗，再回新亞老家來施展呢？吳先生不僅有經驗，且在教育上有一套系統的理想。此與我們新亞各位先生之理想是大體相一致的。

新亞第一個十年是過去了。此下第二個十年，要將新亞理想加以具體化，即是一步步走向制度化。使新亞真像個樣子，有規模、有局面。講至此，我自己很抱歉。上面所提，孟子所言我是懂得的，然而我自知並無此項本領，因我無此項經驗，或者是我的才性本不宜在此方面發展。因此我只能閉門讀書，上堂教課，卻不能實際從事學校行政。我想今天在坐者，仍有桂林街時期的同學，大概還能記得在五年前，我曾公開講過一番話，我說：「以前的新亞是用了我的長處，以後恐怕要用上我的短處，今後我對學校的貢獻將極有限。」

我最喜歡《論語》上的四句話，即是「篤信、好學、守死、善道。」我在年青時，即常以此八字來反省、自勉。

關於「篤信」一項，我希望諸位能給我六十分。對於治學、處事，我能有篤信。如我深信中國一定有前途，我一生即從不曾放鬆了此一信念。「好學」我自信也勉強能及格。「守死」二字，以前我不深曉，後來歷經艱困，才體會到此二字之真義。新亞在困難時，我決不逃遁，便是此二字的教訓。但此後新亞有辦法了，我自審才性，該是臨當退避的時候了。倘使要我帶兵的話，我想我最多只能做到曾文正公所謂「紮硬寨，打死仗」的一法。曾文正帶兵絕不能與王陽明先生比，猶如諸葛孔明用兵不能與曹孟德相比一般。在用兵上，陽明似孟德，而曾文正則似孔明。

學校到了今天，四面八方逐漸呼應起來，應能在各方呼應中去找尋一條路，這是一個問題。這是不再要紮硬寨，打死仗的時候了。這時不是要「死守」，而是要「善道」，但我在此兩字上實在是不及格的，絕拿不到六十分。在學校困難時，我可堅持苦鬥。然而在今後學校對外之周旋、對內之策劃上，則實非我之所長。吳先生若能在此數年前早來一步，學校或可更好。今天我們固然要穩健向前，但不能只有理想，而無做法。霍去病謂「用兵存乎一心」，不用讀兵書，此見他有軍事天才。在軍事方面，須有活的學問，不能如趙括般徒讀父書。我相信吳先生在教育行政方面是有此天才的，而且有充足的經驗與具體的成績表現，已屬人盡皆知了。今後本校對外的應付，對內的策劃，使之如何走向制度化，我想此正是吳先生對今後學校之貢獻所在。

我在歡迎訓導長程兆熊先生的會上曾說：我們必須要有一制度。猶如一大家庭，亦必須有家法。新亞在過去是一小家庭，現在成了一大家庭，不能再無制度。

諸位要迎接此一新光明的來臨。我們自今以後要逐步走向制度化，中國文化並不是不看重制度，無寧說更看重能有一大制度。即是能與理想配合的大制度。

我們的研究所也是前途有很大希望的，今天有謝、潘二位先生來，研究所也添了生力軍。

今天我個人感到無限高興，後天我即將離校赴美，待我回來時，希望學校有著無限的光明和新氣象。不僅能保留過去長處，尤要在能逐步制度化，來補充以前短處，來創新我們學校的新生命，來奠定我們學校的新局面。我希望各位同學，也能在此學校一大目標之下，與各位老師充分合作，邁步向前。

今天此會，我要說，我們不止是來歡迎副校長吳先生，訓導長程先生，研究所教務長謝先生，和研究所導師潘先生，而且是在歡迎我們下一十年的一個光明的、新的新亞書院。

錢校長赴美歐行程

將順道往日本，回程時考察歐洲各地高等教育，並與英國大學聯會交換香港中文大學之籌設計劃

錢校長應美國耶魯大學之聘赴美講學，定本月十八日，乘泛美機經東京、檀香山、三藩市至紐約，轉抵紐海文。

中途在日本作一星期之逗留，並將在日本東京大學、京都大學，及亞細亞大學等校作學術講演，定一月二十三日飛赴檀香山，在該處停留兩日，參觀夏威夷大學，考察該校漢學研究情形，於二十五日，離檀香山經三藩市，預定於二十六日抵達紐約，轉赴紐海文耶魯大學。

此次錢校長所擔任之特聘講座，其專題為「漢學研究方法」、「中國經學」及「中國文學史」。講演期間，預定自二月二日起至六月初止。講演完畢，將赴美國各地考察各大學有關漢學之研究

及其發展等情形。八月中旬轉道英倫，參觀牛津、劍橋、倫敦、威爾斯及其他各大學，並將與英國大學聯會高級當局，交換香港中文大學之籌設計劃，然後轉道羅馬、巴黎、波恩、雅典等地考察高等教育，約於十一月初旬返港云。

自美來函(一)

諸位同學：

我離開學校到今天，恰已十天了，但我心上天天忘不了學校。我去東京，新亞在亞大的五位同學，深夜到飛機場來接，又深夜到飛機場去送。我再三叮囑，接了不要送，因亞大去飛機場路途十分遙遠，但他們仍然全體來送行。我去亞大演講，新亞五同學，又特地來會客室，圍在一桌，在百忙中，談了十分到一刻鐘的話。

我來耶魯，新亞同學孫述宇，在清晨四時即遠從新港去紐約，同車的是雅禮去年離新亞的柯克先生。至於羅維德博士，他老人家已先一天到紐約。他們三人一清早六時左右已會集在機場，但飛機誤時，我們在七時半始抵達。那天上午十一時，我們安抵寓所。我們新亞王佶先生的妹妹夏夫人，已先在我們抵達以前，替我們安排了許多瓶瓶罐罐，油鹽瓜菜一應俱全的裝疊在廚窗裏，我內人可以立刻做一頓中國飯。

元旦那天，一清早，孫述宇便來拜新年。當晚，夏夫人又請我們上中國菜館，也算在外國嚐了少許中國新年的情味。還有新亞一位女同學趙玉立，她已在此結婚，生了兩個小孩。這週末她要請我們到她家去喫晚飯。此刻雅禮在新亞的那幾位先生，他們的家屬知道我們到新港，都遠道送禮物來，花呀果呀！我們收到了，還得打聽那些禮物究是何地何人送來的，結果仍然是新亞的關係。又在我們新亞教課的胡大樂先生，知道我們來了，特地從紐約附近趕來，親到我們寓所，約我們去他學校小住。去年離港的那位高國麟先生，他是在任職香港亞洲基金會時，盡力幫忙我們研究所的，也親來我們住所。只有羅維德夫人因感冒，不能來，我們也還沒空去，只通了幾次電話。

你們看了我上面許多話，便知道我們在此十天內，仍然如在香港般，仍然多接觸到有關新亞的人。至於談話提到新亞的，我此處不想再提了。還有盧定教授，他是雅禮方面來香港的第一人，開始決定和新亞合作的。我已和他見了兩次面。一次在餐席上，他回憶當年來香港的情形，告訴了我許多我以前所不知道的經過。他曾和我們第二屆的畢業同學奚會璋接談過，他到今還記得。我們過夏威夷時，有許多人和我提起唐、謝兩先生來此出席哲學會議的事。又曾和夏威夷大學一位校董長談了一些此後兩校交換教授的計劃。因此，我此十天內，雖然離開了新亞，還是天天接觸到有關新亞的人和事，這真使我十分高興。我此次遠在日本及美國，居然能到處遇見到新亞，想來你們聞此亦會高興吧。

我初來，實在太忙了，匆匆寫此幾行，並誠懇感謝你們的除夕聯歡會和許多同學到九龍機場的送行。在機場的照相，也有許多張已由伍先生寄來看到了。即此止筆，此後稍閒，當再續函。

民國四十九年一月廿九日晚十時

錢穆寄自新港

孫君鼎宸歷代兵制考序

余識孫君鼎宸，在民國三十七年冬，時君方膺蘇州城防司令之職。余居婁門小新橋巷，其地三面環水，僅一路與外通，夜色初上，行人即稀。君來訪，必於清晨或黃昏後。所談皆歷史文化學術界事，余竊心儀之，面告曰：「君少列戎行，能心不忘學，良不易得。」君謙遜若不堪。翌年秋，余來香港，重晤君，時余方創新亞書院。週末之夜，有文化講座，僻街小室，僅容數十人，而每講君必至。散座，輒殷殷有所詢究，戀戀若不忍遽去。如是越五年，新亞始有研究所，君來請，曰：「自審年事已超格，資歷亦不合，願獲一旁聽席。」余曰：「君出席文化講座前後逾百次，恐不能更有所益於君矣。」君請益堅，遂許之。每上午必上堂受課，下午，則埋首圖書館，日盡晷始離去。又告余，夜間則在寓攻讀英文也。兩載，畢其課業。君又造余，謂數年來，已粗知學問門徑，願授題試作一論文，為深造基。余曰：「君乃一軍人，中年遭國難，潛心向學，志良可嘉。然當務求大義，庶他日重為國用，不必一意效書生。」君堅請，余曰：「無已，君其治歷代兵制，他日當於君有助。」君欣然去，自此不復上講堂，漸少相見。歷兩年，君抱稿盈篋，來謁曰：「兵制考已成稿，願請改定。」余以冗雜，竟不遑。然念君在流離中，一意向學，十年如一日，猛進不已，而斐然能有所述作，其志可畏，其人可敬，其所造詣，亦已非尋常矣。今其書將付刊，余故為之序其始末焉。君方重有志治明儒之學，循此再有年，明體達用，國運將隆，君終必復出報國，而君自此益遠矣，豈復是往日之孫君哉。

中華民國四十八年己亥冬至前旬日錢穆序於新亞書院

人

民國四十九年一月二十日在日本亞細亞大學講詞

新亞書院與貴校——亞細亞大學，雖然是建立在兩個不同的地方，一個在日本，一個在香港，可是中日兩民族是同文同種的。再說，貴校叫亞細亞大學，我校叫新亞書院，可說校名相同。記得一次在香港，與太田校長見面，我立即覺到太田先生是一位有崇高人格的人，這亦可說兩校在精神方面先溝通了，才促成此後兩校互相交換學生的協定。最近兩年，交換學生每年暫定兩名。我們希望中日人民更親密地攜手，將來對亞洲有所貢獻。

我在四年半前曾來貴校，今天面目一新，這完全是太田校長苦心經營的結果。懸想四十年後，貴校的發展，當更難限量。四年半以前，我在一教室中與諸位見面。今天，在大禮堂，對著近千的同學說話。眼見貴校的發展，實使我感到無限高興。

今天，我要講的題目是一個「人」字。約在一千年前，中國有一本書叫《三字經》，每一個中國兒童開始讀書時，都要先讀這本書。《三字經》開卷的第一字就是「人」。近代中國，學校編的新教科書，初級第一年的第一個字，仍然是「人」。人字比較容易認識，你我同是人，小孩子對人字亦易懂。但我們進一步問，甚麼叫做人？人的意義是甚麼？不要說你我難以明白，可說從古來對此不明白的也真多。

我們通常說人生，指衣、食、住、行四項。吃飯、穿衣、住房、走路，這是人在生活，並非生活即是人。人為要生活，就得找職業。職業有士、農、工、商之別，但這是人在當職業，並非職業即是人。職業進一步而有事業，譬如政治、教育、經濟、科學，各有專門，但也只能說這人成了一專家，專家也並不即是人的本身。人的職業、事業有不同，但同樣由人來擔當。若以國籍來分，有中國人、日本人、英國人、美國人、法國人等。用中國話來講，便見其同樣是人。若改用別種語言來講，那同樣是人的意義便不明顯了。

正為中國人看重此「人」的觀念，因此中國古諺說：「中國一人，天下一家。」這意思是說世界宛如一大家庭，譬如中國人為哥哥，其他各國人則如弟妹一樣。可是要達到這理想，卻不易。試從近代的交通、經濟等各方面看，空間範圍縮小，世界真像成為一家了。但若從人們的心理及精神方面來講，相處愈密，衝突愈增。人與人，國與國，民族與民族，多為利害關係相衝突。我們當知，顧及自己，亦應顧及他人，心胸必須放開，才能達到「中國一人，天下一家」的理想。

前面提到過，貴校稱「亞細亞大學」，我校稱「新亞」，兩校的命名，正欲使每一個青年知道，他們不僅是一個日本人或中國人，但同時同是亞洲人，也同是世界人。若要中日問題獲得解決，必須先解決亞洲問題。若要解決亞洲問題，更非先解決世界問題不可。世界是一個，人類是一家，大家同是人，人類相同，應該共同來解決我們人類本身所共同面對的問題。知識不同，職業不同，可是人總是人。知識可以各有專門，職業可以分工合作，唯有人與人的問題雖分你我，而共同相通，易於一致的。

再說到大學，研究大學問的地方才叫大學。中國在二千年前，有一本書叫《大學》。我們剛才已講過，由中國話講，日本人、中國人、英國人、美國人、法國人，同是人。但人又可以分別為「大人」和「小人」。懂得研究，懂得解決人類的大問題的是大人。只以個人為主，只求解決個人一己生活的，這種人統稱為小人。雖則人有貧、富、貴、賤，這些祇是人的遭遇，不是人本身的區別。

中國人區別人，卻不分中國人和日本人，也不分貧人與富人，但注重分別大人和小人。人之大小，觀其心胸之大小。祇顧一己，其心小。若能在一身以外，顧到自己的家庭，其心便較大。顧到國家與民族，心則更大。若能顧及全世界，全人類，那他的心更大了。中國《大學》一書中，討論到修身、齊家、治國、平天下的道理。當知必要講到平天下，人的問題才算有解決。必須天下平，然後國亦治，家亦齊，個人修身亦算達到最高的目的了。但為各個人的力量知識有限，不可能一下達到平天下的大目的。所以，我們只有一步步做去，由修身而齊家，而治國，而再到平天下。概括的講，人類的問題是共同的。如何去解決的工夫，則由各個人各自做起。

中國人又把人分為：聖人、賢人、君子人、善人等。這和把人分為大小是同樣意義的。中國向不把人的貧富或社會地位來分等級，如統治階級，被統治階級，資產階級，無產階級等。中國人注重的是人格，人格有高下，有大小。資產階級的人不一定是大人，無產階級的人不一定是小人。資產階級的人也不一定是惡人，無產階級的人也不一定是善人。看人不從外表看，乃以人的本質為準。但上面已說過，天地生人其本質則是同一的，而其生後修養有別，因此有：聖人、賢人、君子人、大人、小人、善人、惡人之相異。

但中國人又認為每個人都可成為聖人的，人類最理想的社會，便是每個人都成為聖人的那一個社會了。前面講過的《三字經》，它開卷第一句便說：「人之初，性本善。」這是說聖人與普通人的天生本質是相等的，都是善良的。故中國人認為，每個人都可成聖人，即都可成為最高標準的人。如何達此目的，正是人類最大的問題。解決這一問題，必須循一途徑。此途徑，中國人稱為「理」，即道理的理。

我們怎樣能懂得理呢？這不能僅靠書本，或是僅從外面學。這該本於人之內心的。若人無能知理的心，便無法知得理。我們都是人，人相同，理亦相同。因此中國人說：「人同此心，心同此理。」又云：「東海有聖人，南海、西海、北海有聖人，此心同，此理同。」

那麼人要達此理想，到此境界，是否都該受最高等教育呢？諸位當知，教育不只在學校中，也在社會人群中。所以不識字的人，亦可成為一堂堂的人。換言之，大學畢業，研究了高深的學問，獲得了博士學位，著書立說，他的知識勝過人，但未必就可以堂堂的做個人。我們先要認識人的意義與價值，所以中國人才注重來分大人、小人、善人和惡人了。

記得四年半前到貴國，在京都大學曾與吉川幸次郎教授敘談，講到中日兩國民族是同一文化的。吉川教授舉一例說：日本人責罵自己的兒輩時，總愛用「你這樣像一個人嗎？」這句話祇有日本人講，中國人講，其他各國人，似不講這句話。人要怎樣才算是人呢？人一定要是好人，才算是人。人為何定要做一個好人？人又如何能都做得一個好人？正為人的天性就是良善的。「性善」這一番理論，可以說是哲學，亦可說是宗教信仰，也祇有東方中國及日本人才有此信仰。正如父母責備兒女，「你這樣像個人嗎？」兒女可以反駁：「我怎麼不算是人呢？」做父母的會告訴他，該如何才算是人。假如父母用此話來責罵兒女，兒女卻說：「那麼你為何不送我進大學呢？」正因進學校不是做人的唯一條件。難道說，每一人進入大學就算是人了嗎？又難道無法進入大學的，就不算是人了嗎？當知要做真正的人，條件不在進學校。父母認為兒子做好人，是兒子當下的責任，他卻不做，責任便在他自身了。故能責備他「你這樣像個人嗎？」這是中國道理，也可說這是中國文化。

一切文化從人創始。你我都是人，人主要在求解決人類共同的問題，那些問題不是殺一個人乃至殺千千萬萬人可以解決的。人與人間的問題，決不是用人殺人的手段能求解決的。國與國間的問題，也不是能憑原子彈或氫彈或任何武力來解決的。人的問題不解決，你我的問題，國家與國家間的問題，亦永遠不解決。

從個人做一個善人開始，達到「中國一人，天下一家」的境界，這才是人生最大的學問，最大的理想，也是我們最大的責任。目前，世界上有很多問題待解決，知識日新月異，情形千變萬化。但問題越來越多，而且越來越嚴重了。在此世界中，我以為最重要的是發揚文化，發揮做人的精神。剛才說到，亞細亞大學和新亞書院基於共同的目標，為達成一共同的理想而合作。這種合作是我第一次與太田耕造校長見面時，因為我敬仰他這人，而才產生此合作的。這是人與人，心與心的合作。我們兩人雖然言語不同，又是初次相逢，然而造成兩校合作的基礎了。若此後有更大的合作，這是中日兩民族文化精神的表現。不是一種理論，卻要有信仰。

你是否相信人是同樣的？你是否相信人有高下大小之分的？你是否相信人可以離開一切外在

的條件，人人有做「大人」的可能？你若沒有這種信仰，我想你的親朋有一天會責罵你：「你還是個人嗎？」這是一個最切身的問題。

今天，我這番話，祇要大家明白，我是人，你是人，大家是人。再進一步問怎樣算是人，怎樣算大人。若是人不能為人，不能為一大人，一切學問知識會全無價值。人類將步入黑暗，任何問題都無法解決。這是今天我所要貢獻諸位的話。話雖淺，但這是我個人的信仰。謝謝。

何蒙夫詩境記

何子蒙夫名其讀書作息之齋曰「詩境」，而諉余為之說。余曰：「有意哉！何子之名其居也。」盈天地一詩境也。《詩》三百，莫不有所比興。比興者，即物以寓心，象物以申心。天地萬物與我為一。知詩人比興之趣者，斯知天地之為一詩境矣。故孔子曰：「小子何莫學夫詩。詩，可以興，可以觀，可以羣，可以怨。邇之事父，遠之事君，多識於鳥獸草木之名。」夫鳥獸草木之名何足識？知所以興與觀，則知所以群與怨，而鳥獸草木亦與吾心相會，成為一天地，亦即見其為一詩境矣。夫豈天地為一詩境而已乎？即人生亦一詩境也。子在川上，曰：「逝者如斯夫！不捨晝夜。」夫子之歎，亦歎此詩境也。又曰：「飯疏食，飲水，曲肱而枕之，樂亦在其中矣。不義而富且貴，於我如浮雲。」夫子之樂，亦樂於此詩境也。而群怨之深旨，亦胥不外是矣。故事父事君，皆詩境。夫子之為聖，亦聖於此詩境而已耳。何子名其居曰「詩境」，其殆亦有取於此乎？姑為之說，還以請益於何子。

曾何兩先生哀辭

自我來美國，忽忽快已將三月。心閒無事時，常易想到學校。不斷有學校中來訊，總說學校氣象日新，師生歡樂，合作無間，不斷在進步中。讀了那些信，感到欣慰無似。最近所隱藏在心，時時會感到些悵然的，便是何福同教授的死訊了。我回想，何先生病久了，我在學校時，總是那麼忙，何先生家和我家隔得不遠，我好幾次想去他家探問，但終沒有去成。至今回想，我和何先生最後一面，究在何時，竟亦回想不起。只有這一事，幾天來，在我心上泛起惆悵。那知今天早晨，忽接程兆熊先生來信，說曾特先生在十四日忽然也過世了。程先生信上說，曾先生那天早上還去學校辦公室，晚間九時起病，十時即不救。人生奄忽，乃有如此，真出意外。我們夫婦於晴日照窗之陽光下，驟展此信，儼如在此不到一月前之氣候，好好在和煦天氣下，一霎間陰雲浮蓋，霰雪紛飛，轉瞬窗外皚皚然，室內也寒氣侵襲，彷彿像兩個天地了。我們驟得程先生信，一時心象，正是如此。

何、曾兩先生，同是我們新亞的好好先生，古之所謂善人。不料短短在半月內，相繼逝世。善人不壽，更覺可憫。尤其在學校正欣欣向榮時，他們兩位，遽爾離開隊伍，默默地走向另一世界去，這在我們新亞師生間，對此自然都抱有無限感傷。尤其是曾先生，這幾年來，因擔任學校訓導工作，有許多事時時和我接觸。他屢次來我家，有時和他夫人同來，我們夫婦亦時時去他家。他家幾個子女，都曾在我們學校中，因此更添親密。曾先生來我家時那些神態心情，一幅幅泛現在我眼前。我此刻回憶曾先生，也還如憶及新亞其他各位先生般，只覺是海天懸隔，那能真切地感到曾先生果然已去別世了呢？

我常覺得人生只有抱著同樣經驗的，才是真相知，因此我常說，只有在同一事業中才易成真朋友。我們要找朋友，必須從事人群中。新亞此十年來，我和各位同仁，同此艱苦，同此奮鬥。古人所謂「以文會友，以友輔仁。」教育事業，最是斯文之大者，亦最是仁道之著者。我感到我私人和曾特先生之友情，主要正為同事斯文，同在盡此一番仁心，而遂於此一段經過中深相結合。現在是死者已矣，生者不可不加勉。

程先生來信說，學校正為何、曾兩先生捐款，開全校追悼會，又要為兩先生出紀念刊，他信上說，盼我能寫一短文寄去。我立刻放下正在手邊做的事，徬徨嗟歎了一些時，立刻按下心，坐下寫此文。想到兩位先生之家況，何先生貧病交迫已久。曾先生一家，夫婦雍睦，他夫人亦在我們學校中任職，子女都孝友敏謹。在家是好子弟，在校是好學生。我又知其家中還有兩老人，一家人口多，夫婦收入薄，生活過得極清苦，而曾先生夫婦怡然若不以為意，一心常在學校的職務上。此刻曾先生過世，他夫人要一人獨自肩負上事老親，下教子女之責。我因此又想到中國人之倫理道德，一切總使人要想到義當如此，便也只有說命也奈何了。

就我當前在美國之所見所聞，似乎死生之際，不會有此種心情和觀感。何、曾兩先生，同樣可說是一個善人，正都是從中國文化中陶冶出來的人。兩先生之家屬，亦將在中國文化傳統下處一種特有之景況與情味。我們對此兩先生和他們兩家家屬所抱之同情，正亦是中國文化心之一種表現，而且也已同情到中國文化傳統之幽深處。我想我們學校師生，必同有此感。特書此即速寄出，俾可如程先生所囑，及時刊在紀念集中，以弔死者，以唁生者。哀哉！哀哉！

中華民國四十九年四月二十一日正午前錢穆書於美國新港耶魯大學之寓所。

自美來函(二)

兆熊吾兄惠鑒：上月十七日來書，久置未答為歉。此間春假兩週，各處人來，反而比上課時期冗雜。忽忽過去，甚為悵然。目下已開始上課了。明雍姪來港，曲折延遲，不知目前已得成行否？兄又寫成了《學》《庸》講義兩種，真是筆健，羨極羨極。王西艾曾有來信，弟在此處，留至六月。七月當去西部。屆時必過芝加哥。有許多新亞同學在彼處，亦已來信相約。令弟久未晤及，弟雖去紐約，到處隨人，欲往訪，頗不易。好在兩地近，彼若能來，可得從容一敘耳。

此間氣候多變，昨晨尚是下雪。春令遲遲，不知何時始到？或云須待弟行期，始見春到。然春來轉瞬即逝。此間秋色佳，惟弟不能有緣欣賞矣。

前去紐約，見有蝴蝶蘭展觀，憶及舍間那幾盆，不知兄曾否有暇去看過？明年尚可有一盆兩盆有發花希望否？若兄有暇去，見到貫之夫婦，幸代道相念之意。在此無他事，然寫信之忙，有勝於在港時。只是作答，懶於作向人問候之緘。惟心中則時時念到而已。弟在此杜門時多，出外應酬時少。客來，必先電話相約，極少久坐不走者。此種風氣，弟極欣賞。在港多為無為周旋，浪費時光，實大可惜。

每週必有一下午，有人來駕車出遊，兩三小時即返。所到只是附近數十里間，惟到處皆如在園林中。村落與都市無別，安富之感，令人回想祖國，乃如天壤相判。因念我們只講義理，不問經濟，終是一偏。如何教人從實際上，作富民功業，此乃一大事。衣食足，而後知榮辱。富而教，是人生一大順序。中國人之貧，已到無可教之階段，似尚遠不能與兩宋相較。弟去此間菜場，隨內人購每日飲食所需，貨品充物。來者無不有車，衣履皆必整潔，驟不知是農民，抑是工人？寓所附近，有黑人街，弟曾在黑人住宅區散步，彼輩居室，在港九亦已是中等住宅矣。亦不知此輩黑人，作何生活？來此之人，視若固然。試一細思，其富盛實大可驚羨也。

弟並不想多去大都市，只此等鄉僻去處，實亦大可流連。一日下午，在僻處覓得一小池塘，環池高柳蔥鬱，大有江南風景。在一小咖啡館坐下，玩賞窗外池柳。此等小去處，此一小咖啡館，在港九亦已是上乘之選矣。三代漢唐，斷無此盛。都市縱有腐化，然厚積深藏之處，非可忽視。此乃弟在此所得，聊述以當閒談。匆頌近安。內人同候。弟穆。

(民國四十九年四月)

自美來函(三)

兆熊吾兄大鑒：五月五日來函奉悉……關於與兄討論世界宗教組織之美國女士，在此並未晤面。又普林斯頓哲學系有人去新亞，不知是否該校之教授，弟並未晤到。語言隔閡，與人討論學問或事業，甚感困難。弟在此絕少與外人往還，職以此故。苟非有人專意來訪，弟則絕少去訪人，此亦一憾事。明雍姪能到港療養，刻想已到，惟獲早日康復為念。

弟自來此邦，已踰三月，接觸漸多，感想日增。國人滯留此邦者，甚少佳況，然既不能安，亦不能決然捨去，寧忍心神上之苦痛，不甘放棄物質安樂之追求，此亦無可奈何者。此後教育，如何培植青年對祖國文化之自尊自信，如何提倡簡單樸素之生活，如何能在此基礎上接受世界潮流，能成一有體有用之才，此實大堪注意。

弟在此期間，亦深感到美國社會之種種缺點，以及美國前途之可慮，及西方文化之困難處。然以較之中國社會，無論如何，高出甚遠。中國人如何推陳出新，於舊傳統中覓新出路，此事實大不易。要西方人瞭解東方，更所難能。彼輩只能在自己範圍內酌取少許東方意態而止。而東方人則全部忘卻自己，結果亦甚難接受西方長處。人類悲劇，在短期內似無甚大光明。不知何時有人能出而擔任此一大事因緣，為人類生活指示一新方向。吾儕則只有守先待後，能在此混濁中自保一分清醒，已大不易。所出愈遠，所知愈少，弟在此過六月，即離此漫遊，不知到歐陸後自己感想又如何？不知返港以後，自心安定，能否萌茁一些新知，抑或依然故我，全無長進？只覺離校以來，雜務日減，身心康健較勝，此乃惟一收穫。

嚴冬已過，春令甚短，倏已初夏，繁花濃陰，到處可以留戀。無城市，無鄉村，到處如一大園林。弟不喜去紐約，惟常在附近周圍數十里內漫遊，深感到一種流動的美，與從前所懂欣賞的靜定的美，各有勝場。公路上汽車來往，有如風馳電掣，轉瞬間一切景色皆疾捲而去，然新景色紛至沓來，山陰道上，應接不暇，走馬看花，另有佳趣。常欲寫幾首詩，惜乎為他事牽擾，終未下筆。惟遊興日增，常想多所領略。將來若能在此方面深入，可以告人在藝術上文學上如何調和中西，似乎比講哲理較親切，比講歷史較真實。偶感如此，敬請教示。

專頌近祺

弟穆拜上民國四十九年五月十日

自美來函(四)

民國四十九年六月十三日雅禮大學贈送人文學博士榮譽學位之經過

兆熊吾兄惠鑒：昨讀來緘，要弟將在此間獲贈名譽學位時典禮經過情況，及有關照片等寄上，俾刊載於「新亞生活」中。弟昨函已婉言相辭。繼思在此未必有人作此詳細報告，而學校師生盼知此情況者必多，弟不應不親自報告一番。

此事在弟來後未及半月，即由耶魯祕書長 Holden 君親交一緘，封面寫有祕密二字，並囑弟復書亦親自面交云。書中即為贈予學位，徵求同意。弟為此從未將此事向同人等提起，直至最近 Holden 君來告：「如有友好須參加觀禮者，學校當局當特備席位。」但弟亦並未邀約任何人前來觀禮。只翁君舲雨在新港，彼意欲一看耶魯畢業典禮之情況。弟轉託羅維德先生要一券位送去，卻亦未告彼是日弟有獲贈學位之事。惟雅禮協會早定於是日晚間舉行一盛大餐會，為弟慶賀。芮扶書君自哈佛前來，彼轉邀余君英時隨車同行，途中余君謂：「隨車去新港，重獲與錢師見面暢談之機會，固所心願，但為了一頓晚餐，在新港住下三夜，殊所不耐。」芮扶書君不得已始告以實情。因此余君也在路途中始知。孫君述宇在此，亦未前知。彼是日獲碩士學位，但並未出席，只去圖書館工作，始見本屆獲贈名譽學位之名單也。此間附設一東方語言學校，有不少中國人在此學校教書，並多在弟班上聽講，平常過從極密，但彼輩事前亦未獲知，當天上午赴學校上課，始獲消息。臨時學校特為放假一天，俾許多先生們可來參加觀禮。但學校並不有大量券位可以一一遍送，因此有些人急要想覓券位，有些人急要回家攜取攝影機等，事先未有準備，不能為弟有計畫的攝取鏡頭。

是日在連日陰雨中，忽遇晴朗，各地遠道來參加觀禮者極為踴躍，會場當在一萬人以上。美國社會傳統，重視此項典禮之熱烈表示，出弟意想之外。當校長誦讀對弟之 Citation 時，並由耶魯遠東系副教授李君田意在禮壇上翻譯國語播送，此因弟不解英語，故學校特備此一節目。弟以一中國人，在此獲贈名譽學位，據別人所告，已是二十年來所未有。至於在耶魯畢業典禮中，有中國語播送 Citation 一節，則更屬創舉。

典禮方畢，有不少外國人走向內人面致賀意，大多數總說弟所獲掌聲為當日中最熱烈最持久者，此是實情。彼輩事前並不知弟之名字，並多不知有新亞書院，只為中國人在此獲贈學位者不多，而是日又有一中文播送，更屬新鮮。彼輩之熱烈鼓掌，只是為中國人表示同情，弟以一中國人在場作為一旁觀人之心情，卻不能不有一番深刻之感動。

同時獲贈名譽學位者，連弟在內共十三人。前一晚在校長私邸歡宴，當日中午，又在學校辦公廳有一盛大宴會。內中有老者，年事踰八十，前五十三年曾在耶魯畢業，此次獲贈名譽學位，遠道自 Arigona 親自駕車前來。當晚彼面告弟，彼有幾位兒女，幾位孫輩，及幾位曾孫輩等。惜弟英語太不成，無法和他老人家暢談。當日午宴，彼又邀他隨來的許多家人，一一和弟夫婦握手見面。午宴既畢，此老人又在人叢中尋覓到弟夫婦握手道別。弟親聽他老人家在對別位向他道賀的人說，我特別喜愛那兩位中國人，那一對中國夫婦。彼老人家亦不深知弟是一何等人，只知弟是一中國人。在我們參加遊行行列時，他適和弟前後相隨，他又向人說我們是老朋友。此老人在 Arigona 創辦一博物院，弟夫婦此後旅行過 Arigona 時，不知能和彼重獲一面否？

凡弟參加此典禮時之自己內心所感，只感到弟因是一中國人，而在此獲人看重。當晚雅禮協會之歡宴，場面之大，感情之親切與熱烈，更使弟永感不忘。在場有雅禮董事長 Lauren ARnold 先生致辭，及羅維德先生之報告，主要均側重在新亞與雅禮合作之經過及其前途之希望。並有耶魯有名之中國史教授 Arthur F. Wright 先生致辭，彼歷述自中日抗戰以來中國學術界人士所處之環境及生活之艱難，與夫其奮鬥不懈之精神，語極動人。此下由弟作一簡短答辭，弟當時心情上實受莫大感動，若能由弟痛快發言，或能表達弟內心所感深處於萬一。但演講辭已預先擬定，請李田意先生轉讀英文，因此不便臨時隨口講，弟在當時甚感歉然。但弟此番短短演辭才畢，全場起立鼓掌，歷久不斷，弟屢張雙手，請求停止，亦無用處。此次晚會，雅禮來新亞之 Bachelor 除賴孟端夫婦臨時因事未到外，都來了。他們的父母家長及下學年兩位新的 Bachelor 及他們的家長也都來了。演講完，一番握手介紹，都是感情如一家人般。尤其是其他許多人，多半從遠道來，在此至少須住宿一宵。晚餐照美國例，多由自己破費。他們並不曾和新亞有過直接關係，但他們對新亞之熱情，則不待語言，已夠表露。弟深感新亞接受此種異邦人之熱烈支持，實在更增深了我們自己的一番責任。弟在當天晚上，又深感我是以新亞之一分子而在此受歡迎。弟深知此一日之種種被接待，完全是在我是一中國人，是新亞之一分子，若別人認為弟本人受此殊榮，實更加深弟內心之歉疚不安而已。信紙已盡，姑以此作報道，餘不多及。即頌近安。

弟穆上　六月十五日

美新港雅禮協會公宴講辭

民國四十九年（一九六〇）六月十三

主席、諸位來賓：

今天我在此獲得耶魯大學的名譽學位，感到十分榮幸，而且認為這是我畢生極可紀念的一件事。不僅耶魯是美國一所有悠長歷史、有崇高地位的大學，更應該提起的，是耶魯和中國的關係。第一，中國第一個留學生來美國，便是到耶魯，遠在一八四七年。容閎來美國，他是耶魯的第一個中國留學生，在耶魯攻讀四年，一八五四離耶魯返中國，到今恰是一百十年。此一百十年的長時期中，中國接受西方文化的一個大運動，正由容閎在耶魯開其端。

第二，應該提起的是雅禮協會了，他們創始於一九〇一年，在中國大陸從事教育乃及醫藥方面的工作，也已有半個世紀以上的歷史。美國人在中國創辦學校或建立醫院，為數並不少，但由一個大學來發動主持其事的，似乎還並不多。雅禮雖並不全部代表著耶魯，但雅禮這一個團體，產生在耶魯，成長在耶魯，他們這一團體之英文名稱，用的「耶魯在中國」，至少這一團體之精神與事業，亦可算得耶魯的精神與事業之一部分。因此我們可以說，由於雅禮的關係，耶魯對於中國教育事業有其極大的貢獻。

第三，我要提及最近七年來雅禮協會與香港新亞書院合作之經過。新亞書院在香港創始，此是一九四九年的事。有一輩愛好自由，熱心從事教育工作，而又尊重寶貴中國自己傳統文化的學者，在極端困難中，創設這一所學校。這一學校萬分艱苦的一切情況，這裏盧定教授在一九五三年夏前去香港的時候，他都親眼見到了。由於盧定教授之提議，雅禮協會在翌年，一九五四，遂開始決定了雅禮與新亞合作的計劃。這一計劃也可說開創了中美兩國教育文化事業雙方合作的一個新面目。因雅禮完全尊重新亞教育宗旨與行政獨立，而只在經濟上從旁協助，那是史無前例的。向來只是美國人去中國辦學校，卻沒有美國團體專來幫助中國人所自己主辦的學校的。目下雅禮與新亞之合作，雖只經過著短短七年的時期，但在此七年中，已有了不少的進步。去年羅維德博士在香港，正是新亞獲得英國方面承認，有於最近幾年內正式成立為大學之可能，而羅維德博士在與英國方面關於此一問題之種種討論，盡了他最大的努力。若使新亞能在此後，不斷有進步，能在東方完成為在學術上在文化上能確有貢獻的一所像樣的大學，此不僅是雅禮協會對中國教育事業一絕大的貢獻，而且此種合作方式，亦可說開了一新紀元，可在將來中美兩邦教育文化合作事業之進程中，創闢了一新途徑。

個人是新亞創始人中一分子，在去年新亞成立十週年紀念中，耶魯校長格里司伍德先生有一函致個人，內謂：「健全的不屈不撓的學風的高等教育，它之存在與持續，是代表人類保障東西文化最好的希望。」這一句話，提出了關於人類教育宗旨與文化理想極崇高極偉大的啟示。談到東西文化，無疑中國文化是代表著東方傳統中之最久的，而美國文化則代表著西方傳統中之最新的。但耶魯已有了兩百五十年以上的歷史，雅禮的生命亦已超過了五十年，而新亞則是一新生的嫩芽，今年尚在它第十一個年頭的幼稚期。轉瞬間，新的轉成為舊了，而舊之中仍可茁長出新的來，人類文化正在如此般演進。

本人來耶魯，在此短短半年時期中，於授課之暇，寫成了一部《論語新解》二十萬字的初稿。孔子是中國兩千五百年前的大聖人，新亞的教育宗旨，將以復興新孔學為其使命中主要一項目。本人認為，孔子學說亦有在美國社會宣揚之必要。本人此一著作，乃求以近代人的新眼光，來解釋中國兩千五百年之文化舊傳統中最主要的思想之真意義所在。本人希望回返香港以後，這一初稿能在一年之內寫定。這是本人來耶魯一件最可紀念之工作。若此稿出版後，有翻譯成英文之機會，自謂對於西方人瞭解東方，可有稍微助益。本人願將此書作為耶魯贈予本人學位之一項報禮。

臨了我內人和我謹敬感謝雅禮協會今晚給我們夫婦的盛大宴會和光寵。我並將代表新亞全校，乘便在此感謝雅禮協會所給予新亞的種種慷慨協助。謝謝諸位。

自美來函(五)

兆熊吾兄大鑒：弟明晨離此赴紐約，住六日去華盛頓，住十天去芝加哥，住五天去三藩市。在華盛頓芝加哥均預約演講，須到紐約後預備華盛頓之講辭，又在華市預備芝加哥之講辭。所到須遇見之人，須遊覽之處，已甚忙迫，而天氣已熱，此間中午都至八十至九十度之間，聞華盛頓更熱，此後一路恐難多寫信。兄意能常以文字與新亞諸同學通氣，此層當常存胸中，然恐不克有此機會。語言不通，總是有許多意外之麻煩。而在旅行中各地通信約晤，更屬費時。不知到三藩市或西雅圖後，能否有一天兩天閒暇，略報行蹤，供《雙周刊》作資料。匆匆不盡。

順頌

近祺

弟穆拜　民國四十九年六月廿九日

自美來函㈥

鼎宸老弟大鑒：五月四日來書，久已奉悉，未能即復為歉。大著《中國兵制史稿》已出版，聞之欣慰。承告一意潛心宋明理學，近方專讀《明儒學案》，甚佳甚佳。能與程兆熊先生常相接觸必得甚深啓示。又告近方整理新亞文化講座之筆記，此事若成，自對新亞有甚大關係，因藉此可表示新亞最初幾年之精神，長留一珍貴之史料參考。惟此項筆記年久，恐記憶不真，只就臨時筆記整理，事極辛苦，若能完成，應費大力耳。竊意此稿成後，最好分送原講人，在港者可以分別將自己所講，加意潤飾，俾成完篇。其有人已離港，無法請其親自校讀者，最好亦請與此講演有關係之學者，過目一遍，庶免留有錯失，……如是或可少疵病，不知最近此項工作已否開始，究有實際困難與否為念？此事似不妨與唐君毅先生及張丕介先生等，時時商討，若能成書亦大佳也。

吾弟家務常累，仍能一心筆墨書冊間，十年不倦不懈，為穆所僅見，不勝私心欽重，幸自勉力。在此流離辛苦中，為他人樹立一榜樣，此不僅吾弟一人之成就而已，亦可藉此激發他人，影響之大，非可計算，故心盼吾弟之日就月將，更有進境，勿遽此止步，此自弟之夙願，所以再道及者，亦鄙心不欲言不妨再言之耳。

匆此，順頌近祺

穆民國四十九年六月四日

×　×　×

穆意整理筆記，不妨先就可整理者先整理之，其中有困難者，暫留後整理之，勿只一意依原講先後次第為要。

錢校長伉儷講學歸來

本校校長錢賓四先生伉儷，前應美國雅禮大學之邀，於民國四十九年元月十八日飛美講學。錢校長在美國雅禮大學授課歷時五月，於六月三十日離新港，赴中、西部考察。中、西部地區漫遊，時近兩月，所經通都大邑，如芝加哥、紐約、華盛頓、及三藩市等地，均應當地文化教育機關之請，作學術講演。旋即飛赴歐洲，考察各國教育制度。計在英倫逗留二十日，巴黎十日，羅馬五日。本月四日離羅馬，搭泛美號航機返港，五日下午九時半抵達。

錢校長離港迄今已近九月，同仁、同學及各方友好深為懷念，其將於五日下午四時半抵達啓德機場的消息傳來，大家皆具歡欣的心情等候時間的到來，莫不以早瞻手采為快。十月五日，適逢農曆中秋佳節，依慣例，是晚當各有賞月酬酢節目；加以飛機一再誤點：原為四時半，突改七時半，終至九時半；雖然如此，前往機場歡迎的仍極踴躍。計到機場迎迓的有：吳代校長、唐教務長、楊汝梅院長、蕭約總務長、程訓導長、各系主任、教職員、學生團體代表及文化教育界人士百餘人。情況極為熱烈。

飛機是九時五分著陸的，因旅客須經過海關檢查，所以延遲到九時半，錢校長伉儷始步入迎機室。當他們二位露面時，一陣徹耳的掌聲由人叢中響起，首先由學生代表鄒慧玲同學趨前獻花，接著錢校長伉儷與歡迎者一一握手問好，情至親切。旋即馳車至新樂酒店下榻。

錢校長此次赴美歐講學，其學術言論，極為國際人士所重視，對溝通中西文化貢獻甚大。此不僅是錢校長個人之光榮，亦為我國我校之光榮。此次載譽歸來，本校教職員特於六日下午七時假樂宮樓設宴，為之洗塵。是晚，席設十餘桌，到者百餘人。因久別重聚，席間自然是杯觥交錯，別具歡愉的氣氛。直至十時許始興盡而歸云。（若農）

三十四次月會講詞

我這次到美國去，離開了學校共有八個月。在這八個月中，不斷接到學校教授們和同學們的來信，知道我們學校在各方面都很平穩地獲得進步。現在回到學校，見到很多新教授、新職員、新圖書、新課室、新設備，果然是各方面的進步都很大，使我覺得很高興。

我在國外，見到了過去學校許多畢業同學。留學在外的，對學校還是很關懷很愛護。他們本身各自的努力與奮鬥及其成就，也使我感到非常快慰。

只要是遇見中國人，幾乎沒有不知道有新亞的。他們對新亞也都很注意和關切，關切到新亞將來的發展。提到外國人方面，最值得報告的，是雅禮協會對我們學校的信心和熱忱，尤其使我衷心感激。我今天特地提出要我們學校全體師生同仁，都因此有一番反省。所該反省的，是我們自己的努力與進步，是否足夠配得上別人的關懷和援助。

我們不要以為接受別人援助是一件輕易的事。我初到耶魯，即曾參加過一次雅禮的董事會，他們為設法募款援助我們，實在是煞費苦心，盡力為之的。在我臨離耶魯以前，雅禮協會又舉行了一次盛大的公宴，參加的大概有四百人左右。他們中有大多數自遠道而來，旅餐費都得自己花。這種精神，在中國社會裏，就很不易見到。他們並不是都和新亞有什麼關係的，他們之熱忱援助，在精神上的，更遠超在物質之上。

雅禮如此，別處亦然。如哈佛燕京社，也是幫助我們的一機關。我去哈佛，他們還特別放映了新亞的電影。事實上像新亞這麼一間小小的學校，真是算不得什麼。電影中的新亞，那可和哈佛、耶魯等規模相比，但他們都對新亞誠心加以讚美，且盼望新亞將來不斷有進步。並不因我們規模簡陋，瞧不起我們，這實在很難得。我到其他大學，有好幾處都說曾在電影中見過新亞。我們學校雖小，最低限度已獲得了國外人的注意和看重，這是我們值得欣慰，也值得時時將此情形來自我反省的。

我這次又去了歐洲，好多大學和學術機構，他們都知道有新亞的存在，並都付與以同情，這實在是很使我們堪自欣慰的。

只有兩件事，使我心上感到不樂。

第一件事，就是我們學校三位教授的逝世。我在耶魯時，接到學校來信說曾、何二先生去世了。在倫敦，又接到陳伯莊先生去世的消息。回憶當我在美國見到陳先生時，他還很健康。想不到回校來，竟不能再見他一面。我們失去了這三位教授，我相信我們全體先生和同學們，都是和我一樣心下覺得難過的。

第二件事，就是國慶懸掛國旗的事。我為了這件事，特地提早一個月回來。我們過去雙十國慶年年都掛著國旗，今年卻由教育司署之不許可，而沒有掛。這使我們心上都感到非常不快樂。這件事現在是過去了，但那心上的不樂卻仍然留下。我想我們全校師生同仁，也都和我一樣，會長留下此一份不樂的心情。

今天我不想把此事再提出討論，我想把我心上為此事而引起的另一些感想，關於我們中國儒家書裏面的幾句格言教訓，提出來講一講。

我們的校訓，是「誠明」二字。此二字出於《中庸》。《中庸》說：「喜怒哀樂之未發謂之中，發而皆中節謂之和。」我們為著懸旗事，心上都感到了哀與怒。有了喜怒哀樂，則必然會發，而且也應該有所發。

《中庸》上說此四情之未發，叫做「中」。發而皆中節，叫做「和」。此「中節」二字，卻值得我們注重。節，是一個限度。此種限度，也可說是在外而存在的。情發向外，外面便存了有此限。如我們離去了自己的國土，流浪到香港來，懷念國家，又何嘗不有悲哀，不有憤怒。但為的那處境，那外在的節限，我們內情之發便都得要中節。若純照我們內心情感，喜則是喜，怒則是怒。若必須中節，似乎不痛快，不圓滿。但因發了即是外在化了，只有中節才能與外得一個和。踰限失節就不能和。儒家講的「內外合一」，這「和」字是很重要的。

有些同學對學校當天不掛旗感到非常憤激，這表現本是很好的。但憤激也不好不中節。我們為了要對外保持一個「和」，有時就不得不認識此一「節」。喜怒哀樂是天生的，卻唯有仁者方能使之發而皆中節。「中」是對內而言，「和」是對外而言。因有對外，才在中字之外又加上一和字。這是儒家所講處世一項大道理。

《易經》六十四卦，為首是乾坤兩卦，乾德主健，但坤德主順。在坤卦上又有「直方大」之語。人生是該講直道的，但我們在社會上要處處一直線向前，根本沒有此可能。碰壁了，行不通又如何呢？我們該改變一方向再往前，但又得不廢此直道，於是此一改道，就成為一直角了。經過幾次的改道就成了一個方，方之四邊全是直，沒有一些委曲。雖說改了道，仍回到原位上，仍在原出發點上，如是則直線擴成方形而大了。我想這一講法，是有深意存焉。

我們的校訓是「誠明」二字，我想存於中的是「誠」，發於外而和便須要有「明」了。直道向前也是誠，但方而大則又須要有明了。誠是在內的，明是對外的。

一間學校不是一個人的力量所能辦，也不是幾位先生老師之力所能辦，這需要全體師生大家共同努力。這話，我以前曾向諸位提起過。回想我們在桂林街的時代，那時，我們的學校還不能擺出來讓人看，所謂新亞精神只是存於中，尚未發於外。今天，我們的學校是已經擺出來了，與人共見。就不能再關起門來，專是師生合作仍不夠，更需要社會的多方幫助，使此學校變成為一社會的，世界的。此所謂「化私為公」。一切事業，只有公的，始是可大可久。試問若沒有雅禮的幫助，我們那得有今天？我還清楚記得在桂林街時的艱困，這種艱困實在也不可太久支撐的。自我們有了雅禮、亞洲協會、哈佛燕京社等機構之幫助，我們才有今日的發展。以前只是美國人幫忙，現在連英國人也來幫忙了。我們也不必把這些外面的幫助看作是恥辱，沒有人能夠獨立自存的。我們辦此一所學校，就須放開眼光，看遠些，看大些，不要認為此事業可由一兩人來辦，須得放進大處公處，我們實在是不能關起門來自己辦一間成功的學校的。

我們常說：「新亞已沒有了桂林街精神了。」當我們搬到嘉林邊道時，便有人說我們沒有了桂林街精神。現在搬到農圃道，更沒有桂林街精神。但我們也須知道，我們不能夠永遠停留在桂林街階段的。像一小孩呱呱墜地，不能永遠是一個小孩。他要成長，要做大人，要有發展。事實上當我回想到桂林街時的情景，真像做了一場夢，不勝感慨。現在好多同學都未見過桂林街時的我們這所學校，是什麼樣子，而且也無法想像。只有我們身經其事的始能知道。我們實在不能，也不應永遠留在那一個階段。我們學校發展到今天這樣子，也不過仍是一初步而已。我們還該有前途，到那時不是更變得厲害了嗎？變，是必然的，無可避免的。我們不要害怕變。一個小孩子一定會變成大人，不能要他永遠作小孩子。我們今天，可說那小孩子已由家中走了出來，進了小學。將來進中學，進大學，還要結婚，生兒女。我們當然要叫他不要把父母親忘掉，但父母親可也不能永遠跟在他身邊。他要離開父母是必然的。只心中不忘記他們就是了。

但這小孩漸漸長成，在他心中也該明白，他自己將來要成為一個什麼樣的人。由小學、中學、而大學、而出國留學，由學士而碩士而博士。但不能永遠如此的，到他三十歲左右，就該有一個定形。此後的發展，也只是就此定形而發展了。

我們學校也一樣，也得要有成長發展的。現在我們學校實在還未到定形的時候，我們也得想想，我們這新亞將該變成什麼一樣子。

但無論如何，她都得向前，不能後退。

而一直往前，究往何處去？這卻是值得我們深思的。

這在事實上我們雖不能逆料，但我們一開始，便有一個宗旨，這宗旨卻不可失。若失了，便如那小孩子已死去，更無存在與發展可言。

前途有大風大浪，是不可能完全避免的。我們不能要求天無風，海無浪。遇著大風大浪仍得向前。我們今天像是一條船已出了港，但距離大海卻仍遠，實在還未見過真正的大風浪。但大風浪就快要到來的，像我們今年國慶不許掛旗的那件事，據我想不過是個小風波而已，將來一定還有更大的風波。到時我們也不必害怕，只要能掌持那個舵，定下一個方向，奮勇直前，不斷努力，就是了。

新亞之在變，不須我詳細說。如以前同學們全由大陸流亡而來，現在的同學差不多全是香港的中學畢業生。以前在學校裏見了面，人人認得。今天人很多，在學校裏見了面，就有許多彼此不認得。這也是一種變。更大的，我們以前是關起門來辦學，現在卻和社會和國際都有來往，有交涉，不能老由我們幾個人來辦，這不是大變嗎？

新亞是在變著，但無論其變成怎樣，在變著而未定形的時候，在發展而未臻完全成長的時候，我們就得記住《中庸》上的話，使「喜怒哀樂發而皆中節」，以求其得一「和」。這是應該的。小不忍，亂大謀，只從得不到和而起。

只要我們自己有一個理想，這是很重要的。不然的話，人向東，我也向東。人向西，我也向西。在小局面之下，似乎也無不可。但走到了大地方，人多了，有人向西，有人向東，那時候你該跟誰才好呀？我們得有宗旨，得有理想。縱使在現實中遇著艱困，碰了壁，仍得有自己的努力處。守此「中」，才能求此「和」。有此「誠」，才能獲此「明」。我們要存在，就得跑出來，求發展，不能永遠都關在家裏。無發展即無存在，而發展則必跟外界接觸，就得注意那「和」了。

我這一次在外八個月，有一個極深的感想，就是我們國家民族不爭氣，千言萬語只此一語。這是千真萬確的現實。我們要有理想，但理想永遠無法脫離現實。理想必須走進現實中，而理想與現實間又永遠有一個距離。我們就只得一步步向前，這須大知大勇，須自己能時時反省，時時努力。

我今天這番話，請同學們大家好好去體味，去認識。

（民國四十九年十月二十五日）

中國史學之精神

（本文為錢校長民國三十九年在新亞第一次文化講座講詞，原為唐端正先生筆記，近經孫鼎宸先生加以整理。）

諸位先生：今天所講的題目是「中國史學之精神」，本人對此問題之研究，本很淺薄，現就粗淺所知，和各位談談。

人類的知識對象，大別可分為自然和人文兩界，前者即成為自然科學，後者則成為人文科學。對自然界之研究，均從其量方面著手，故自然科學以數學為基礎。對人文界之研究，須從人類的生活過程著手，故人文科學以歷史為基礎。中華文化，在今天整個世界的學術界裏，能佔一席地位，並對於人類文化有極大貢獻者，正為中華之歷史。為什麼說中國的歷史是世界各國中最輝煌的呢？其理由有三：

（一）中國把史學完成為一種專門學問之時間最早。

（二）中國人對史學興趣比較其他國家民族為濃厚。

（三）就份量言，中國人的歷史記載最稱完備周詳。

我們可以相信，當人文科學有較高的發展，而對人類生活過程要作深一步的研究時，只有在中國的史冊中，才可以找到更滿意的資料。它不獨很完備地詳載著人類悠久的史實，並包含有廣大的地區和眾多的人口為其對象。因此，這份寶貴的史料，我們必須為人類好好保留著。特別是我們中國人，更應該給予這份歷史以廣大與深厚之愛護和珍惜。

歷史是記載人類過去生活史實的。雖然記載像是省力，但在記載以前，對史實的觀察，卻是吃力的。我們寫歷史，必須先經過一番主觀的觀察，即對此史實的看法，直到對此史實之意義有所瞭解以後，才能寫成為歷史，故世界上絕無有純客觀的歷史。因我們決不能把過去史實全部記載下來，不能不經過主觀的觀察和瞭解而去寫歷史。若僅有觀察而無瞭解，還是不能寫歷史。我們必須對史實之背景意義有所瞭解，並有了某種價值觀，才能拿這一觀點來寫史。故從來的歷史，必然得寓褒貶，別是非，絕不能做得所謂純客觀的記載。

歷史不能和時間脫離，時間有過去現在和未來。一位理想的史學家，由其所觀察而記載下來的歷史，不獨要與史實符合，且須與其所記載之一段歷史之過去未來相貫通。若不能與過去未來相貫通，此項記載亦絕不能稱為歷史，而且也不能有此項之記載。若寫史者觀察錯了，瞭解錯了，因而記載的也錯了。此將成為假歷史，不能盡真歷史之責任。寫史有史法與史義，如何觀察記載是法，如何瞭解歷史之意義與價值為義。如何獲得史義，則須有史心、史德、史識。惟其有史家之心智，才能洞觀史實，而史心須與史德相配合，那樣才能得到史識。

中國人向來所講的史法和史義是怎樣的呢？現在我們先講幾位中國歷史上有名的史家，來做說明。第一我們講到孔子。也許各位會奇怪，怎麼孔子是中國的史家呢？其實，孔子自謂：「我非生而知之者，好古敏以求之者也。」他就是由於研究古史之經緯，而集成一家之學問的。《論語》云：「夏禮吾能言之，杞不足徵也。殷禮吾能言之，宋不足徵也。文獻不足故也，足則吾能徵之矣。」又云：「子張問十世可知也。子曰，殷因於夏禮，所損益可知也。周因於殷禮，所損益可知也。其或繼周者，雖百世可知也。」可見孔子歷史眼光之深厚遠大。孔子作《春秋》，「其文則史，其事則齊桓晉文，其義則丘竊取之矣。」孔子為魯人，而他作《春秋》已能著重兼寫齊、晉等國之歷史，可見他早已從國別寫史之範疇躍進，而以整個國際的眼光來寫世界史了。這不是人類歷史上一番驚天動地的偉大創作嗎？孔子以一列國諸侯間平民的身份，僭越他當時天子之事而來《春秋》。他自謂：「知我者其惟《春秋》乎？罪我者其惟《春秋》乎？」其心底之所隱藏亦明矣。直到西漢司馬遷，自承其寫史乃學自孔子，又謂《春秋》「是非二百四十二年之中，以為天下儀表。貶天子，退諸侯，討大夫，以達王事而已矣。撥亂世反之正，莫近於《春秋》。」孔子《春秋》是非二百四十餘年，雖天子亦有貶，諸侯有退，大夫有討，不問其上下尊卑，據義直書，為的是要達王事。《春秋》之義，司馬遷此處說得極明白，故中國人作史之大義，實肇始於孔子。其後史遷作《史記》，不以孔子為列傳，而特為世家以表尊異，是亦據史遷一家之史義而致之。

其次，如何才能寫得客觀之歷史，這便是關於史法的問題。要得客觀之歷史，必須有客觀之分析。此不獨研究歷史如是，即研究自然科學亦如是。中國史家對寫史有編年、紀事、傳人三體。《史記》分十二本紀、十表、八書、三十世家、七十列傳。書體原自《尚書》，表和本紀學自《春秋》，世家、列傳則為史遷所創。史遷自謂：「究天人之際，通古今之變，成一家之言。」而他自己的史學修養，確能達到這三項目標。今人寫史而能通古今之變，即已了不得。中國人理想中的寫史，不僅要說明歷史如何變，更要分析著年代、事蹟、人物，而客觀地苦心孤詣來寫。所謂究天人之際，通古今之變，這已不僅是歷史範疇，而且已超入哲學的範疇了。

今人寫史多效西洋寫法，又多藐視中國二十四史，謂是皇帝之家譜，此話實在太不確當了。因本紀只以皇帝來作紀年，所紀之事，則乃國家之事，非皇帝一身之事。凡有特別表現之人物，均有寫一列傳之可能。又如《史記》八書中所載河渠之事、封禪之事等，難道也只是皇帝家譜嗎？班固著《漢書》，於八書外更加上了〈地理志〉和〈藝文志〉。〈地理志〉是講地理的，〈藝文志〉是講文藝的。把其時和以往的著作纂成目錄，分類寫出，說源流，明得失，難道這也是皇帝家譜嗎？其後更有《通典》、《通志》、《通考》等。杜佑《通典》分食貨、選舉、職官、禮樂、兵刑、州郡、邊防八門，實為一研究政治制度之完備史冊。鄭樵《通志》有二十略，即氏族、六書、七音、天文、地理、都邑、禮、謚、器服、樂、職官、選舉、刑法、食貨、藝文、校讎、圖譜、金石、災祥、草木昆蟲。鄭氏平生精力在此書中，有許多創見，其史識之卓越，即其所標舉之二十略而可見，此誠世界僅有之偉大鉅獻。

近代西洋人寫史，知從自然開始，先天文、地理、生物，然後再研究到人類之語言文化等。我們中華則一反其道，如鄭樵《通志》，其所序列先依人生本身為中心，故首為氏族，而六書、七音，再及天文、地理、都邑。此即見中西史識觀念之不同。我們史學發展，越後越盛。宋代人寫史者最多。但明代人已很少能寫史。清初人轉而為考史。迄清代盛時，更轉而講經學。僅有章學誠寫了一部《文史通義》，其中心思想為「善言天人性命，未有不切於人事者。人事之外，別無義理。」（引〈浙東學術篇〉）故謂「六經皆史」。章氏又謂：「史學所以經世，六經同出於孔子，先儒以為其功，莫大於《春秋》，正以切合當時人事耳。」此語亦可見中國之史學精神，在能經世明道，固非僅託空言。孔子謂：「未知生，焉知死。」治史即知生之學，能明史，自明天人之際，與古今之變矣。

（已收入《中國史學發微》）

第二期新校舍落成典禮講詞

諸位來賓、諸位同仁、諸位同學：

今天本校舉行美國雅禮協會捐贈本校第二期校舍建築落成典禮。我首先要代表本校全體師生，向美國雅禮協會表示我們誠懇的感謝。

新亞本是一所流亡的學校，在經濟上絕無憑藉。七年以前，美國雅禮協會代表盧鼎教授來香港，開始決定由雅禮協會按年對新亞給予一筆經常經費的援助，那時我們才能由桂林街擴展，物色新校舍，在嘉林邊道成立了新亞書院之第二院。逾時兩載，即由雅禮協會於按年之經常經費之補助外，又為我們另募款項，開始建築我們此刻在農圃道的新校舍。於一九五六年落成，即於是年秋季始業，正式使用。我們由桂林街及嘉林邊道轉來農圃道，這是我們學校開始邁進新里程之第一步。今年是一九六〇年，距離我們第一期校舍落成僅隔四年，我們又見到第二期新校舍之落成。這一切，全是雅禮協會之美意樂助。我們學校得有今天之規模，可說完全是雅禮協會之所賜。倘使沒有雅禮協會這幾年來對我們之協助，我們將會仍在桂林街，這幾年來之種種進步，可能全不能實現。

進一步，說到雅禮對協助新亞之精神與動機方面，更值得我們特別提起。雅禮之協助新亞，其主要動機，完全在同情新亞之教育理想與教育精神，而無條件的施予種種援助。這幾年來，新亞雖靠雅禮之協助而獲得發展，但雅禮對新亞，則絕不干涉其一切內政與向前之理想。換言之，種種事業是屬於新亞的，而支持這一分事業的力量，則來自雅禮。雅禮協會只從旁協助，在雅禮似乎是只有施與，並無獲得。在雅禮所獲得者，似乎只是像今天般，聽到我們說幾句感謝的話而已。

我要在今天特別提起者，便是雅禮協會方面的這一種精神。這一種精神是至高無上的，其意義與價值是難可計量，難可言述的。我們知道雅禮方面的這一種精神，由於其宗教信仰而來，我們也可說這便是一種耶穌精神。在新亞，我們所懸為我們自己的教育宗旨與教育理想之主要方面，是想提倡中國文化，而更進一步來謀求中西文化之交流與調和。在中國傳統文化裏面，也正十分看重著我上述的這一種精神。

因此，我要說，雅禮這歷年來對新亞之種種協助，不僅在物質上表現了，在精神上也同樣地表現了，而且更深切，更實在。雅禮方面之種種施予，實在便是雅禮精神之十足表現，十足完成了。

但回過來說到新亞，我們得人信任，受人協助，我們自身方面，對我們的教育宗旨與教育理想，究竟表現了幾許？完成了幾許？這是值得我們今天在向雅禮表示我們誠懇的感謝外，該反身自省，來切實檢討我們自己，鼓勵我們自己的。

若我們對自己所標舉的理想與宗旨，自己無所成就，只憑著我們幾句空話來博人信任，獲人援助，那在我們的內心上，將感到是何等的一種愧疚呀！

在雅禮可以只有施予，不求報答。但在我們，將何以自處？這是我們新亞全體師生所應時時互相警惕，時時互相鼓勵的。

讓我趁今天機會，歡祝雅禮精神不朽，歡祝新亞前途無量。

（民國四十九年十一月十二日）

從西方大學教育來看西方文化

民國四十九年十二月十一日

應大專公社邀請作學術講演之講辭

諸位先生：今天我本來要講的題目是：「對西方文化及其大學教育之觀感」。我想這個題目太大，不好講。所以改講：「從西方之大學教育來看西方文化」。

我們在討論文化問題時，應具兩種心理上的條件：一是平等。一是客觀。我們對於一切文化，皆應有平等觀與如實觀。我們應知世界上各種存在之文化，必各有其意義與價值，不然如何得以存在？我們第一步應懂得承認它應有的意義與價值，第二步是來認識其意義與價值究竟是一些什麼？此方為我們應有之態度。

任何一文化有長處，亦必有短處。在我們求認識討論某一文化時，首應認識其長處，不必多注意或挑剔其短處。世界各文化當互將長處相調融發揮，如此方可有一新文化出現。即使要批評某一文化之短處，亦應自其長處去批評。例如：批評一音樂家，應自音樂上去批評，不應批評他不善於運動。其次兩種文化相較，必有異同。我們應注意其相異處，不必太注意其相同處。

我們研究或討論文化問題，應具此二條件，然後世界方能希望有新文化出現。不應主觀地認為人家的不好，自己的纔好。但是反過來像我們「五四」時代之認為人家都好，自己都不好，或如今天之共產黨徹底奉行馬、列主義，認為其他一切全不好，則皆荒唐之至。

我今天特別側重講西方的大學，並由之來看西方文化。

講到西方大學，我們不得不承認西方大學之偉大。此可分兩點來講：一是其大學歷史之長，一是其大學規模之大。

像美國的耶魯與哈佛，英國的劍橋與牛津，它們的歷史皆較其國家政府為長。美國耶魯大學建校已有二百六十餘年，哈佛更超過了三百年，但美國開國卻尚未及二百年。英國之牛津、劍橋，則在西方中古時期即已建立。此乃我們應注意之第一點。

第二點是西方大學規模之大。如上舉四大學，皆以其學校為中心，而成一「大學城」。亦即是，其大學本身即成為一很像樣的城市了，此外乃附帶於此大學而存在者。這種情形，在我們社會上不容易看到，此亦可算為歐美大學之特點。

如此歷史悠久規模宏大之大學校，卻都是私立的，在他們背後，並無政府或公家在支持。他們開始時，僅是少數幾個人，附帶著少數學生，那是小規模的，一個小團體。此少數創辦人，亦並不是有名偉大的人物，只是抱有某些理想的一些普通人。先是成立了一個個不同的學院(College)，後來才合併在一起，稱做大學。University 一字之本義即是：將一切合成為一個。此等大學在開始時是私人的，後來可稱為團體的，乃是私人與私人間相結合而成為一集團。西方大學開始都是私立的，是在社會中之一個社團。而此一社團、其事業可維持下來一二百年，甚至五六百年。不僅不破敗，抑且更進展。這是一件了不得的事。此種社團，其活動能維持下來，較諸國家政府尤為久遠。國家政府變了，而大學仍然繼續存在。此種情形，只要我們一讀英美國家歷史即可知。這一點我們平時不注意，只看到如此一個像樣的大學，卻不問其如何來的。

其次我們應知者，厥為西方大學開始時乃是宗教性的。略讀西洋史的人，皆可知此一事實。中古時西方之修道院、禮拜堂與大學，乃三個性質極相近之宗教團體。西方人之所謂教育，乃從教堂中分出。在英國牛津或劍橋，每一學院即有一禮拜堂，禮拜堂是此學院之中心，附近四周圍著許多建築。直至今日，牛津、劍橋仍保留著他們幾百年前的古舊原貌，並無多大變化。我最近至牛津時，牛津校方因英女皇要來參觀，而其校舍建築石砌的牆壁皆因年久，表面已呈剝蝕狀，他們將石牆外風化層加以刮磨，重加粉飾。牛津、劍橋中人，每以其所保有歷史悠久之古老建築為榮。現牛津城設了一汽車廠，遂將此大學城一半變為工業城，牛津教授們覺得甚為討厭。又在增建新學院時，校方有兩派的意見爭論著，一派堅持保存古貌，一派主張參用新式，彼此爭持不下。美國耶魯大學之建築，亦都是中古式的。其新建築尚未到一百年者，但亦模仿古老式樣。西方人看重古老氣氛與其舊的傳統，特別在大學中表現尤顯。

我在哈佛時，居住在該校之貴賓室。那是一個二層樓八間房之小型建築。他們說：此屋極有歷史價值。其貴賓簽名簿上，極多美國或世界上之著名人物。此建築最近曾依原樣遷移一次，從街道那邊遷到街道這邊，耗資甚鉅，而仍完全保留其古樸的式樣，毫無改變。若使拆舊建新，至少可省一半經費，而且可更是摩登好看些。西方人們甚注意歷史傳統，至少在大學方面是如此。但中國今日則只知新的有價值，舊的全不要，這正可成一極端之對比。

美國大學中尊重歷史傳統，又可於下述一事看出：為了遵守學校原來規定，至今不准男女同校。乃於大學內另辦一女校，以變通辦法來收納女生，此種情形亦可謂是甚可笑的。我們應知西方大學，乃自宗教開始。故於大學傳統上，有其宗教精神，即是有一宗教信仰而創始。其後方漸發展成為今日之大學。近代中國大學，自開始時即與西方大學不同，故無法講歷史傳統。

西方大學，第一是有其悠久的歷史，第二是由私人自由結合而來。由於後者，故歐美大學皆保有一自由精神之傳統。此一自由之集團，不依附於政府，不依附於社會任何一部門，此乃獨立於政府及社會各社團之外，而自成一社團者。

另一方面，西方大學是極重職業性的。讀西方教育史，可知西方大學在初期時最要有：神學、哲學、法律、醫學等科。前二者可在教堂中服役，後二者可以走出教堂作謀生之用。青年們進入大學時，先有一宗教信仰。走出大學後，又有一專門職業。職業則必將是專門化的。教授在英文中是 Professor，這是專家的、職業性的，亦是一信仰的。為一信仰發言，或宣誓、決定，亦名為 Profession。故西方接受大學教育之青年，乃是一有信仰、有職業者。關於此信仰與職業之知識與技能之傳授人，即稱為 Professor。一般青年人跟從聚居，遂成為 College，後遂逐漸合併成為一大學。自此處，吾人亦可了解西方文化之某種特點所在。

西方大學中，因其規模宏大，致使一人進入大學，乃致無法能懂得或了解此一整個的大學。如某一人驟然走進大學，其首先注意者，厥為此大學之建築。其次所看到者，乃其裏面之設備。如擁有規模宏大之圖書館、博物館、科學館、實驗室、體育館等，凡此種種，皆極像樣。觀其學校之建築與設備，便可知此一事業絕非能於一短時期內建成。但是諸位須知，彼等僅是一集團，集團中人常是在變換的，而此事業卻不斷在進步。無一人能完全懂得此學校，但此學校各院科系俱全，能不斷在各方面發展。此絕非一人之事，亦非一人之計劃可成。此一事業乃是屬於一團體，而此一團體之歷史則綿延久遠，乃出人想像之外。

我們可再看西方大學之規模，各個學院、學系之分張與配合。自其建築、設備、規模觀之，皆極複雜，何以能合成一大學？則我們非進而研究其組織不可。若無一健全之組織，即不可能有此分張發展之成績。

西方人喜講法律、制度，我們應知制度是死的，要尊重此制度，遵守此制度，此制度方可發生效力。故在制度之背後，我們必要講及其精神。我對西方大學之看法，乃是從其建築、設備、規模來研究其組織。又將其組織與其歷史配合起來，而尋求其精神。我認為如此，乃了解西方大學之代表西方文化之所在。

在西方人或自認為極平常，但自我們視之，則見為不平常。反過來說，亦有中國人自己認為是極平常者，而在西方人眼中則認為不平常。我們研究文化，該從此等處著眼。我現在來講他們的精神：前面已說過，今天西方大學從歷史淵源言，是由一種宗教精神、自由組合與職業訓練三者配合而來的。最先是私人的，私人結合成為集團，集團更擴大成為事業。此事業乃由集團所推動而主持者，而此一集團乃創始自幾百年前，並可延續至幾百年後。今日其集團中之人，已非昔日之人，集團亦成為一抽象名詞。私人在此一事業、集團中，其地位確已微乎其微，每一人乃是屬於此一集團、事業者。此是私人參加了此一事業，而絕非此事業是我的，或我們的。

我在耶魯領受其名譽學位時，一美國友人某教授，他大聲對我說：「你今天是耶魯的人了。」此在美國乃極普通的一句話。然此話涵義，正見：我是此事業的，而事業則不是我的。

許多人講文化，都說中國文化向內，西方文化向外。此處所說，彼等所看重者，乃在其事業，而絕不是在某一私人。這亦可說是向外的。

在美國，工人階級每月可得工資四百至五百美金，大學教授可得八百至一千美金，僅多一倍。中國抗戰前，在北平的一個大學教授四百銀元一個月，用一僕人月薪不過四元，相差幾一百倍。這亦可解釋為，中國社會有尊師重道的精神。美國大學中任何發展，儘先皆在建築、設備上，而絕不用來增加教授們之薪金。此一精神，亦可說是他們看重事業不看重人。

我們又說，西方人是個人主義者，但此亦可說西方人主要只是在其事業、集團中，服從而自盡其職責。此亦是一種個人主義。

西方人在學業中之地位，亦正如其在事業中。每一教授，其所治之學，則只是學海中之一滴。各人只埋頭在各人的一門專門知識上。故每一教授，在其大學全體事業與學業分張展開之大組織中，真是微乎其微，各人只自盡各職。此亦可謂是一種個人主義。

西方大學對於整個政府或整個國家，有時似乎並不很關心。而學校對於每一教授們之言行，亦多認為是他的私人行動，與學校亦無關。此仍然是一種西方精神。中國留學西方的雖多，然上面所指出的西方精神方面，似乎未能學到。

今日英美大學最大之變，乃在其自宗教變而向科學。理工科方面貢獻日大，而宗教精神則日見淡薄。於此情形下，科學日益專門化。但對於人文學科方面而言，我認為在西方大學中頗為吃虧。如文學、史學、哲學等，都是不能太嚴格區分的，愈分愈狹，則所得愈淺。昔梁任公嘗提倡「窄而深」之研究。其實人文學科窄了絕不能深。自然科學，愈分而愈精。人文科學與自然科學不同。後者是前人之成績，今人可學而接受之，而更自此向前。前者如文學、史學、哲學以及繪畫、音樂、雕刻諸藝術，都不能說通曉了前人的，接受了以前成績再前進一步。人文學科只求能懂得，慢慢地吸收、消化、匯通，卻並不能繼漲增高。進入大學中，學人文學科的學生，最理想是懂得前人的，卻並不能要他定要再進一步，超過前人。物質世界可以日新月異，精神世界則否。西方大學中，將人文學科與自然學科等量並視，是會出毛病的。

尤其是進入了研究院讀博士學位，必須寫論文，而此項論文，必求其有新貢獻。此一觀念，實不妥當。學科學可以常有新發現，學人文學科卻不然。既是分門別類太狹了，又要求新發現，在鑽牛角尖之下，而所得的發現弊病實大，對社會卻會毫無幫助。

美國最近有一團體，曾廣泛調查了五十個大學的學生，來做一關於他們所有世界地理常識之測驗，答案用百分比來統計。結果發現了今天的美國大學生，連美國五十個州都弄不清，他們對世界地理簡直可說毫無所知。非僅對東方，即使對西方亦然。此見大學中各科系皆專門化了，便易造成普通常識之缺乏。在美國民主政治之下，而其最高知識份子，常識日見低落，此可謂危險之至。

又有一關於美國學生英文程度之測驗，結果亦發現有逐年低落之現象。此因美國大學中，並無一普遍加深語文訓練之課程，故其一般的英文水準亦日漸下降。此種不注重通才，只注重專家的大學教育，結果造成了許多沒有一般性常識的青年，以及沒有高瞻遠矚眼光的領袖人才。此乃西方大學之短處。

然此種短處何以不在西方社會中顯現其嚴重性？此乃由於西方社會賴有四柱支持，即：一、宗教；二、法律；三、科學；四、民主政治。一個青年在學校中隨便學一點專門知識，在進入社會後，社會另有一軌道，讓他們依從。在學校中儘可自由，一進入社會，即有此四大柱子在範圍著。至於所謂領導社會前進的領袖人才，美國大學似乎是漠不關心的。只待他們在進入社會後，自己表現。

諸位應注意，在我們則並無有如西方社會中之宗教、科學、法律與民主政治那四大柱。西方大學教育，乃由西方歷史在西方社會中產出，來教育其本國青年者。今天中國青年至美國後，多能發現美國缺點，而大肆批評。此種情形，與前不同了。不僅中國人如此，其他所謂落後國家之青年也如此。或許他們對美國之批評，比中國青年更甚。此輩青年返國後，他們所學得之專門精細的科學，或許無施用之處。而在人文學科方面，也多不能適用於他本國的真實問題上。此乃大堪注意的問題。

倘使諸位到外國欲讀人文學科，最好應先在國內多讀幾年書。先有了一個自己的根柢，到國外始知抉擇。今天在美國幾間大的著名大學中，欲一去便得全部獎學金是不容易的。中國留學生去美國，每藉暑期幾個月的假日來做工，以補助其日常生活費用之不足。我認為，若將在美國暑期時之辛勞工作精神與其所耗時間，能在國內發憤讀書，所得成績也絕不會定差於到美國去留學。另一方面，我希望準備出國之中國青年，應懂得到外國該學些什麼。我在美國時，曾遇見許多新亞學生，他們多請我勸告在香港的同學們，切勿急於想出國。這意見是很對的。

由於西方大學教育本非為中國社會而設，故昔日中國留學生返國後，多肆意批評中國社會。但今天的中國留學生，在美國長期居留了，又多批評美國。且中國人在美國，還多是聚居在一處，生活上雖然改頭換面，實際上還是中國那一套。此乃由於中西雙方文化不同，美國文化之長處未必都能配得上中國的情勢。至於我們是否應有一理想的教育環境，來培養自己的青年，這是一個值得我們研究的問題。

前幾年，我到日本去，日本友人曾告訴我，他們的貧窮子弟多喜研究科學，蓋於離校後可謀一職業。至家庭富有者，便可多學文學、史學、哲學等。在中國適相反，一般的中國青年，都對人文學科提不起興趣。這事大可注意。我以為倘有興趣學人文學科，與其赴美國，倒不如往西方人文科學肇始處之歐洲、英、法、德諸國。不過亦有一位歐洲老留學生對我表示，中國學生素來自由散漫，應該令其赴美國學習他們的緊張生活，來西歐便連這一點可能希望也沒有了。總之，只要自己能學，即到任何一國皆可，在本國亦何嘗不可。若自己不能學，一味依賴他人來教，則西方大學並非專為適合教導中國青年者。固然西方文化長處甚多，但短處亦不少。

在日本，青年出國的較少，且在國外所得之學位，日本政府亦不予承認，非重行考試不可。此亦一可資模仿之點。

諸位若有欲出國留學而機會不許可者，應先學習國外留學生之工作勇氣與刻苦精神。有此一勇氣與精神，何處不可找工作？何處不可求學問？至於學人文學科者，則更不妨在國內好好地多讀幾年書，那一樣可以充實自己的。

讓我們過過好日子

民國四十九年除夕師生聯歡晚會上致詞

諸位來賓，諸位先生，諸位同學：

我們新亞書院自從開創以來，每年除夕，照例都有一個聯歡晚會，而且很重視這個聯歡晚會。這是因為我們的教育宗旨，一向提倡為學做人兼顧並重的緣故。如何做人，如用淺白一點的話來講，就是教你如何過日子。教你要學如何過好日子，如何作好學問。你得先會學了如何過好日子，才會能如何作好學問。再進一步說，如果我是各位的家長，各位不作好學問尚可；若不得過好日子，則我必心感十分難過。

諸位同學或者會說，好日子誰不會過？祇要金錢物質條件充足，誰都會安排自己的生活，過得舒舒服服。但我要提醒各位同學，日子全都一樣，只你會過便好，不在乎物質條件上。舉例來說，我校當初在桂林街時，每年的聯歡晚會，總玩得興高采烈，氣氛非常之好。而且有人親口對我說，我校自桂林街遷到嘉林邊道，又自嘉林邊道遷到新校址，所過日子反不如從前。似乎以前那般好的氣氛，好的情趣，都沒有搬過來。這就證明，過好日子，不靠物質條件，端在你如何過法。

又譬如一些兒童們，每過一年，長了一歲，欣喜非常，急望做大人。而年長的人，又每每回想起兒時歡樂，不可復得。各位現在在校讀書，常盼望畢業離校。但畢了業踏入社會的人，又回想到在校生活時的快樂幸福。人生不可能常做小孩，進學校讀書也不可能老不畢業。至論過日子，也並不是童年與學生時代才能過得好。任何人，只要會過，便都有好日子。

今天我且談談如何過日子：我又要引《論語》上的話：「子曰：志於道，據於德，依於仁，游於藝。」過日子，第一要懂得道理，不懂道理，是不能過好日子的。第二要根據德性修養，壞良心，壞脾氣，也不能過好日子。第三是依於仁，人不能離群獨居，不能單獨一人過日子，在家有父母兄弟姊妹，出外有同學同事朋友。一個人不能偏愛己身，應開曠心胸，汎愛眾而親仁，而後才能過得好日子。第四是游於藝，過日子要多花樣，要多才多藝，使日子過得多彩多姿。

本校此後將更多鼓勵同學們課外游藝。除原有的不提，新近開始了太極拳班，明年又將添開中國古樂研究。希望今後各同學在畢業時，皆有一種課外游藝之專長，能有兩三樣更好。

中華民國四十九年將快過完，同學們想過好日子，請即從目前開始，並不一定要等待明年。

能把捉住舊的，才能迎接那新的。

今晚的聯歡晚會，節目很多，主持大會的同學，現將節目守祕不宣。諸位立刻有好戲看，我不再多說了。

課程學術化生活藝術化

民國五十年元月二十日本校第三十七次月會

各位先生，各位同學：

我在未講正題之前，先向各位報告一件事。即本校歷年春季，皆曾加入一次濟貧運動，今年又已經本校各同學團體聯合發動了。前兩天，又適逢紅磡山谷道木屋區大火，千萬災民流離失所，我們救濟的對象又增重了，一是貧民，一是災民。我今天特在此月會上提出，希望各位先生、同學，慷慨解囊，比往年更踴躍。

今天，是本校民國五十年第一次月會，俗語說：「一年之計在於春」。我們在這一年之首，應該對上年有一個總結，對本年作一個展望。

我記得去年此時，我正要離校，為歡迎吳副校長、程訓導長、研究所謝教務長和導師潘重規先生，特地召開了一會。當時我曾說：希望此後本校能逐漸走上制度化。因學校擴大了，制度化最是需要。但此非一人之力所能，必賴全校師生的共同合作。

在去年一年中，舊的制度有修改，新的制度有增設，進步甚堪滿意。今後盼循此基礎，真使學校能達到制度化的目標。

當然，我們辦學並不是為了要創設某些制度，制度只是幫助我們達成辦學的目標。我們辦學的目標是甚麼呢？那顯然是為著教育了。我曾屢次說過，我們要有優良的校風與優良的學風。我們的校風尚好，學風則仍待改進。

我們所需要的制度，並不是單在行政方面，而須連繫貫徹到全校上下，自校長、教授、職員、學生以至於校役，全體都配合上，要使制度能助成此優良之校風與學風。我們的行政要制度化，我們的課業則須學術化。譬如說，同學們選一門課，應該使這一門課成為一個研究集團，選課的同學，即是此集團中一研究員，是來研究這一門課程，這一門學問的。現在諸位上堂多數只是聽課，等到考試時，便把聽進去的搬出來應考。畢業以後，屢有人說，他以前所學的現在都還給先生了。這話也很對，因為他在學校時，祇是把教授所講的聽了、記著，把來應考。畢業後不再要應考了，自然可以把以前聽的還給先生了。因為他之所聽只是先生的，不是他自己的。假如同學們能改變此習慣，都抱著研究的態度來上堂，來自作研究，而把所學消化成自己的，那就再也還不得先生了。

學問正要學要問，聽了記著這不是學問，須自己在學、在問、在研究，有了心得，那學問便是自己的。因此同學們選課，須先改變心理，不是來聽課，而是來做學問、作研究。如此在心理上改變了，始有好學風可冀。

我們學校初辦時，行政教務力求合一，因此教授的精力，都分散在行政上。今天學校擴大了，開始要把教務行政分開，希望每一位先生都能用他自己的研究精神來領導同學作研究。每一位教授擔任一課目，只是在此一研究集團中作領導。同學們在研究，先生自己也得在研究。須在精神上作感召，纔能有深切的影響。

我們這兩年來，出版了新亞書院的《學術年刊》，專為發表先生們的研究成績，今年的第二期似比去年的第一期有了進步。此後盼望第三期、第四期，逐年能更好。這是表現本校先生們的研究精神與成績的，也是先生們來提倡學校研究風氣的一種具體表現。

去年開始，本校定了一個新制度，希望每位先生都有一定時間留在學校，方便同學們請益。在每位先生辦公室門上都有一張卡片，寫明某先生的在校時間，希望同學們都能利用這時間。這是向先生請益一絕好機會，諸位在課程中發生問題，多向先生請教。這樣，先生除了上堂教課之外，在堂下又要花費一部分時間與精力，來指導同學研究。

今後並希望每位先生就其擔任的每一門課，都須選定一本兩本，或更多本參考書，指導同學們課外閱讀。這事當然也有困難，以前我在大陸教書時，學生們總問該用何項參考書，但我總很難給他們滿意的答覆。例如：中國通史、中國文學史，在當時就找不到理想的參考書。只有變通辦法，分別指定在某些書中閱讀某些章節。如講中國文學史，講到杜甫，便指導學生去閱讀有關杜甫的某些詩篇。我想這辦法現在仍然可用。如一門課程找不到理想的參考書，不妨分別指定某書某章作參考。總之，盼望同學們能在課堂外，有自己尋求閱讀的工夫。

為了配合全校師生們的研究，我們的圖書館不得不儘量想法擴充改良。這件事除了學校盡力之外，同學們也負有責任。就目前論，本校同學的看書風氣仍然不很好，圖書館的閱覽室很少滿座。有時疏疏落落，像是空蕩蕩地，這不是一件好事。這兩年來圖書館晚上也開放，但晚上看書的人數也不多。空言提倡不見效，只有想辦法來逼逼我們同學們都去圖書館。學校自去年起，開始盡力執行借書逾期歸還罰款的章程，那項章程，目的並不是為了錢，而是要逼同學們按期還書。如果一個同學借了一本書，久不歸還，別的同學再去借，就借不到。如是經過幾次借書碰壁，白跑之後，必然會掃興，不耐煩再去圖書館。因此規定同學借書，必得定期歸還，別的同學即使一時借不到，也可讓他知道，這本書幾時可以回到圖書館，幾時可以由他來借去。

又，同學借書，應該當心愛惜，不應折角、塗污、做記號等。此事不僅保護了書本，亦是養成了看書人自己的德性。而且圖書館藏書常新，亦是鼓勵後來同學們讀書興趣一方法。又如同學們借書遺失了，那更是不好。遺失一本書，要照補一本，這須浪費很多館員的精力與時間。同學們千萬不要認為遺失一本書，是等閒小事，只照價歸還便算了。但試由同學們自己照樣去買一本書還圖書館，便可了解，這樣買一本書，除卻買書的錢財外，要花多少的精力與時間了。我以上所說，便是告訴諸位，學校訂制度，用意都在為諸位著想，都為諸位的學業著想。許多制度之用意，也只望學校能養成出一番好學風。

此外，我更想此後同學們要注意養成表現的風氣。如讀書要記筆記、寫報告，這亦是一種表現。此後學校諸位先生都要令學生交課外筆記及讀書報告，或課外論文。這是同學們自己讀書研究的心得與成績，但卻不是考試，也可不記分數。

我想，最好是每一系，每一課程，都能有讀書報告，或課外論文習作。由任課先生擇優送學校保存。如是幾年之後，積存多了，每逢校慶日，可以開一個展覽會，同學們可以互相觀摩。這些成績保留上五年十年，就可看出我們學校究是在進步或退步。年年有一比較，舊同學可以激勵啟發新同學。如是五十年、一百年，單是這項成績，也可成一個圖書館。這圖書館中表現的便是新亞精神，便是新亞的學術精神。這不是要求人知，只是要有成績，有具體表現。

除提倡同學們課外閱讀與寫作外，還須提倡由同學們來主動開會研究與討論。望能先由一兩個學系開頭，把此風氣傳遍全校。

《新亞生活雙周刊》，也希望多一些同學投稿，最希望在此生活雙周刊中，能更多表現同學們的學術生活。以後本校更希望能有同學們的作品出版。畢業同學離校，都可想法出版一刊物，表現他們的在校成績，這好過出通訊錄或同學錄一類的東西。

各系系會也該有出版物，篇幅儘少也無妨。學校此後當在可能時期成立出版部，總理全校師生出版印刷等業務。一切印刷品不求表面精美，但求內容充實。有了出版部，出版事業也可制度化，如必定要按期出版，莫逾期等。如是時間一長，學校裏良好的學風養成，那時的學校纔有真價值與真精神。

總之，各位來學校做一個大學生，並不是只來聽幾門課，考試及格便完了的。當求能自己研究你所愛的幾門學問。能多讀課外書，能寫筆記，寫報告，寫課外論文，要有自己心得，有做學問的良好習慣與良好基礎。如是始是學校所盼望的一種學風了。本校原有畢業論文制度，現在因為學制改變，把畢業論文廢止了。但同學可以把原來第四年級寫論文的時間，分到四年時間中來寫。這一事，實行時的詳細辦法，還需由學校諸位先生來詳細討論規定，也成為制度化。

總括上述，本校進入民國五十年之後的希望有三點：第一，行政制度化，此事由總務處負責。第二，教課學術化，此事由教務處負責。第三，生活藝術化，此事由訓導處負責。

關於生活藝術化一點，幾年來經訓導處之努力，現已有若干成績，但仍要求更多進步。當然，在實行中也有許多困難。例如提倡運動，而我們學校沒有一個運動場。又如京劇的研究與排練，雖經三次公演，有相當成功，但此事要繼續，還面臨很多困難。現同學們又正想提倡話劇，此事也不易。其他如提倡下棋，提倡中西音樂，提倡太極拳，諸如此類，一切都在進行中。

我希望，此後學校能籌設一所像樣的娛樂室，使同學們課外生活都能娛樂化。一切娛樂都能藝術化，以與課程學術化，行政制度化，三方會合，相互並進。這是學校在下學期起，想要著力做的事。今天提出來，盼望同學們瞭解此意，大家努力，來和學校配合，向此希望而前進。

從新亞在美校友說到校友對母校的重要性

民國四十九年十一月五日校友會歡宴致詞

這一次我參加校友會的聚餐，內心有與以前不同的感覺。一方面是，我在美國看到他們對校友會的重視情況。另一方面是，在美國各地的新亞校友，和我愉快會面，與他們的熱情招待，實在使我難忘。因此使我更覺得校友們對母校關係之密切與重要。

首先讓我約略一說在美新亞校友的讀書與生活情形。一般說來，他們在那裏的生活是很艱苦的。在美國讀書，有的固然是有獎學金可免學費，也有的甚至可免食宿費，但他們至少還得賺些零用金。至於沒有獲得獎學金的更不必說，要靠工作來維持生活。所以他們每逢週末或假日，便得去找工作，最主要的是寒暑假耶穌誕假期等，大概一年中做工的日子佔去四個月或不止。他們有的去餐室裏洗碗碟，英語說得較流利的可擔任招待，有的則去旅館服侍客人；有的去農場或果園，例如包裝水果等，也有些去應機關社團的臨時工，例如圖書館等。但這些工作，無疑都是忙碌和辛苦的。他們規定你在若干時間內完成若干工作，是計算得十分精密的，容不得你有絲毫鬆懈和偷懶的機會。人們常說，在美國容易找工作，此語誠然。其實在香港，如果你也肯這樣幹，覺得做茶房也沒有甚麼不好意思的話，那也何嘗難找工作呢？

在美國的新亞校友，有的親自告訴我，他們的工作情況，例如在旅館中服務，所獲正常工資是微薄的，全靠顧客小賬。但是那裏的人情，也同中國有相同處。有的旅客住滿期就搬走了，如果你事前不知道，任你招待他們如何殷勤週到，你也無法拿到小賬。所以你得預先探明他們離店的日期，以便守候他們，向之面索。有時這種場面是非常尷尬的。有一位女同學，一面索取小費，一面就掉轉頭來暗自飲泣，因為她在國內從未嘗過這種滋味呀。

講到這裏，覺得一個人做學問，其實不一定要去外國。譬如在香港有職業了，也有晚間，有假期，不少空閒時光，大可以自己做學問。在美國，一年你得抽出四五個月拼命賺錢，用來維持生活。在這裏，在你謀職業賺錢之餘，大可以在一年中抽出幾個月來讀書，那不是一樣嗎？尤其是研究中國文史方面的，真可不必定要出國。你若去歐美研究英國文學，卻易為他們所輕視。這等於一個西人到中國來學中文般，也不易為中國人所看重。但若你能寫出一部像樣的英國文學的著作來，你縱未出國，人家也會對你另眼相看，說不定會請你去當教授。我這話並不是反對大家去留學，只是說，一個人只要立定志向，肯努力，不必要機會，也不愁沒有前途的。而且一個人在優越的環境條件下成功，那並不希奇。惟有在無把握的狀況下，能夠持之以恆，奮鬥不懈，那種成功才是更可寶貴的。當然諸位有機會出國去留學也好，但沒有機會的話，也並不即算吃虧。如果有了機會，那首先也得準備能吃得起苦。

其次，再略講歐美大學對校友的重視。就以耶魯大學來說，他們每年定有校友日。今年的校友日，是規定有「五」字年號的校友回校，因為歷屆校友人數太多了，一起回校來，事實上不可能。這一次最年長的校友要推「一八九五」年的那一屆，我正在這一年出生，所以對這一屆的校友特別引起我的注意與興趣。經我打聽，才知那一屆校友還有三位，都是九十以上的高齡了。我當時很想見到這三位耶魯的老校友，有人告訴我，他們必定會來參觀耶魯的美術展覽會的。後來我果然在會場中見到了他們中間的兩位，第二天我在街上又偶然遇見了另一位。他們每一屆的校友，都有規定的服裝和標幟，那是年輕在校的玩意兒，像他們這樣高齡，還穿著那校友服裝回校，那也是了不起的。

歐美的大學，由於規模大，歷史久，每校都能造就出不少的人材來。他們每以擁有地位的校友為榮。那些新進去的大學生，往往以那些校友的偉大成就，如在歷史上有地位，如對國家社會有貢獻的人物自期許，因而激發他們向前奮鬥的信心。所以在歐美大學中，他們對歷史上社會上的名人，那些是他們的校友，往往如數家珍。因此，出了偉大的校友，纔成其為偉大的母校。校友在社會上有成就、有貢獻，其母校才有聲望與基礎。

我在美國時，有的新亞校友對我說：再過十年二十年，我們那時就有能力來扶持、發展我們的母校了。他們的熱忱使我很感動，事實上也確需如此。學校的聲譽與基礎，是要靠校友們來樹立的，所謂「十年樹木，百年樹人」。同學們在學校裏求學，正如一粒粒種子受到灌溉與培育。四年後畢業了，等於長成了一棵棵的幼苗，要拔出來分別栽種在社會上的各部門裏去，待他成材，可以大樹成蔭。到那時，這所學校的成績才算真表現出來了。

我以為辦一所好學校，固然要具備不少條件，譬如先得有校舍，但這是容易解決的，只要有錢，校舍一忽兒就蓋成了。只要有錢，確可在短時期內蓋起一所規模宏大的校舍來。有了校舍和設備，還要請好的教授。這比較困難些，但仍不算難。我認為最難的，則惟要有好校友。也惟有這一點，不是有錢就可辦到的。所以校友對母校來說，關係是太大了，其重要性也就可想而知了。

新亞辦到如今，只有十年光景，歷史當然很短，也不能祈求馬上就要出大人物。不過照現在歷屆校友們的情形看，各人都有工作，也能牢守崗位，成績也都過得去。希望各位校友在社會上逐步上進，多回母校來，多與母校聯絡。更望校友在社會上為母校樹立良好的聲譽。這一希望，我並放遠著在三十年五十年以上，那時新亞的校友會，諸位想應是什麼一個樣子呀！

關於新亞之評價

民國五十年二月二十二日本校春季開學典禮暨第三十八次月會致詞

各位先生、各位同學：

今天我藉此機會，向各位賀新年。但新年忽忽已過，現在又開學了。去年最後一次月會，我曾向大家講過，本學期起，學校進程重點盼能課程學術化。有關這一問題的細節，已在教務會議上討論過，並已有所決定。今天我不想再講此事，擬另找一題目——「新亞的評價問題」，來和諸同學談談。

在新亞發展過程中，曾有過兩次，人們對新亞的評價問題，感到困惑。

第一次是本校接受雅禮協會幫助，遷入新校舍，那時本校師生多以本校能否保持其創辦宗旨及固有精神為慮。這是過去的事了。

現在是第二次，本校接受香港政府津貼，又引起人們對新亞前途的憂慮。不僅本校師生，即社會人士亦對此問題同樣關懷。即是：外界環境變了，新亞的內在精神是不是也會跟著變？目前受津貼的幾所學校，可能成為一間大學，與香港大學並立。於是社會人士又注意到，新亞與港大的比較，以及新亞與現在接受香港政府津貼的另兩間學校的比較。

在此，我想向諸位略談我對新亞的看法。我這看法，或許本校大部分先生、同學都會具同感。去年曾有數位畢業校友到我處小坐，談話間，他們都說非常懷念母校，並覺新亞確與別校有許多不同處。這些感覺，或是他們踏進社會後，才更深深的體驗到。他們所指出的新亞與別校不同之處，正是我們日常提倡，希望求得，希望保持的。這事令我深感欣慰，因可證明我們在接受雅禮協會幫助以後，仍能保持我們的「桂林街精神」。校歌上說：「手空空，無一物。」諸位不要單想當時桂林街情況，認為校歌所云手空空無一物，是專指那時情況而言的。校歌此語，諸位須用哲學、文學的眼光與態度去欣賞，這是說我們應始終在創造進取中，不以小成就自滿，不沾沾計較物質條件為有無。今天我們學校的物質條件，誠非桂林街時期所敢夢想，但我們依然還是手空空無一物。只是我們在桂林街時期，確實曾下了一顆種子，今天的成長與發皇，全由那顆種子來。這不是外在的條件，而是內在的生命。我們卻須鄭重珍惜。我們雖是前有雅禮幫助，後有港府津貼，這些外在有利因素的配合，我們自然歡迎。但我們所欲保持而發揚光大者，則是我們的內在精神。因此，校歌「手空空，無一物」之下，接著是「路遙遙，無止境」。但話又說回來，我們的前程雖遙，我們究已踏上了我們的征途了。我們該知我們之所謂路遙遙，無止境者，究是什麼一條路。

每一學校應有其特點，正如每一人應有他的個性一樣。新亞應該有新亞自己的特長，這並不是說新亞特別好過於他校。祇是說，新亞與其他學校比，有其不同處而已。我望同學們，必須了解這一點，才能不自驕自滿。更不該存心要以第一自居，把其他學校盡當成第二、第三，認為不如我們。這種觀念，對自己前進也極為不利。將來你們踏進社會，要貢獻你們自己的特長，但同時須知，社會是一個大集體，不可能由一人包辦。我們只該希望社會上任何人皆有其特長，不應只知自己，抹殺他人。認為自己有了特長，便社會一切事盡可解決，那只是一種狂妄之見。

新亞自有新亞的特長，不必隨波逐流，事事隨人腳跟轉，這是我們該當仁不讓處。但人與人、團體與團體，各該用各自特長來向人群作貢獻。至於其相互間，則並無一定的優劣與長短可比。人各有所長，亦各有所短。既不要我跟人腳跟轉，也不能要人跟我的腳跟轉。海闊天空，鳶飛魚躍，才是一個平等自由、理想太和的社會。

再一點，我們該知，大家固該各有特長，做一個特殊的人。但又不能祇做一個特殊的人，還該同時做一普通人。

人各有其個性，與各有特長。此項個性與特長，應求其盡量發展。但人與人間，尚有許多共同點，亦應大家鄭重保持。例如諸位來校讀文科或商科，自己的專修科目固然要好，而共同必修科亦不能不及格。我們應有長處，但不該有短處。所謂長處是指他個人專長言，短處則指共同的尺碼言。你儘有長處，但大家共同的尺碼，你不該不及格。不能因你自己有了長處，而原諒你自己的短處。這與輕視別人的長處，同樣不應該。

我們學校現在所擬定推行的學術研究化，用意是，要同學們各以自動的精神，來發現和發展自己的長處。有些同學程度較差，亦務必依照程序，按部就班，努力讀到及格以上。天資高，基礎好的，自可求較高成就。但這方面全靠諸位各自努力。而程度太低的，不及格的，則須學校加緊鞭策。學校定下一項制度，只能顧到普通多數的需要。因此，在提倡學術研究化的背後，對少數優秀的，將儘量鼓勵其自由上進，無限度的上進。對程度低落的，則須加緊督促，務求他能達到最低限度的水準。而中間多數的同學，反而學校像較少注意了。這一層，諸位須仔細瞭解，實在學校是最注意在多數方面的。

例如有些同學，各科成績都好，但有一兩科不及格，學校也須依章把他留級。學校並不能強求每位同學都做傑出人，不能要人人都是天才，成績都優秀。學校只能希望，同學不把成績做成最低、最壞。當然，我們希望同學，至少將來須好過現在你們的先生們，如是才是一種進步。倘同學永遠不好過先生，人群將再不有進步，教育也將成為無意義。但不能奢望每一同學都能好過了先生，學校儘抱此希望，但不能把此來督促，這留待同學之自勉。學校只希望同學們能成績不大壞。所謂行政制度化，便要從這方面來督促。所謂課程學術化，則是學校希望同學們能無限上進，凡屬有希望、有造就的同學，都能有造就。但你成績縱好，若有幾門課程不及格，或在某些方面犯了校規，學校還是要處理。這在學校方面，是有其積極的意義在內的。因學校是為普通一般多數而著想的，只在多數普通之間，鼓勵其長處，同時也該裁減其短處。

在我們新亞，我認為是會培養出人才的，這有以前幾年成績可證，我不能在此列舉。但須注意者，所謂人才，有辦事的人才，亦有做學問的人才。這都是人才，相互間卻不可互相菲薄。新亞何以能培養人才？這要歸功於我們學校的諸位先生。有時先生說一句話，可以開導學生一條路。這句話可能不在教科書上，也可能不是在課堂上所講。他這一句話，也並不是每個同學都能領會，都能受用。但只要能領會的，就可受用無窮，甚而打開他終生的事業和做學問的大路向。先生之重要，就重要在此處。我認為，我們新亞的教授人選，能具備此項標準的。因而本校已往歷屆畢業同學中，已有嶄露頭角的，並有很多在逐步上進中。一個學校，只要培養出一個異常傑出人才來，已屬了不起，已值得大家引以為榮。但學校所能盡力的，仍在大多數，只在大多數中開此一路，讓此大多數來各自努力。我務請諸位緊緊記住此義，不要忽略了你自己的一分努力呀！

我們學校所努力的目標，應是在造就人才，並造就傑出的人才。外面物質條件之充實，與外在環境之變好，都得配上此一目標。此一目標是精神的，就此一目標而言，學校將永遠是「手空空，無一物。路遙遙，無止境」。大家都得在此十二個字中細細體會，才能希望自己成才。否則，如以為新亞已有了新校舍，便心滿意足了，那便是墮落。學校如此，個人亦然。人生本空空如，死亦空空如，一切空空如，何來那一條路？當知那一條路就是人生責任、人生理想，也便是人生大道。人生來雖手中無一物，但他兩個肩膀上責任卻重，因此人生必有大抱負、大胸懷。要能了解來去本無一物，可有可戀，而後此人纔能有所擔承，有所成就。

我們學校這一精神，是能造就人才的，但不知究是那一位，這在同學們自己立志努力。諸位不要認為畢業了，進入社會謀得職業，前途便定了。那些祇是獻身社會開創事業的起始。

我們希望在本校同學中，沒有一個落後的人。而在這些不落後的人中，復能有傑出人才拔萃而出。這不是先生們的責任，也不是學校的責任。學校和先生都不能指定，某些人有希望，某些人無希望，某些人是人才，而某些則否。這全在同學們各自立志向前，誰也決定不了誰。

同學固是要立志做第一等人，但須知，在社會上第一等人不限定一個。社會上可有、亦應有，各種各樣的第一等人。陸象山先生曾說：「即使我不識一字，也要堂堂地做一個人。」但這祇是哲學家言，不識字不害其堂堂地做一個聖人。從另一方面講，不識字的即不得進新亞。諸位當知，做聖人不一定要進學校，但要進學校便不能不識字。學生進入學校後，他所修課程就不能不及格，也不能不守校規。這些全是制度。青年在求學時被學校開除，而以後做了大人物的也有。但同學們不能以此為訓，不能以被開除來作為做偉人的準備。學校同樣希望諸位做偉人、做聖人，但要求諸位遵守校規，遵循學校制度，進德修業，對各課程勉求及格。這在學校立場上也有其意義的，諸位該有瞭解。即如最近《大學生活》上有很多篇文章，由我校同學寫的，內容多屬批評我校的中文系。這些同學似乎大多是自恃本身小有長處，而欲逃避中文系所規定的課業，這是不對的。例如同學儘管有長處，但究不能寫別字。我們中文系有些規定，是只訓練一個同學具備在文字修養上有起碼才能的辦法，但並沒有限止同學們之無限上進。

同時我也希望同學們要養成你們自己一種反抗的精神。譬如說：先生批評某同學不好，那同學便該偏要好給先生看。誰也不能估量別人的前途，孔子說：「後生可畏，焉知來者之不如今也。」每一位先生，應該有一番「敬畏後生」的心地，才是一理想的好教師。每一學生，應該有「有為者亦若是」、「當仁不讓」於師的想法。但我這話，並不是鼓勵諸位忽視課程與忽視校規，這是兩件事，而是並行不背的兩件事。

總而言之，行政制度化與學術研究化，兩者須配合。而此一配合是積極的，不是消極的。前面路徑放寬，讓同學各自發展所長。後面督促嚴格，不准同學犯規，不准同學自暴自棄偷懶慢忽、成績不及格。每一同學要立志做一傑出人才，但同時又要做一普通人，大家所有的共同標準，你不該輕視。歷史上每一偉大人物，常是從最平常、最普通中間來的，所謂「極高明而道中庸」，同學要懂得「中庸之道」，要能從中庸中見高明。

今後我們學校外在環境之變化，固然不可預知，但同學們儘可不去注意這些。我們學校的價值，實不在這些上，不在外在環境之如何，而在能否保持我們本身內在的精神，及能否發展我們本身長處。諸位同學應明瞭，我們是一個普通學校，但我們有我們的特出之處。因我們有一些特長，有一些傑出之處，所以我們有價值，而社會也需要我們。但我們也不該忽略一般學校之共通點，我們更不該多生比較之心，常要求自己是第一位，要高出別人。

今天的話，可以補充去年最後一次月會的話。同學們要了解學校的想法，才能了解學校的做法。如果不了解學校的想法，就會對學校的做法有疑問，或有反感。總之，學校所希望的是，同學都能獲得一最低的水準，要和別人家至少站在同一水準上。另一方面，我們希望同學中能有傑出人才。這在同學們各自勉勵，各自向各自的特長發展。這裏有競爭，但無比較。若一有比較之心，便失卻遠到之望。個人如此，團體亦然。外面人常喜把新亞和別校相比，但我望新亞同學不必存此念。我們要在無比中見特出。我盼新亞能如此，亦盼諸位同學都能如此。

中國文學中的散文小品

民國四十九年十二月三日中文系第一次學術演講會講詞

各位先生、各位同學：

我們學校國文系舉辦學術演講會，這是非常好的。我應黃主任之邀，來作第一個講者。諸位知道，文學藝術是由簡單開始的，演戲的頭場也一樣，都先來不緊要的。我們這一演講會也盼如此，能愈來愈精采。由於以後還有很多先生講大題目，因此我今天就從簡單開始，講「中國文學中的散文小品」。

（一）

韻文和散文在中國文學史中，可說同等重要；一般看來，也可說散文還比韻文高。一部文學家集，都是詩與散文並收。中國文學中之韻文與散文，正如藝術上之字與畫，有時書家也會更受重視過於畫家的。

我今天講散文中的小品文。所謂小品文者，不是長篇，不是大文章，也可說是不成體的。僅是一段一節。然而，在文學中，卻有其頗高之價值。

（二）

中國的小品散文，應從《論語》說起，《論語》中就有很多散文小品。普通都認為《論語》是聖人之言，當經書看。但若照文學觀點觀之，亦有很高價值。

所謂《論語》中的散文小品，我想在這裏舉幾個例來加以說明。譬如：

子曰：「歲寒然後知松柏之後彫也。」

這僅一句話，卻是文學的。此和「子曰：『學而時習之，不亦樂乎！』」不同，後者不得目為是文學。再如：「子在川上，曰：『逝者如斯夫！不舍晝夜。』」這兩句話也得算文學。為何呢？我們試看：中國此後的文學家，運用上面兩章話為題材作詩的不知有多少。這兩章可說是詩材，是詩體，又是詩人吐屬。只用散文形式來表達，我們可稱之為散文。詩中最重要的是比、興，此乃中國文學中之主要技巧。「歲寒」章及「川上」章之所以為文學，乃因其是比、興，話在此、意在彼。用比興方法的，不論韻文或散文，都一樣有文學的境界。

詩有賦、比、興三體。賦者，直敘其事。把那事直直白白的寫下，似乎便不是文學。所謂「左史記言，右史記事」，記言記事只是賦。而《論語》就是一本記言記事的書。記孔子之言行，照理本不是文學性的；但《論語》中也很多用賦的直敘方法，而很富文學情味的。如：

子曰：「賢哉回也！一簞食，一瓢飲，在陋巷，人不堪其憂；回也不改其樂，賢哉回也！」

此非比興，只是直說顏回之賢。全文只二十八字，其中「回也」二字重複三次，「賢哉」二字重複兩次。而且，又多了「人不堪其憂」五字。為何說這五字多了呢？因這一章是賦體，只說「一簞食，一瓢飲，在陋巷，回也不改其樂，賢哉！」便可，何須說別人「不堪其憂」呢？但這五字也決不是隨便多加的。如：「歲寒然後知松柏之後彫」章，若亦加上數字說「歲寒草木皆枯，然後知松柏之後凋」，那便一點詩意也沒有了。倘使更從春天百花盛開說起，再說到夏、秋，而後寫到冬天之松柏，那就更無足觀了。從前有位大史學家劉知幾先生，說史書中有很多多餘的話可省去，認為要下點煩工夫。若照他說法，則上章文字，便有十一個字可點去。然而，惟其有這些多了的字，才成了文學。此所謂「讚歎淫佚」，必如此才表現得讚歎之情足。少了一句，便不夠表達出那一番讚歎之情來。「人不堪其憂」這五字，並不在說別人，而只用來襯托出回之賢。這就是所謂詠歎。

因為這一章，我又想到另一章：

子曰：「飯疏食，飲水，曲肱而枕之，樂亦在其中矣。不義而富且貴，於我如浮雲。」

「飯疏食，飲水，曲肱而枕之，樂亦在其中矣！」此幾句正和上章「一簞食，一瓢飲，在陋巷，回也不改其樂」一樣，同是直敘賦體。但本章是孔子自述，當然不能說「人不堪其憂」的話，更不能加上「賢哉」那種讚歎辭。下面「不義而富且貴，於我如浮雲」，這一掉尾，就使本章也成為文學的了。用「浮雲」二字最重要，因其是比興。這一掉尾猶如畫龍點睛，使全章生動，超脫象外，何等的神韻！俗說相傳清代乾隆帝遊江南，路遇雪景，一時高興，唱起詩來，他唱道：「一片一片又一片，兩片三片四五片，六片七片八九片，」卻沒法接下。臨時他的文學侍從接唱道：「飛入蘆花皆不見。」這也是畫龍點睛，使前三句也從此生動。當然，這是略解文學的人造此故事。但我們不論故事真假，可以借來說明如何算文學，如何便算不得。

「於我如浮雲」章，是我特別喜歡的，因它有詩境，有詩味。不僅是意境高，而且文境也高。

又如：

顏淵死，子哭之慟。門人曰：「子慟矣！」

孔子當時自己哭得很悲傷，但他自己不知，要由他學生在旁告訴他，那是何等描述，真好極了！往下「子曰：『有慟乎？』」這一句，問得更妙！孔子哭得悲傷，但孔子不自知，那便更見悲傷之甚。文學最偉大處，為能表現人內心的性情。人生即文學，文學即人生。只有聖人性情修養工夫到了最高處，自然描述他的言行，有時也就成為文學之上乘了。再往下一句：「非夫人之為慟而誰為？」這一掉尾更好。孔子說我不是為了他哭成這樣，又為誰呢？這章所表現出的感情，既真摯又沉痛。所謂沉痛者，因浮了就不能痛，因此哀傷的心情必用沉痛的筆調始能表達出。若要表達快樂的感情，則不能如此用筆。一須鬆快，一須沉著。

上述這一章，也可說是中國散文小品中一篇極頂上乘的作品，短短幾個字，直可抵得上一篇最哀痛的劇本或小說。又如：

子曰：「道不行，乘桴浮於海。從我者其由與！」子路聞之，喜。子曰：「由也！好勇過我，無所取材。」

這一章不是沉痛，也不是輕快，而是一種慨歎。「無所取材」那四字，已轉換了語氣。你如讀文章有經驗，便知道從上一口氣讀下到「好勇過我」句，必須頓一頓。往下再讀，已是換了氣。但此四字究作何解呢？朱子說「材」是剪裁之「裁」。他解說此章，未免太重理學氣。他意思認為：孔子並非真要乘桴避世，只是慨歎「道不行」而已，但子路認真了，以為孔子真要和他一同乘桴浮海去。聽了老師稱許他的話，不禁喜歡起來，實是沒有涵養。於是孔子說：「由呀！你好勇過我；但你這一塊材料還須有所裁剪呀！」這說法也似說得通。但就文理言，此章既是慨歎，不會掉轉頭來忽然教訓子路。一篇文章只該有一個作意，一個中心。清儒姚惜抱曾言：文章有「神、理、氣、味、格、律、聲、色」八字。若前面慨歎後面教訓，自神言，這短短一章便是分了神。神不凝、散了，此非好文章。自理言，理者，文理。形而上為神，形而下為理，其實則一。上面慨歎，下面教訓，一章就有了兩條理路。說到氣，本章最後一句應讀向低，不應讀向高。若是慨歎，便可低讀。如是教訓，便該高讀了。故朱注此章，講道理並不錯，講文章卻不對。而且他沒有細講「無所」之「所」字。「所」字是一無定代名詞。子路到孔子門下正求有所取裁，孔子又如何當面訓他沒處去剪裁呢！故知此處材字該作材料解，就是指的做桴的材料。孔子說：「你肯跟我去，很好！可惜我們沒有材料來做那桴又如何呢？」這是一種詼諧，亦即今人所謂幽默。在詼諧、幽默中，益見慨歎之深。所慨歎者，正是無所憑藉以行道。這章語氣，越沉越隱，連乘桴浮海也不行！在詼諧之後面有甚深之慨歎，由此，見其言之含蓄之深隱。故此章亦得為文學中最高一流。

論語中好文章當然不止上舉這幾章，上面只是舉例而已。

現再舉一條其題材絕不能成文學的，而亦與講文學有關。

子曰：「為命，裨諶草創之，世叔討論之，行人子羽修飾之，東里子產潤色之。」

這是說，鄭國這一小國，所以能存在於晉、楚二大國間，而安然無事，乃由他們的外交工作做得好。即一外交辭命，也要經過四人的工夫來合力完成。「為命」，就是作一外交辭命，要先由裨諶草創項目，再由世叔討論其詳略、輕重、先後，這才算把內容弄好。再由子羽來修飾，又由子產來潤色。草創與討論屬於內容，修飾與潤色則是文采，這比較易分別。但修飾與潤色分別何在呢？這最好能具體舉例來說明。但凡屬我們所能看到的文章，都已不是草稿而是曾經過了修飾與潤色的，我們就看不到那處是修飾，那處是潤色。我此刻把此二者間之區別，就用上章原文來試加說明。

上例列舉四人之中，三人無官名，第三人卻有。為何子羽特加上「行人」的官銜呢？加上一官銜又有甚麼意思呢？原來外交辭命主要是由行人之官來傳達，而子羽就是一個行人之官，因此特舉出「行人子羽」這官銜，說明就是他是要責成其「使於四方，不辱君命」的。故一項辭命草創、討論之後，便由他來修飾。當知《論語》記者寫這段文字，在子羽上特加「行人」二字，這就是一種修飾了。倘使把此二字刪去，這就不行。試問當時誰是專掌辭命的外交官呢？故加上了「行人」二字，我們便知其他三人不是外交官，只是幫那「行人」子羽來完成此辭命的許多助手而已。

可是，亦因加了「行人」二字，而發生了文字上的困難。四人中只第三人有官名，正如四個人中一個有帽子，其他三個沒有，走在一起不大好看。文章有實質、有文采，把實質說清楚之後，又應留意到文采。若第一、二人無帽，第三人有帽，第四人又無帽，便是不美觀。於是，想在最後一人頭上也戴一頂帽子，變作「東里子產」，便把四句文氣平衡了。前二人無帽，後二人有帽，好看些。此一段在子產上加上「東里」二字，讀起來也很自然、很順口。「東里」，據說是子產之居處，這是無關係的，加了猶如不加。若亦照子羽例，加上官銜，便又不可。難道潤色的工作定要給為政的人來做嗎？不得已才加上「東里」二字。因此我們可說：在「子羽」之上加上「行人」官銜，是修飾，仍是屬於內容方面的。在「子產」之上加上「東里」二字，則是潤色不屬內容，僅是文采，即純粹是文學上的修辭問題了。

在孔子當時口述之際，是絕沒有替子產加上東里的居處的。後來弟子記載此章，經過一番考慮才替他加上。若使有人偏要問：那麼其他三人又是在甚麼地方居住呢？那問的人便是不通文理的人，他的問題也只好置之不管了。

孔子告訴他的門弟子說：「不學詩，無以言。」可見孔門弟子，都有一番文學修養。他們記載孔子言行，固不是存心要寫好文章，但由上例「為命」這一章，可見《論語》裏的文字縱或不是文學，但也絕不是「不文學」的，可說全部《論語》都是「不不文學」的。所以兩千年來中國人，人人背誦《論語》，自幼到老口誦心維，總不覺得討厭，正因《論語》沒有一句不妥帖、不順口、不合文學格律。諸位多讀《論語》，自可體會到。其中固有很多可稱為是文學的，有些卻是「不不文學」，即是雖非文學，也沒有「不文學」的。倘若我們要研究中國文學中的散文小品，首先從《論語》開始慢慢咀嚼，可得一入門。

（三）

論語之後，《小戴禮記》中的〈檀弓〉，也多文學小品。〈檀弓〉講的都屬與喪葬之禮有關的事。禮本已是呆板的，而喪禮又是太嚴肅、太枯槁，似乎非文學題材。但〈檀弓篇〉中，卻不乏很多很好的小品文。這也是難能可貴的。

《孟子》書中，都是大文章，縱是短篇，仍用寫大文章的筆法來寫。《孟子》書中，也儘多極好的文學作品，但總是大的，不是小的。大體說來，《孟子》多的是大議論而少小品文，大概議論說理是很難作小品文的。只有像〈齊人有一妻一妾〉章等，字數雖不少，也算小品。但在《孟子》七篇中此等文字並不多。

由此說到莊子，他的文學天才實在了不得。他最擅長用比興的手法，他書中許多神話小說故事，多成為比興。把《莊子》各篇拆開來逐段看，都是上等的極妙小品文。一拼起來，卻成了大文章。把小品拼成大文，《論語》中也有，如：〈微子〉、〈鄉黨〉兩篇，便都是用小品拼成大文之先驅。〈微子篇〉中有許多章絕妙的小品，這事易曉。但〈微子〉一篇之中，各章可以先後配合，成一整篇，則懂得的便少了。又如：〈鄉黨〉篇，本來決不是文學的。但最後加上那〈山梁雌雉〉

這一章，便全篇生動，把〈鄉黨〉全篇各節都文學化了。但我們必須讀通了中國以後的散文，方可回頭來讀此兩篇，領略它文學的意境。

《莊子》書中，如〈逍遙遊〉很難懂，〈齊物論〉更難了。《莊子》全書幾乎篇篇難懂。但我們不妨把它拆開來，一段一段都當小品文讀，便比較易懂了。《莊子》是一部說理的書，我們已說過，說理文很難文學化。但莊子做到了把說理文來文學化之最高境界。他的祕訣，便是用比興法來寫小品文，再把小品彙合成大篇。《莊子》可說是中國文學中最高的散文，甚至是為純文學的韻文亦難與之相比。假如拿中國古典文學作品來比較，《論語》可比《詩經》，而《論語》境界尤高。《莊子》可比《離騷》，而《離騷》的文學情味，其實也並不定比《莊子》高出。

《戰國策》有許多小品文，亦很不錯。只較《論語》、《莊子》，便低了。

至於《楚辭》，那是韻文，但其中如〈卜居〉、〈漁父〉，實是散文，也該列入我此刻所講之散文小品中。《論語》中如〈於我如浮雲〉章，我說它是散文詩，則如〈卜居〉、〈漁父〉等，也可說是散文賦。由此可知，中國文學本不必分韻、散。從文學論，技巧雖不同，境界則是一樣的。

（四）

到了漢代，中國成為一個大一統的國家。漢人喜作大文章，如漢賦及漢人奏議等都是。當時大文學家像司馬相如、揚雄等，皆喜作大文章。只有司馬遷，卻能做小品文。《史記》中各篇之「贊」，都是散文小品，都為境界極高之作，像〈孔子世家贊〉就是。本來讚孔子是很難的，但史遷那篇讚，仍能寫得有情調。諸位驟然讀來，只見是平淡，但平淡即是文學中一種高境界，莫忽略了。太史公的大文章也和《莊子》一樣。《莊子》是說理，《史記》是記事。但都是以小品拼成大文。即如〈管晏列傳〉、〈蕭曹世家〉等，都把幾件小故事穿插其中，使全篇生動，有聲有色，所以讀《史記》也要懂得拆開一則則地讀。由短篇小品而拼成一大篇，再一篇篇地把此一百三十篇全部一氣讀，竟是一篇大文章，那更難了。

可是，漢代也只得一司馬遷能作散文小品，其他都是韻文作者。揚雄晚年雖目之為雕蟲小技，曾自悔少作，但他晚年所寫的散文卻多不能算得是上乘的文學。故總括來說：漢代的文學是不算很高的，除了太史公一個。這便因漢人不懂得寫小品。

（五）

這裏面有一個大關係，正因中國古人，似乎並不太注重在純文學方面。他們寫的，如說理文，記事文，討論政治問題等，都是些應用文。甚至如《詩經》、《離騷》，論其動機，亦在政治場合中觸發，並非一種純文學立場。而要在實際應用文中帶進文學的情味，便走上了小品文穿插進大文章這一條路。

直至東漢末年，建安時期，始是文學極盛的時代，也是開始注意要純文學獨立地位的時代了。其時有新的韻文，如小賦和建安體的詩，那都是韻文方面的進步。而同時又有極精的散文小品，尤其如曹氏父子的書札，更是絕妙上品。再往下發展，又有在賦前面的小序，諸位一翻讀《文選》，便知那些都是極好的散文小品。又如王羲之的〈蘭亭集序〉，也算是好的小品，使我們覺得王氏不特書法好，文學也絕佳。

再下則如陶淵明之〈桃花源記〉和〈五柳先生傳〉等，都為極高境界之散文小品。即如他的〈歸去來辭〉，亦可說是小品的賦，亦都是甚高的文學境界。

說到《世說新語》，那裏所收，都是散文小品上乘之作。還有《水經注》，雖是一部大書，但分開看，其中有描寫極好，可當得散文小品的。

（六）

唐代，直到韓昌黎文起八代之衰，以及他同時的柳宗元，他們兩人提倡古文，其實亦皆以散文小品為最成功。如韓之贈序、柳之雜記，那是古文中之新體，其實則是不成體的小品而已。韓、柳小品都寫得很好，不像〈原道〉、〈封建論〉等大題目，反而在文學眼光中看來不很出色。諸位當知，寫字有用寫大字的方法來寫小字的，又有用寫小字的筆法來寫大字的。韓、柳便懂得這方法，他們都能寫小品。即如韓之大文，如〈張中丞傳後序〉等，也都用小品堆成。這是他得《史記》之神髓處。

人稱韓昌黎以文為詩，其實他更能以詩為文。如韓昌黎之贈序，其實都是以詩為文。又如其書札，〈與孟東野書〉，可說是小札。〈與孟尚書書〉，可說是大札。猶如太史公〈報任安書〉是大札，楊惲〈報孫會宗書〉是小札。楊惲模倣太史公，把寫大信件的筆法來寫小信件，遂成絕妙書札。韓愈懂得此巧妙，大信件、小信件，都寫得很好，如其〈與孟東野書〉，便可稱是一首散文詩。唐人喜歡寫詩贈人，也沒有韓的那些信札寫得好。我常說韓文有些是散文詩，其實清代文學家早就說過。清人認為：韓愈的〈題李生壁〉，是一首無韻之詩，那便是說它是散文詩了。

如諸位到沙田欣賞風景，也可在樹上題：「某人來此一遊」，或「某月某日到沙田」。至此就寫不下去了。心中高興，卻不知道高興些甚麼。連你自己心上的高興事也寫不出來，這是心情麻木了，豈不很苦痛？所以我們在日常生活中，不能不有文學修養。文學可使你感悟捉摸到痛在那裏，癢在那裏。自己心上痛癢，自己能清楚捉摸到，那是何等的痛快啊！這也不必定要寫一首詩，能寫幾句散文小品也一樣，即隨處壁上題幾字也一樣。韓愈的很多作品，便都是無韻之詩。至於柳宗元之雜記，則可說是無韻之賦。

宋代能寫小品文的，以歐陽修、蘇東坡最佳。王荊公能寫短文，但都是大文，不是小品。如其〈傷仲永〉之類，可算小品，但不多見。歐陽修大文章固好，其贈序、雜記一類小品文更佳。蘇東坡小品最好的莫如〈志林〉，這是些隨筆之作，篇幅有大有小，但均是絕妙的散文，又都是小品文。〈志林〉中有一二百字一篇的，也有數十字一篇的，都像只是輕描淡寫隨意下筆，不像用心要做好文章，這所以更好了。當然，文章中有些不能輕描淡寫而定要嚴肅深沉的，正如做客人則必得莊嚴些，在家閒居就可比較隨便些。

（七）

到了明朝，文人多喜歡作大文章，但很少懂得文學真趣。只有歸有光，可謂獲古人文學真傳。他一生不得意，沒有做大官，寫文章逢不到大題目，因而多做了些小品文，只寫些家庭瑣事，卻使他成為明代最好的一位散文家。

民國五四運動時，大家提倡白話文，高呼打倒孔家店等口號，但這些只是劍拔弩張的標語，不能成為文學。遂有林語堂提出寫小品文的號召，那是對的。但他不知《論語》、《莊子》、韓、柳、歐、蘇都有小品，明代歸有光便是小品文大家，而他偏要人學晚明鍾、袁諸人的小品。其實，小品是文學中極高境界。不應有意專要寫小品。猶如一個人學裝大樣子，固不好看。故意裝小樣子，就更不行。鍾、袁諸人只因有意寫小品，故而寫不好。但非文學真有修養者，也不易分別孰是有意，孰是無意呀！

清代，桐城三祖的方望溪，可做小品，但終嫌太規矩、太嚴肅了。劉海峯不能作小品文。姚惜抱小品文也很少，他的《古文辭類纂》用意多在大文章上。縱使裏邊選到許多小品，但給人忽略了，也當是大文章看。現在人讀《古文辭類纂》的少了，但讀《古文觀止》的還很多。《古文觀止》是通俗的，就因為《古文觀止》裏面多選小品。惜乎《古文觀止》的編選人自己不懂文學，亦僅用通俗的眼光來選到這些小品而已。

桐城派中有吳敏樹算能寫小品，有幾篇寫得很好。但他自負頗高，他不肯自認是學歸有光。至於曾國藩，不能寫小品文，他說以前人都學《史記》，他認為要加讀《漢書》，因《史記》行文是單的，《漢書》行文是偶的。《史記》正與《論語》同一筆調，《漢書》則與《孟子》筆調較近。用單、用偶，也可說即是大文與小品之一別。曾國藩看不起歸有光一類的小品文，故而要教人學《漢書》與《文選》。

其他清人能寫小品的有汪中、洪亮吉、汪縉諸人，格調皆甚高，惜不為桐城派文人所欣賞。龔定菴也能寫小品。他們都從先秦或魏晉學來。

（八）

現在講到民國五四時代。新文學運動起來，大家去讀先秦諸子，但沒有從文學上用心，無意中都走上作大文章、發大理論的路。他們高呼打倒孔家店、全盤西化等口號，此等全該做大文章。他們既無文學修養，亦少文學情味。因此都不能寫小品。

文學本是表情達意的工具，如你們要寫一封信，也得下些工夫。寫信有寫信的規矩，寫給父母或老師、或朋友，體裁、字法、句法都各有不同。很多同學都不會寫信，現在做學生，為人子女，覺得似乎不會寫信也不大重要。將來為人父母、為人老師又怎辦呢？

五四以來，寫文章一開口就罵人，不是你打倒我，就是我打倒你，滿篇殺伐之氣，否則是譏笑刻薄，因此全無好文章。即如小說、戲劇等文學作品，平心而論，至今亦尚無一本真好的。只有魯迅還稱得上。但魯迅最好的就是小品文，像他的《吶喊》之類，這和西方小說不同，還是中國小品傳統。周作人便不如魯迅，他像要學蘇東坡〈志林〉一類。但東拉西扯，只是掉書袋，很多盡是有意為之，甚少佳趣。如陳獨秀，更不必說，文多殺伐之氣，決不能成文學。至於胡適之，喜歡說俏皮話，亦非真文學。又如近人多喜歡讀《紅樓夢》、《水滸》，那也是大文章。如《聊齋志異》或《閱微草堂筆記》之類，內中卻有很好的小品，但近人多不注意。

（九）

今天的文學氣運，應是文體解放的時代，如以前《古文辭類纂》的所收十三體文章，規矩謹嚴，但現在都可以不論。那麼，我們且先寫些無題的小品文不好嗎？韓昌黎的小品，就如無題詩一樣。只要寫得好，寫一封書信也就是文學。在報章上寫報導、通訊等，也都能成文學。現代人只在句子上用技巧、尚雕飾，用幾個別人不用之字，或模倣外國句法寫出，這都不一定就是好文學。

而且文體解放，也並不是說你想說甚麼就寫什麼，這不便是文學。沒有文學，便沒有了性情。沒有性情，便亦沒有修養。我們要恢復文學，該怎樣呢？主要不在學西方，不須定要寫小說、寫戲劇，也不必定要把歷史、哲學帶進來，且望能輕輕鬆鬆寫些小品，隨便的，不成體的，卻又走上文學道路。但千萬別說想甚麼就寫什麼。當知在文學上也有該說的，有不該說的。有該如此說法、不該如彼說法的。不能說高興寫什麼就寫什麼，是我們的自由。文學也得好好學，不能儘自由。

我們學古人，也並不是只學其文章。主要還是學其為人，學其說話。孔子在《論語》中所表現的，有各式各樣的神情，由此可見孔子之真面目。太史公說：「讀孔氏書，想見其為人。」我們學文學，主要應如是。

我們日常寫信，一時不能很好，但至少先不要潦草，要一筆一筆工整寫。要輕輕鬆鬆，卻不要匆匆忙忙。這些，都是現在青年人通病，所以我就很怕看青年們的書信。但目前的風氣都像下里巴人一樣，如果真有陽春白雪，如你們也真肯用心來寫一封正正當當的信，或許別人反會笑你。

今天我講的散文中的小品，可說是幫各位開一條路，由小品而大篇，漸成一大作家。歸根來說，還是勸各位先讀《論語》吧！不特其思想可貴，即以文學境界言，亦是很高之作呀！

（已收入《中國文學論叢》）

關於丁龍講座

中華民國五十年三月二十七日第三十九次月會

諸位先生、諸位同學：

今天本來是請一位加州大學的哲學教授來講「杜威的人文主義」的，臨時他病了不能來，來不及請別一位先生講演，只好由我填空。臨時想不出講題，因今天早上，有大批畢業文憑須簽字，正忙著簽，直到此刻還未簽完。同時又接到兩封信，一封是由臺北寄來的。那位先生從別人處見了我們學校新出的《新亞心聲》，非常欣賞，特地來書稱許。那位先生本人的詩就很好，他竟能欣賞到我們，說大學學生能寫詩，而且一般說來寫得尚不錯，又能集合成本，實在難得。他又說，我們本未送他此書，他是在別人處看到的，因此那位先生更想看我們其他的出版物。這一信使我很興奮。

另一信是我們新亞第一屆第一名畢業校友，由美國哈佛寫來的。他在好幾年前去哈佛，現在已專心在寫論文，待暑假可得哈佛的博士學位。他信上所提，是為他返校服務之事。我去年在美國，早約定他學成回母校任課。但此刻哥倫比亞大學有一個「丁龍講座」的席位，卻要請他去擔任。讓我先交代丁龍講座之來歷。

遠在美國南北戰爭時，有一位將軍退休了，寓居紐約附近，那位將軍獨身不娶，性情相當怪，家中僕人都給他打罵跑了。丁龍是我們山東人，隻身去美國當華工，他便投到那位將軍家裏。不幾天，那位將軍脾氣又發，要打要罵，丁龍受不了，也跑了。過了幾天，那位將軍家裏失火，亂七八糟，將軍獨個兒正沒擺佈，那丁龍卻回來了。將軍驚喜之餘，俱問所以，丁龍說：「聽說你家失火，沒人幫忙，所以復來。」那將軍說：「前幾天我要打要罵，氣跑了你。今天我正在無奈中，怎麼你又肯來幫我？」丁龍道：「這因我們中國有位孔夫子是講忠恕之道的。你平常雖待我不好，但你為人也不全壞，我想我和你總有些緣分。你此刻需人幫助，我若不來，似乎就不合我們孔夫子所講的忠恕之道了。」那將軍聽了，以為丁龍是位讀書人，便起敬道：「原來你是能讀古書的，知道你們古聖人孔夫子的道理，我以前不知道，對你失禮了。」丁龍卻說：「我不是讀書人，而且也不識字，我所講那些孔夫子的道理，只是我小時由我父親口授給我的。」將軍聽了，又以為他是個書香之家的子弟，父親讀了書教給兒子。誰知丁龍又分辯道：「連我父親也不識字，那些道理是我祖父講給我父親聽的，而且連祖父也不識字。」原來他們丁家只是世代耕地，卻一代代，祖教父，父教子，都講些孔夫子的道理。將軍聽了，大為感動，便請他繼續留下，從此主僕如朋友般，而且兩人也都沒結婚，竟如相依為命般。後來丁龍先病倒了，他對將軍說：「我在你這裏做了幾十年工，吃的、穿的、住的，都由你供給，還餘留有你給我的工資，現在積存也有一萬金。這些本都是你的錢，我死了，就把這一萬金還給你，算我答謝你的厚德吧！」那位將軍聽了，十分感動。心想：中國一個不識字的苦工，尚有如此般的德性操守，這絕不是偶然。因此他一心敬重中國，發心要人來研究中國文化。遂把他晚年全部財產共二十幾萬塊錢，加上丁龍的一萬，送到哥倫比亞大學去，指定要設立一講座，專來研究中國文化。這講座便定名為「丁龍講座」。這講座一直到今日未中斷。

我上次去美國，才聽到了這事。我平常常講，我們目前的知識界，擔當不起來作中國文化的代表人。若要真講中國文化，或許轉在那輩愚夫愚婦一般老百姓身上。他們並不識字，也未曾受過新式教育，但他們身上卻還保留得些中國文化。我素常如此說，我從前去臺灣，聽到了吳鳳的故事，便逢人就講這理論。現在又聽到了丁龍的故事，這也就是我素常愛講的那番理論的最好一個例子了。諸位同學，別看得這事簡單，這事絕不簡單，這是中國文化之真傳統、真精神所在。一個中國青年到外國去獲得博士學位，他所能對中國文化表現與宣揚，或許就不及這一個不識字的鄉下人——山東苦力丁龍。

現在再講到余英時校友的來信。余君是我們學校第一屆畢業生，他現在在哈佛功課很好，今年他就要得博士學位。我去年去美國，要他回新亞來任教，他一口答應了，但最近卻又出生了問題。哥大擔任「丁龍講座」的那位教授，現在年老該退休了。那位老教授雖是美國人，但他生長中國，又在金陵大學任教多年。他老人家退休以後，哥大方面卻考慮要請一位中國人來擔任那講座。他們多經考慮，從年老一輩的考慮到年輕一輩的，結果竟決定有意請我們的校友余英時君去擔任。余君年事輕，資歷淺，當然不能直當丁龍講座的主持人。但他們決把此講座虛懸著，待余君到哥大任教幾年後，再正式任此講座。現在余君來信，要我決定他的去留。他以前已答應回母校，他既應允在前，不便自主，所以要我作決定。從我想來，教授、系主任種種名位，我都不動心。但這個「丁龍講座」的名義，卻實在不同，我心下非常高興，滿想讓他去。我此刻尚未作回信，也不論余君到底去不去，但此事在我想來，究是我們新亞的光榮。新亞不是一向說提倡中國文化嗎？現在有我們新亞的同學去美國任丁龍講座，實在使我聞之心喜，因此在這次月會上，脫口向諸位同學先報告。

講完了今天恰恰收到的兩封信，我還有餘時要提起今天上午的另一件事。

正在這月會前，我讀完了那兩封信，又有兩位南洋同學來我室中告別。其中一位說：他四年來在新亞，不敢說學到了些什麼，但最低限度自信是多懂了些做人的道理。他這句話，實在說得非常得體，使我聽了心上無限愉快。我們在學問才能方面，可以客氣，可以謙虛說我沒學到什麼。但講到做人之道，卻是客氣不得的，萬不該說客氣話。你可以說自己學問不好，但你總不能說讀了四年書連人也不會做，連做人道理也不懂，那就荒唐極了。正如文章可以謙說寫得不好，但卻不能為了謙虛就說自己滿紙都寫了別字。別字是不該寫的，做人的道理是不該不懂的。那兩位南洋同學畢業而去，自承懂了些做人的道理，這話真使我高興滿意。

上面所講，只是我今天上午，收到了兩封信和接見了兩位畢業同學的瑣事，隨口報告給同學們聽，因我本沒預備來講演。今天所要講演的本屬東西文化和哲學問題，其實這些不講也沒有關係，因此等大題目，不能和人人講，也不能求人人懂得。還是那起碼的做人道理，讓我們把丁龍作題材作榜樣吧！這就是我們常說的，人文主義和中國文化。我盼望諸位同學先學做人，都能像那位南洋同學來跟我告別時所說的話一樣。那就是我們新亞教育之成功，那就是我們新亞精神呀！

本刊進入第四年

《新亞雙周》刊已經辦了三年，現屆第四卷開始，我想藉此說幾句話。

這一份刊物，我們創辦時的用意，不外兩點：一是逐期報告學校師生們生活的實況，一是預備作將來校史之一份重要參考材料用。此兩目標，我們這三年來總算是保守不失。我們在此刊物上，至少做到沒有掩藏和沒有誇大，這是我們所堪自信與自慰的。

但所謂我們師生的生活實況，究竟有何值得如此經常記錄報導的意義和價值存在呢？此一問題，實在值得我們師生們共同深切的檢討和反省。

我們這一份刊物，已有三年的歷史了，究竟在此三年內，我們學校之一切，曾有了幾許進步？這些進步是否值得我們滿意呢？我們也正好從頭把此三年經過，憑藉我們這一份刊物來作客觀檢討之資料。這是我要提出之另一點。

又次，我們在此刊物內，經常發表師生們尤其是師長們的言論意見，有關新亞進展理想方面的並不少。我們究竟在那些方面確能依照自己當時理想實際努力而又確有成績表現的呢？這又是我們值得注意的又一點。

再就另一面講，我們這刊物本身，如內容形式、取材、編排種種，究竟是否也能與年俱進呢？這又是我們值得注意之一點。

我們希望此刊物，不僅在實況上作報導，尤其在我們所抱負的理想與應有之精神上，更能盡一份職能，來作鼓吹與領導。

我們亦希望此一刊物，在全校師生心理上，更能有其親密之關切。人人能把此刊物，當作學校師生共同生活上重要一項目，大家各盡所能，來求達此刊物所應有之功能，而求其不斷之進展。

以上這些話，都是我對此刊物第四卷開始所懇切想說的，讓我們大家努力以赴吧！

（民國五十年六月）

歡祝本屆畢業同學

今天是我們新亞第十屆的畢業典禮，並是新亞研究所第五屆的畢業典禮，恰好一五、一十兩個數字之配合，易於引起我們此後來紀念。更巧的是，今年是中華民國五十年，更易引起我們此後之紀念。

我提到此項數字，我將就此數字上來發表我一些意想。

五十年，在歷史上講來，似乎並不長。但若我們一加細思，便知不然。若從孔子時代算起，到今只是兩千五百年，五十年已佔全長五十分之一。此五十分之一之比數，也不能算小。即就周公時代算起，到今三千年，五十年已佔全長六十分之一。即從中國文化之最長時期說，中國歷史自古到今五千年，五十年也已佔了百分一之比數。

何以我說五十分之一的比數不能算小呢？如把孔子、孟子下到朱子、陽明等，中國兩千五百年歷史上所有大聖大賢，舉其最高標準之人物寫下五十名，此五十年內應該佔得一名。又如把兩千五百年中之大文學家如屈原、司馬遷、杜甫、韓愈等，舉其最高標準之人物五十名，我們此五十年中也該佔一名。又如大政治家、大軍事家、大藝術家等等各色各樣人物，我們在此兩千五百年內，各舉最高標準者五十名，我們此五十年中照例也該各佔有一名。依此類推，舉凡歷史上大事業、大著作、大成就，一切的一切，我們此五十年代若能各佔其五十分之一的話，諸位試想，此五十年代豈不燦爛光明，大堪驚人嗎？

現在說到我們這學校，自創辦迄今，也已十有三年，在此五十年代中，也佔了超過五與一之比數。若照我上面所說，此五十年代，在中國全歷史中應佔如何比量，應有如何成就，則我們這一所學校也已佔有五十年代中五分之一強之比數了，那我們這一學校也該有些成就。而此刻說來，則使我們自感慚愧。

現在再說到諸位。我常說這一所學校，應是師生合作，共同負起此學校之前途的。學生對學校所負之責任，主要還在其畢業之後。我這番意思，曾對我們新亞校友會說起過。現在試想：倘此學校再經四十年，便有五十屆畢業，而諸位今天便佔了此五十分之一，研究所同學也佔了四十五分之一之比數。諸位自今天畢業離開學校到社會，再過四十年，不過六十多。但諸位細思，在此四十年中，豈不對自己，對學校，儘可有極大成就，與極大比重的嗎？

再就諸位個人說，今天的平均年齡是二十五歲，其實怕不到此數。我盼禱諸位能長壽百歲，但二十五歲實已佔去了此長命之四分之一。如此說來，諸位或許會引起內心警惕，好像隨便就過了二十五年。其實此二十五年在諸位之全生命過程中，是佔著如何重要的地位和分量呀！但諸位也不必因此感覺悵惘，四分之一之比數固重要，諸位以下各自有四分之三之餘數，豈不更重要！諸位如此想來，自知我今天告訴諸位的話之意義。

諸位莫認為個人是渺小的，生命是短促的。即如孔子，只活了七十多歲，但自孔子到今，雖有兩千五百年，孔子一生也就佔去了這段時期中三十五分之一之比數。諸位試想，孔子到今那段歷史多長，孔子一人生命未到八十，不算高壽。而他對此一段歷史之貢獻，與其地位及分量，則不待我再說。

我當然不敢把諸位都希望比孔子，但歷史上已往人物，可希可比者尚多，諸位也不當在此上作謙，卻當在此上立志。

我們中華民國以往五十年快已算過去了，但在此下的五十年，正是諸位的時期。到再過五十年時，諸位有的已過七十，有的快到八十。所以此下五十年，諸位都該好好把握，善用你們那四分之三的生命，來好好努力。為個人、為學校、為國家、為歷史文化、為人類，請諸位莫輕忽辜負了。

我盼望諸位在此下五十年中，能一五一十地常為人數說，那是何等光榮，何等值得歡暢，值得紀念呀！

即此歡祝諸位前途無量。

（民國五十年七月）

競爭比賽和奇才異能

民國五十年六月廿六日第四十二次月會講詞

各位先生、各位同學：

今天是本學期最後一次月會，因要頒獎，所以並沒有像往常般請一位先生作專題講演。我把下面一些剩餘時間，來講些此次頒獎有關人生及教育的意義。

到底在整個人生中，及教育意義中，競爭和比賽有沒有提倡的必要呢？有的人很輕視競爭比賽，有的則很重視，也有些覺得是無所謂。我認為，人生是該有競爭比賽的。例如：我愛好圍棋，但只是擺譜，不喜與人對奕，因此棋藝永無進步。為學做人亦同樣，只有競爭比賽，才能真確了解到自己，使你自己真確得有進步。當然人生最高境界是超乎競爭比賽以上的，如云：「曲高和寡。」可見音樂上最高境界，並不在比賽中見。又如云：「文章千古事，得失寸心知。」可見文學上的最高境界，亦不是可由比賽中見的。但這些能達到最高境界者，其初時都得經過與人競賽的歷程，存心力爭上游，才能成功。孔子所謂：「見賢思齊」，所謂：「三人行必有我師焉」，即有「競」和「賽」之意義在內。為學做人都不是閉著門一人做的事，都需在社會朋友中磨練做成。比賽競爭之事，也並不可忽。

其次，這次頒獎，似乎多屬所謂奇材異能方面的。團體大了，必有奇才異能之士出乎其間。如淺水小池，只有平常的魚蝦之類。水大了，便魚龍混雜。深山大澤，龍蛇生焉。山大了，則有麒麟。林深了，則有鳳凰。天地生人，本各賦與一分奇材異能的。此種奇材異能，在整個人生中，亦是應該嘉獎鼓勵的。今天，我們學校比賽項目尚少，以後應逐步加多，使各種奇才異能都得一展所長。

但做人總該做一個普通平實的人，不要把你的奇才異能來損害了你的普通平實。我曾看《梅蘭芳舞台生活五十年》一書，使我對梅之為人更深欽佩。以前我以為梅蘭芳不過一伶人，只是有他一套奇才異能而已。看過此書，方知他平日為人極普通，極平實。用一般標準言，至少是夠得上普通平實，方顯得他那套奇才異能更為可貴。其他有名伶人亦不少，但或有些做人的普通條件不夠，只以其技藝驕人，則風格便低下了。

孔子曾說：「周公之才之美，使驕且吝，其餘不足觀也矣。」周公可謂達到了奇才異能之最高峰，但若不普通、不平實，便不足觀。此層務望同學注意。

我希望我們同學中，每一人都具備一套奇才異能，這比清一色好得多。天地生才，必有奇異。諸位讀歷史，便能見到許多奇才異能之士。我常愛讀班固《漢書》的〈兒寬傳贊〉，乃知漢武帝時，獲得偉大輝煌之成就，是決非偶然的。諸位有暇，不妨翻來一讀。

本來奇才異能之士，無時不有，但也須社會獎勵提拔。一般普通平實人，有時看不起奇才異能，那也是錯的。

如在我們學校，只要在開盛大的同學會，或在舉行各項比賽時，便易顯出奇才異能之重要來。奇才異能可使人生多采多姿。不僅學問事業上貴奇才異能，一切奇才異能都可貴，只不要在自己一項奇才異能之上自驕自喜，忽略了普通平實一面便好。諸位當知，最偉大的奇才異能，便是最普通平實者。此事要我舉例並不難，但要我說明其中道理，便有很深邃處，非幾句話能說盡。不如留待諸位各自細細去參悟吧！

第十屆畢業典禮致辭

今天為新亞本校第十屆畢業、研究所第五屆畢業舉行典禮。我已有專贈此兩屆畢業同學的一篇講辭，刊在本屆畢業特刊上。今天乘此機會，再報告一些新亞最近的情況。

新亞辦學宗旨：第一希望盡可能延聘好教授，第二充實教學設備，務使此校成為一所具有高深學術研究風氣的教育機構。最近本校圖書館已擁有接近十萬冊的中西文書籍，並歷年出版本校教授同仁及研究所員生之著作及論文，以及本科在校學生之優良成績，約略統計當在五十種左右。若計算字數，至少已遠超過了五百萬字以上。我們不日當在圖書館，專編一份本校員生同仁之著作論文目錄，及設置專櫃陳列其出版物。並在不久將來，本校將特籌經費，成立一出版部，以適應學校以後對此方面之需要。

本校在下學年開始，並將正式成立理學院，連原有文、商兩院，鼎足而三。創設理學院為本校歷年計劃之一，所以遲遲到今始獲實現，因先有兩條件當考慮：一是教授人選，二是實驗室之設備。關於第一點，我們認為近代科學日新月異，應多延攬新進人才。但為理學院之通盤計劃及行政需要上，又不得不延攬資歷深、經驗富、比較年事稍高之前輩學者來主持與領導。目下此一問題已解決。本校先已設有生物系與數學系，下年增設物理、化學兩系，共成四系。除生物系已聘定任國榮先生為主任外，其餘三系，新的主任人選，均已在最近延聘相當人充任。此三位新主任，不僅各自具有極高榮譽的學歷，並均係擔任其他有地位大學中之教務長、理學院長及兼任其本系主任之職位歷有年數者。且又係在擔任行政與教務工作外，仍不懈於自己崗位之研究，不斷有高價值之論文著作刊布。惜乎他們應聘前來，在各該原校，必多加以慰留，我不便在此時先將各位之姓名宣布。至於實驗室儀器設備方面，除生物系兩年來已粗具規模外，物理化學兩實驗室，有本校董事會、雅禮基金會、亞洲基金會及世界大學服務會、教育司特別補助，又加熱心科學教育之南洋華僑徐銘新先生一人慨捐巨資，在本學年內，本校所能花用在理化實驗室設備方面者，已有港幣二十五萬元之鉅。就目前創始情形論，本校以後之理學院，必可與原有文、商兩院後先競爽，說不定後來居上。新亞的理學院，可能成為新亞一支強勁的生力軍。

有人說，新亞宗旨在提倡中國文化，何不專一經營文學院，卻要分散精力來辦理學院？但本校提倡中國文化，決非抱殘守缺。文化內容理當日求創新，即本校文學院，文、史、哲、藝術各系一樣中西並重，並不走上偏枯之路。工商實業與自然科學，在當前民主與極權兩世界中，同樣重視。只其運用之意義與途徑，則顯有不同。中國文化對世界人類之主要貢獻，端在人文本位修、齊、治、平之大理想、大原則方面。因此本校教育理想，不僅是理科、商科方面之各種學術技能可以增進中國固有文化傳統之內容，抑且重在發揚中國固有文化，可以對理科、商科各門學問，賦與以更新之使命，開創其更新之前途。本校常教諸同學為學、做人齊頭並重。為學方面須能順應世界現代潮流，須能具備世界現代規模。但做人方面，則須能承受自己文化傳統，發揚自己文化傳統精神。我們新亞前途，一面須能有世界性的學術地位，同時須不要忘了，這是一所中國人栽培中國青年的學術園地。這是我們的理想與抱負。

現在再說到本屆畢業同學身上。本校另一注意點乃為畢業校友之前途。這十屆以前九屆的本科畢業同學，五屆以前四屆的研究所畢業同學，他們或投身社會，或繼續在國外學校進修，他們中亦有極佳成績表現的。我想本屆畢業諸君應各自知之，我不想在此一一歷指，跡近誇張。但願諸同學離校以後，都熱烈參加校友會，大家共同努力。當知新亞精神，一面固然表現在學校，另一方面則需表現在此後的校友會。如此分途並進，將來到舉行第二十屆、第三十屆畢業典禮時，再看我們表現如何吧！

專此祝畢業諸君前途無量！

（民國五十年七月十五日）

《論語》讀法

本校定孔子聖誕為校慶，用意在使同學能知尊重孔子，因知尊重中國文化傳統。欲尊重孔子，必讀《論語》。讀《論語》，必兼讀朱注。朱子注《論語》有三大長處：一、簡明。古今注《論語》之書多矣，獨朱注最為簡單明白。二、朱注能深入淺出。初學可以淺讀，成學可以深讀，可以使人終身誦讀不厭。三、朱注於義理、考據、辭章，三方面皆優。宋人長於義理固矣，然朱注於考據、訓詁亦極精善。且又長於文理，能於《論語》之章法、句法、字法體會深微，故《論語》以朱注為最勝。

猶憶余在十七八歲時，偶在家中書架翻得清儒毛西河《四書改錯》石印小字本，讀之驚喜，不忍釋手。迨黃昏，移就庭外立讀。其書批駁朱注，分類分條，幾於通體無完膚。余時愚陋無知，僅知朱子乃宋代大儒，又知讀《論語》必兼讀朱注。而毛氏何人則不知。又其分類，如有關天文、地理、宮室、衣服之屬，凡所討論，余皆一無所知。讀其書，僅使余知學問之廣大，若另見一新天地。

越後讀書漸多，知有所謂漢學宋學之別。又久之，讀書益多，乃知即論考據、訓詁，清代治漢學諸儒未必是，朱注亦未必非。其後幾二十年，在北平書肆又購得毛氏《四書改錯》大字木刻本，再讀之，乃知毛氏雖博辨，其書實不能如朱注之廣大而精微。回憶少年時初讀此書之心境，不覺恍然自失。

蓋清儒治漢學，門戶之見甚深，凡朱注錯誤處，積清儒二百數十年之搜剔抉發，幾於盡加駁正，殆所謂：「丘也幸，苟有過，人必知之矣。」然亦有朱注正確處，清儒存心立異，轉以自陷。時余在北平，見學者群推劉寶楠《論語正義》，鄙薄朱注不讀。心知其非。顧一時風氣所趨，亦無法糾挽也。

及抗戰時在成都，病中讀《朱子語類》，一日僅能讀數條而止，倦即放置不讀，亦不讀他書。約半年，讀《朱子語類》始畢，乃知朱子注《論語》，於義理亦多錯，並多錯在性與天道等大綱節上。此乃程朱與孔孟學術思想分異所在，亦已多為清儒所糾彈。然自此以往，善言義理，當仍推朱注，斷非清儒所及。故余數十年來，教人讀《論語》，仍必教人兼讀朱注。良以朱注所得，較之諸家，心知其為獨多。

惟學者治《論語》，先於朱注立基礎，乃可進而多窺諸家之異說。所謂諸家，有遠在朱子之前，更多起於朱子之後。苟非多窺異說，將不知朱注之所誤何在，更不知朱注之所為精善獨出於諸家之上者何在也。從來解說《論語》者多矣，幾於每字、每句、每章必有異說。每有異說，亦多在兩說三說以上。惟學者治異說，切戒有好異心，切戒有好勝心，貴在能平心靜氣，以實事求是之心處之。每得一異說，於文理文氣上孰當孰否？於考據訓詁上孰得孰失？於義理闡發上孰精孰粗？貴能細心尋求。《論語》本文，惟若平淡易簡，然學者能循此求之，一說之外，復有一說。眾說紛紜，而各有所見，亦各有所據。正在此等處，可以長聰明，開思悟。聞見日廣，識慮日精。僅於《論語》一書能如此求之，而義理、考據、辭章三方面之進益，有不知其然而然者，有日新月異，益深益遠，已臻於為學之上乘而初不自覺者。

然治《論語》之異說，亦不貴貪多，不貴欲速，不貴在限定年月以內，必盡搜《論語》之異說而徧治之。只貴於朱注外，隨時得一書，獲一說，即取與朱注對比。通一說，即獲通一說之進益。如此從容緩進，乃為可貴。

余自來香港，即有意為《論語》作一新解。雖尊朱注而不專守，遇異說勝朱注者，盡改以從。而亦欲仿朱注，力求簡明，力求能深入而淺出，力求於義理、考據、辭章三方兼顧。務求自中學生以上皆能通讀。尤望成學之士讀我注，亦不以為鄙淺。懷此心已久，屢易稿而皆未愜。去年在美國，積半年之力獲成初稿。返港以來，又再自校讀，去冬通讀一過，今夏又再讀一過，迄今已過其半，又能多所改定，今冬當可付印。自問此書，雖不能取朱注而代之，然讀朱注者必當再讀吾書，然後於《論語》易於有入門益進之望。此則余之志願所在。因於今年校慶，先草此文，以為吾同學告。儻吾新亞諸同學，今年能人手一編，先讀《論語》及朱注。明年之春，再讀吾書，其於吾心，將何快如之！

（民國五十年九月）

秋季開學典禮講詞

民國五十年九月十八日

各位先生，各位同學：

今天是本學年度的開學典禮，因為還有幾位先生要講話，我只撮要地向大家報告兩點：

第一關於教務方面：從今年開始，我們學校的理學院正式成立了。上年我們已增設了生物與數學兩系，今年又新開設物理系與化學系，現下理學院共有了四系。這是我們學校新成立的一院，與舊有的文學院、商學院鼎足而三。至於為何要設立理學院，去年在畢業典禮講話中，我已詳細說過，現在不再重複了。學校一天天在發展與擴大，但我們不要忘了學校的中心精神，和學校的特有個性。我再簡單說，我們學校希望能有兩種精神：

㈠中國文化精神。諸位是中國人，這是絕對不該忘了的。無論在何處，在何事上，都要如此提醒自己。既然為一中國人，就必要尊重中國文化傳統，從而督促自己要做一個像樣的中國人。

㈡服務的精神。諸位來學校非僅為了拿一張文憑，謀一份職業。當然，我們也不是說要諸位完全不注意到這上去。但這只是一種最起碼的條件而已。如果我們單是為了找一職業為謀生之途，那只是自私自利，並非諸位來學校求學之主要目的。諸位應能對社會乃至人類有貢獻。父母生了我們這一個人，有手、有腳、有頭腦、有聰明，更有機會受高等教育，完成了你一個人，總要記得將自己所學，對家庭、對社會、對國家、對人類服務有貢獻。

以上兩點，我曾一再提起，今天再特別把來提醒大家，千萬不要忽略了。

第二關於校務方面：現在學校的校務，共分總務、教務、訓導三處。今年的總務長，仍由蕭約先生擔任。我一向佩服外國人的辦事精神，記得在民國十九年我在燕京大學教書，有一件小事，卻令我非常注意。即是：燕京學校裏的路燈，它的開關遲早，天天依著天氣陰晴和月亮圓缺而異。月初，路燈便開得早。若遇明月高照，路燈便開得遲。燕京是外國人在中國所辦的最高學府，從這一件小事上，可以看出外國人的辦事精神來。我們學校所以要請蕭約先生來擔任總務，也是希望他能把西方人的辦事精神，灌輸到我們學校。

我們的教務長由創校迄今十二載，都由唐君毅先生擔任。但唐先生兼職甚多，他現任文學院院長，哲社系主任，又兼研究所導師，還要自己從事著作，實在太忙了。他歷年來屢請辭職，我們今年已改請吳副校長擔任。本來吳副校長也已很忙，但在教務職務逐漸分任的大原則之下，只有請吳副校長為學校多化這一分精力了。

訓導長本由程兆熊先生擔任，程先生在中文系教課，也忙著在課外從事著作，他亦請辭去訓育兼職，所以今年就改請歷史系教授陶振譽先生擔任。

說到學校行政方面，我們盼望要能根據中國儒家人格教育與現代民主制度，兩相配合推進。儒家教育理想，以尊重人格為主。在雙方人格相互尊重下，就產生了中國傳統的一種道德精神。這是我們一向所提倡的。無論在教務訓導方面，學校當盡量尊重各同學的人格。但諸位同學，亦須了解學校的行政與課程方面之種種規章與制度。當知，學校每一制度的成立，都是一種師生相互人格尊重的表現。

講到民主制度方面。諸位在學校是同學，到社會上服務，有團體，有同事，在國家同是公民。所謂尊重人格，首先須了解一點，人在這世界上，不僅是自己一個人的存在，每一人都只是人群中的一份子，都不能背公而顧私。只有人格是各人自己的，其他都在人群大公之內。做一公民，便該服從國家法律。當一學生，便該服從學校規章。而我們學校的一切設施，則盼望能採公的態度，採用民主的精神。只要關於公眾的事，總要懂得少數服從多數。無論在學校的任何方面，都要懂得將公私分開。這並不是說要諸位公而忘私，諸位當知，我們各自的私，全賴在人群公共之中才能存在而表現。

例如現在我們學校有同學四百人，諸位就各是其中的四百分之一。你的一切，你該知道將在此三百九十九份放進去之後才能顯出。就香港而言，則你只是三百萬分之一了。就中國而言，你又只是六億分之一了。假如將世界歷史上的人類都加進去，簡直不知我們該當得其中的多少分之一，這真是渺乎其小了。但雖小，總是有你們的一份。諸位當知，一與一是平等的。如果是一個三口之家，父母親與兒女都各是三分之一。夫婦之間，相互各是二分之一。刎頸之交的好朋友，也只是二分之一。這裏面有公亦有私。在人群大公之中，就有我的私。只不要因私而忘公。我們該懂得把這種精神來處家庭，處社會，處國家，而為人群服務。

孔子曾說：「克己復禮為仁。」仁不能在各人的私上見，必在人群之公上見。我們學校的訓導、教務各方面的行政，都盼望能以儒家人格教育與現代民主精神為中心。特別是我們本屆的新同學，你們進了新亞，就是新亞的一份子了。希望你們時時刻刻記得學校的精神與理想，來在此學校中做成一新份子。

孔誕與校慶講詞

民國五十年九月二十八日

各位先生，各位同學：

今天是學校建校十二週年的紀念日，回想過去，由於我們自己努力奮鬥，與外界熱烈支持援助，使我們學校有今天的規模。有幾點是值得我們慶祝的。

第一，我校在極端動亂的時代開始。當我初來香港時，廣州快要淪陷，此間情形亦極為混亂。我們創辦此學校，是在此間除香港大學外，現有各所大專學校之先。最初成立時，僅在晚上租佐敦道偉晴街華南中學的兩間課室開始，那時名稱「亞洲文商學院」。半年後，搬到桂林街，改為日校，始定今名。曾記有一位美國人來校參觀，他說：他在法國也曾見到過一所像這樣的流亡學校，此外便沒有像此般學校在他見聞所及了。我們在此極度動亂的時代創辦此學校，所幸我們沒有喪失了我們自己的理想，並不斷努力向此目標而前進。由今想來，可知我們並不要怕外界動亂來影響到我們，只要我們能堅持，我們的理想仍有實現的可能。一顆種子埋在地下，縱使經歷了暴風烈雨嚴霜寒冰的摧殘，但它仍能萌芽生長。這一點是值得我們慶祝的。

第二，我們是在極艱難的狀況下維持此學校。當初在桂林街時，我們只盼此學校能一日不關門，便決意一日不離去。或許今天在座中，有那時早期的同學，他們對我們學校當時的情形會很清楚。我們就在這今天不知明天的狀況下，咬緊牙關，渡過了漫長的五年。這又是值得我們今天來慶祝的。由今想來，我們也該說，我們不要怕外界的動亂，在動亂中仍可以建立基礎。我們也不要怕自己的艱難，在艱難中仍可以實現理想。

第三，我們學校能有今天的規模，這要感謝各方面對我們學校的愛護與援助，否則遲早總會要關門的。外面首先來援助我們的是亞洲基金會，跟著有雅禮協會、哈佛燕京社、福特基金會、洛氏基金會等各機關。最近兩年內，又得到香港政府補助。如此已有了七年的時間。如果在此七年內，沒有外界助力，我們學校即不可能有發展，不可能有進步。例如一顆種子，定要它生根、長枝、開花、結果。若永遠只是一顆種子埋在地下，它老不能抽芽發葉，也便不能算是一顆種子，因為它根本沒有表現出它種子的能力來。這點也是值得我們今天來慶祝的。

第四，我們自從得到亞洲基金會、雅禮協會等各方援助，我們在此七年來，也幸而並沒有辜負了他們的期望。每一年，我們必有長進，有發展。如果是三年前入學的同學，請你們回想此三年來的經過。如果是在校七年的同學，請你們回想此七年來之經過。我們在學校各方面實已盡力期求改進，而且也確是不斷有進步。這也是值得我們慶祝的。

第五，十二年來，我們在校的先生們，不僅在教課方面，使同學們有長進，而且在教課餘暇，還能完成發表了不少著作。即是同學們，在研究學問方面，亦都有很好的表現。或撰寫論文，或在其他方面見成績。另一方面，說到離開學校的同學，也不斷地有長進。雖然我們建校只有十二年的歷史，但已有校友能在本校任課，並有在世界著名的大學任課的。例如在美國哈佛，在香港大學等，都有我們校友在那裏任課了。我盼望提倡同學們在課程之外的研究。例如上學年中文系同學所寫的詩，彙印了一本《新亞心聲》，已得到了外界不少的贊許，這也是一好現象。我上面所講學校發展，並不只是指著外表的建築或圖書館之擴大與充實，以及增加新的院系等。更亦是內部的，先生同學在校內校外學術上都有所表現，這是值得我們來慶祝的。我們只在此短短的十二年中，自然不能期望過高，但在歐美各國知道新亞的已很多。我們學校的出版物，在國外亦有了地位。這雖不許我們因此自滿，但也值得我們以此自慰。這又是我們今天值得慶祝的。

第六，我們學校的校慶，開始是定在雙十節，因我們創辦此學校是在國慶前幾天。加以時局動亂，大家在亂離流亡之中，感慨更深。我們深覺得，我們各個人的生命與國家民族的盛衰息息相關，沒有了國家也就會沒有了我們，更會沒有了我們的團體與事業，所以就將我們學校的校慶寄附在國慶那一天。從去年開始，我們把校慶日改定在孔子的誕辰。因我們感覺把國慶當校慶，容易引起外界誤會，或以為我們的學校是太過富於政治性。我校理想以提倡中國文化為目標，我們更該側重在文化教育性方面來慶祝，故把校慶日改在孔子誕辰。我們盼望國家有前途，必先盼望我們人民有希望。要人民有希望，必該靠重文化力量。孔子誕生至今已過二千五百年，孔子是中國文化的代表與象徵。我們把校慶改定在今天，對我們學校理想，是再恰當不過了。我要鄭重而誠懇地請我們各位同學，以及教職員們，都不要忘了我們自己是一個中國人。當知我們做一個中國人，並不是我們的羞恥，乃是我們的光榮。並不是我們的負擔，而是我們的責任。中國文化有其悠久的歷史，更有其崇高的價值。將來中國文化對世界人類前途，應有其貢獻。我們每一人，應有一份責任心，不僅為國家民族，也是為世界全人類。我們該發揚我們中國的文化傳統，我們是中國人，就應該尊重中國文化。要尊重中國文化，就該尊重孔子。尊重孔子，意義重大，今天不能詳細講述。但請諸位立志由進新亞開始，努力要做一個像樣的理想的中國人。大家該知尊重中國文化，這就須我們表示對孔子的敬意，這一層應是大可慶祝的。

第七，我們學校或許很快會變成香港中文大學的一份子。但這卻並不是一件十分了不起的事。最緊要的，還是不要忘了我們十二年前創校的理想，及十二年來這不斷奮鬥的傳統精神。如果一旦成為中文大學了，就把我們的創始理想和傳統精神遺棄了，正如一人去外國留學，得到了學位，就忘記了他自己是一個中國人，那是不值得我們稱揚的。一個人無論如何該知不忘本。將來諸位再了不起，也不該忘了自己的父母。我們生為中國人，這可說是一種天意，或說是上帝的命令。諸位來新亞讀書，乃是你們的自由意志。這些我們都不該忘。我們盼望我們學校將來任何演變，任何發展，都不要忘了新亞創校精神，這又是大可慶祝的。

第八，一切事都不能只求維持原樣，也不能專一回頭記念已往。我們只該向前，只該永遠向前。我們希望新亞將來能在世界大學學府中獨持一幟，我們不該以現在的情況為滿足。我們創校只有十二年，比之英國牛津、劍橋，美國哈佛、耶魯，他們有創校的悠長歷史，把我們新亞作比，真是差得太遠，無法作比。近如香港大學，它創始迄今，也已五十年了。我們這短短十二年，當然不能與五十年、五百年、乃至五百年以上的相比。我們要希望新亞也能成為世界上一著名的大學，不是十年、二十年的事。恐怕再等五十年、一百年，是否才可和其他著名大學相比，也難說。但我們要照此做的。再過一個十二年，兩個十二年，如此以往，是否真能變成一所世界著名的大學，是否能與世界第一流大學分庭抗禮，這一層要諸位懸存心中，這也大可慶祝了。

第九，在桂林街時，由於經濟環境種種限制，我們學校連一個工友也沒有，抹窗、掃地等，都由同學做。今天我們學校已有發展，我並不希望此刻四百位同學都來替學校抹窗掃地，只希望諸位努力為學做人，都做一個像樣的中國人，都在文化學術上有成就有貢獻。我們今天，仍是「手空空，無一物；路遙遙，無止境」。我希望以前各屆畢業的同學們，以及將來絡續畢業的同學們，都能參加校友會。諸位不要認為校友會無力量，再隔一個十二年，三個十二年以至無數個十二年，我們將會有多少校友呢？到那時，或許有很多校友都成為社會上的重要人物。我們學校的存在，必要有一團體來支持，這就是我們校友們的責任。待到校友會能來維護此學校，此學校才算真正的有基礎。這是我們的事業，我們的理想。此種事業和理想，固非一日所能實現。但孔子當時所抱的理想，到今已經兩千五百多年，而仍在不斷發展。我常說，我們學校是一個大家庭，諸位都是這家庭中的一份子。今天我希望諸位能多進圖書館，多注意研究學問，將來能回頭來維護此學校，發展此學校的理想。中國文化存在，我們此學校也存在，並能無窮無止地發展下去。這又是值得我們大大慶祝的。

第十，由桂林街到今十二年，這十二年間的發展，我們在前是做夢也想不到的。在桂林街時，我們並不曾想到有今天。我盼諸位試想十二年後、二十四年後、三十六年後，新亞會變成什麼樣子呢？我們的國家社會又將如何呢？我們要遠望將來，不能只顧眼前。行百里者半九十，一百里路，跑了前面九十里只算是一半，後面的十里又是一半，這後面的一半才是真長遠真艱難的，需要我們不斷奮鬥。但我們千萬不要忘了開始時的精神。諸位在社會上，他日有所建樹，而還不能忘做小孩時光景，那就很好了。我們要向前邁進，但也不要忘本，讓我們能年年來慶祝這校慶吧！

上面講了十點，值得我們在校慶日慶祝的。前面五點，屬於已經過去的。我們不要因為小有成就而欣欣自滿，我們還有更遙遠的路程需要不斷的奮鬥。後面五點，是我們新亞師生每一個人的責任，各位都要努力肩負起這責任，使我們學校的理想得以發展，創校的精神得以保存，終有一日成為世界上最著名的一所大學。

歡迎羅維德先生

民國五十年十月二十四日第四十四次月會講詞

今天我們萬分高興歡迎羅維德先生重來新亞。我想：在座諸同仁與同學，大多數都是認識羅維德先生的。只有少數不認識羅維德先生，但對羅維德先生的名字和其為人，也都早知道，所以我今天不必特為羅維德先生個人作介紹。我今天所想說的是關於雅禮協會與新亞合作的這一事件之過去和現在及將來。

雅禮協會是在美國耶魯大學之內的一個私人團體，這一團體由於有意到中國社會來推行醫藥與教育事業而創始的，到今已快近六十年的歷史了。一個私人團體，專為別一個社會而努力，而能一批接一批的，繼續維持到五十年以上的歷史。這一種精神，已值我們敬佩和效法。

自從大陸赤化，雅禮協會在中國內地所辦的事業也停頓了。七年前，雅禮協會推派耶魯大學歷史系教授盧鼎博士來東方，他的使命是要在臺灣、菲律賓及香港三地，重行設計雅禮協會所可能推進的新事業。盧鼎教授此行，決定了一個雅禮與新亞合作的意見，回去報告，獲得了雅禮協會之全體同意，這便是新亞與雅禮合作的開始。

新亞是在萬分艱難中創始而維持的，自從獲得雅禮協會之合作，遂能打開新局面，得有今天的成就。新亞也是一個私人團體，由於抱有某一種的理想而創始成立的。這和五十多年前，雅禮協會之成立，正無二致。但此兩團體所抱理想，就其大體言，都是為著人類社會之教育與福利求有貢獻，這是相同的。而講到雙方理想之內容方面，則總有許多不同的存在。因此在開始幾年的合作上，雙方總是有一些隔膜，或說是不相瞭解處。

在雅禮與新亞合作之第五個年頭上，羅維德先生由雅禮協會推派到新亞來作為雅禮的代表，同時也成為新亞的董事。羅維德先生在新亞雖然不過一年半的短時期，但從他來新亞以後，可說雅禮與新亞之合作，又邁進一新階段，即是在雙方的理想上，精神上，獲得了更深一層的相互瞭解與相互信任。因此我常說，雅禮與新亞之合作，就新亞一方面的感想而言，創始這一個規模的是盧鼎教授，而奠定這一個基礎的則是羅維德先生。

羅維德先生在新亞，正值新亞開始接受香港教育司津貼，成為將來成立中文大學之一員，這裏面有種種討論，種種決策，以及種種商談，羅維德先生始終參與，而且是新亞方面為此事盡過最大努力，經受過最大辛勞的一人。照理說，我的年齡比羅維德先生輕，我在新亞的責任比羅維德先生重，但在此事經過中，我所盡力的，遠不如羅維德先生般辛勞而繁重。自冬迄暑，我和羅維德先生這一段共事的經過，將使我永遠不能忘懷。

我很願意羅維德先生多留在新亞，又怕他太辛勞了。但羅維德先生告訴我，能為新亞盡力，他都情願。只若回美以後，能對新亞更多貢獻，則他還以回去為是，因此我也不再多留。自從羅維德先生回美以後，我又接踵而去耶魯，那時羅維德先生是擔任雅禮協會的副主席之職，他為新亞所盡力的，一如他在新亞時，還是同樣地辛勞，而羅維德先生總是樂此不疲盡力以赴。在我朋友中，能一心一意，全心全力為一件事，為一個理想，而努力以赴之的，像羅維德先生，可說是我心中最敬佩的一個了。

羅維德先生是一個虔誠的耶教徒，我在羅維德先生身上，更認識了耶教精神，更認識了西方文化之特有長處。我在羅維德先生身上，也更認識了雅禮與新亞之合作精神。

今天，羅維德先生重來新亞，計算他離去新亞，已是兩個年頭了。我不知新亞此兩年來，倘有一些進步，能否合乎羅維德先生平日所念念不忘的對新亞的想像和希望。我常想，一些顯著在外面的事業上的成就，總是發動於蘊藏在某一人或某幾人的內心深處的一番真誠和熱心的。但那些外面的成就，也總會抵不過那蘊藏在某一人或某幾人內心深處的一番真誠和熱心的。

此次羅維德先生之來，雖只短短的十天光陰，但我希望羅維德先生看了他離開新亞兩年來的經過，多少能獲得一些安慰。更希望羅維德先生在此十天之內，能多多給我們以指示和鼓勵。更希望羅維德先生在短時期內，能第三次來新亞，能多住一些時。到那時，羅維德先生將會和他太太一同來，羅維德太太也是同樣時時紀念到新亞。而在新亞方面，凡認識羅太太的，也在此時時同樣地紀念到她的。

臨了，我代表全體敬祝羅維德先生健康。接著我們請羅維德先生對我們全體講話。

中國儒學與文化傳統

民國五十年十月七日本校文化演講會

（一）

講到中國文化，便會聯想到儒家學術。儒學為中國文化主要骨幹，誰也承認。但現有兩個問題須討論：其一、為儒學之內容，即儒家學術究竟是些甚麼？其二、為儒家在中國文化中，其地位之比重究如何？吾人對此二問題，當以客觀的歷史事實作說明。因此本講範圍乃係有關中國文化史中之中國學術史部分，而又專就儒學史為本講之題材者。惟如此，已嫌範圍過寬。又且中國儒學史一題，在國內學人中，似尚未有人對此作過系統之研尋。本講題只可謂對此問題作一開頭，自有許多觀點，在此講演中，難作定論。只是提出此許多觀點，以待此後有人繼續就此綱要而探討，或因此可有一部比較完整的中國儒學史出現，這卻是一項饒有意義與價值的事。

要講儒學內容，必須講到儒學史，即中國儒學之演變歷程。歷史上任何事物，傳遞久遠的，必有一番演變歷程。儒學自孔子迄今，已逾兩千五百年，自然有許多演變歷程可講。要講演變歷程，必先劃分時期。此下將儒學演變，姑試劃分為六時期。

（二）

一、儒學之「創始期」。此在先秦時代，自孔子下及孟子、荀子以及其他同時代儒者皆屬之。此一時期，百家爭鳴，儒家不僅最先起，且亦最盛行。韓非〈顯學篇〉說：「今之顯學，儒、墨也。」又說：「儒分為八，墨分為三。」可見當時儒學之盛，亦見在中國學術史上，儒學一開始，便就與眾不同，巍然獨出了。

接著講第二期，此為兩漢儒學。我姑名之為儒學之「奠定期」。也可說，儒學自先秦創始，到兩漢而確立，奠定了此下基礎。有人說，先秦學術至漢代已中斷；或說自漢武帝表彰六經，罷黜百家，而儒學始定於一尊。此兩說均有非是。其實儒家在晚周及漢初一段時間內，已將先秦各家學說，吸收融會，共治一爐，組成一新系統。故說先秦各家學說到秦代統一已中斷，並對此後歷史無影響、無作用，實是一種無據臆說。至謂漢後學術定於一尊，此說之非，待後再提。

今講兩漢儒學，亦可說此時代之儒學實即是經學。只讀《史記》、《漢書》中之〈儒林傳〉，便見其時凡屬儒林，都是些經學家。而凡屬經生，也都入〈儒林傳〉。此下二十四史中凡有〈儒林傳〉，莫非如此。故說經學即儒學，此說乃根據歷史，無可否認，而在兩漢時為尤顯。我們也可說，中國儒家則必通經學，不通經學，便不得為儒家。如此說之，亦決不為過。

現在試問為何儒家必通經學？此即就先秦儒家言，如孔子、孟、荀諸人所講，即多是《詩》、《書》、《禮》、《樂》，屬於後世所謂經學範圍。兩漢以下承繼孔孟此一傳統，自然經學即成儒學了。

其次論到兩漢儒學對當時之貢獻與作用。我們當說兩漢時代一切政治制度、社會風氣、教育宗旨及私人修養種種大綱節，無一非根據經學而來，故可說兩漢經學實對此下中國文化傳統有鉅大之影響，此層亦屬無可懷疑。至涉及經學內容，以非本講範圍，今姑不論。

（三）

茲再說及儒學之第三期，此指魏晉南北朝時代言。我姑將名之為儒學之「擴大期」。有人或將覺得此說奇怪，因大家習知魏晉南北朝人崇尚清談，老莊玄學盛行，同時佛學傳入，儒家在此時期，特見衰微，何以反說為儒學之擴大？然我此說，亦以歷史事實作根據。其實此一時代之儒學，並不能說必不如佛學、玄學之盛，而較之兩漢，亦非全無演進可言。

首先，且說此下的十三經注疏，此為中國經學上一大結集。而十三經注成於此一時代人之手者，卻已佔了一半。如：《易》為魏王弼注，《論語》為魏何晏集解，《左傳》為晉杜預集解，《穀梁》為晉范寧集解，《爾雅》為晉郭璞注。至於《尚書》、孔安國傳，至今稱之為偽孔傳，實非出於西漢時之孔安國，而係出魏晉時人所偽託。其作偽者，或說是王肅，無論其是否，《尚書》偽孔傳成於此一時代人之手，則無疑義。故全部十三經注中，由魏晉人作注者已佔其六。且《尚書》有偽古文，在此下學術史上影響亦大，乃亦為魏晉時人之偽作。則此一時代之經學，較之漢儒，得失如何暫不論，而其對此下儒學之影響，則斷不該輕視可知。

並在此一時代之經學中，又特創有義疏之學。惜至今此等著作皆不傳，僅有皇侃《論語義疏》一部，此書在中國亡佚已久，清代始由日本得回，我們略可窺見此一時代人所謂義疏之學之一斑。而唐初孔穎達、賈公彥等作《五經正義》，即是根據此一時代人之材料而遞禪作成者。故一部《十三經注疏》，關於注的部分，此一時代人所作已佔其一半。而疏的部分，卻占了十之八九。又如陸德明《經典釋文》，其書創始於陳代，成書在未入隋之前，其所運用之材料，亦多出此一時代人之功績。根據上述，可見此一時代人致力經學的，實不在少數。而且影響後代者亦大。我們若有意再研經學，仍須先透過此一時代人之業績，亦至明顯。然則又何能謂此一時代乃無經學或儒學可言！

我們且試一繙《隋書・經籍志》，就其所載此一時代人對六經有關著作之部數與卷數作一統計如下：

經籍名稱	現存著作部數	現存著作卷數	連亡佚者在內之部數	連亡佚者在內之卷數
易	六十九	五百五十一	九十四	八百二十九
尚書	三十二	二百四十七	四十一	二百九十六
詩	三十九	四百四十二	七十六	六百八十三
禮	一百三十六	一千六百二十二	二百十一	二千一百八十六
樂	四十二	一百四十二	四十六	二百六十三
春秋	九十七	九百八十三	一百三十	一千一百九十

上表所載現存云云，乃指在作《隋書．經籍志》時所現存者。此等著作，在今言之，則已大部亡佚，所存無幾。然觀上表，亦可見此一時期之經學，即論其著作數量，亦已驚人。今若以著作數量之多寡，來作為衡量當時人對經學中某一部門之重視與否之標記，則知此時代人在經學中最重《禮》，次為《春秋》，《易》居第三位，《詩》《書》佔第四、第五位。此一簡單之統計，實可揭發當時人對經學分別輕重之重大意義所在。又朱子謂「五經疏以《周禮》最佳，《詩》與《禮記》次之，《書》《易》為下」，亦足證明魏晉南北朝人對此諸經用力深淺之一斑。

尤其在南北朝時，經學亦分為南北，所重各不同。北人研究主要尤重《周官》。《周官》雖是一部戰國人作品，然其書提出一種理想的政治制度，尤其摻進了戰國晚年突飛猛晉的新的經濟問題，此乃中國古代的一部烏托邦。由於北方政治不上軌道，故一輩經生，尤其集中鑽研此書，俾能據以改進當時政治上之種種實際措施。在北周時，有蘇綽與盧辯兩人，相交甚篤，同有志於《周官》研究。其後蘇綽上了政治舞臺，西魏北周新的政制規模皆其所創建，直至隋唐仍因襲此一傳統，遂以重開中國歷史上之光昌盛運。盧辯則始終在野，為一純粹學者，彼曾作《周官注》，與蘇綽同受當時及後世之推重。又如北齊有熊安生，亦當時北方經學大師。北周滅北齊，熊氏知周君必來訪，命童僕灑掃戶庭以待，翌晨果如所言。西方拿破崙征德國，哥德以在路旁一覩拿翁風采為榮。較之中國熊氏故事，豈可同日而語！正因熊安生乃當時《周官》學之權威，而《周官》乃當時北方經學所重，北周即憑《周官》建制，故熊氏亦知北周君必來相訪。我們單憑此一則軼事，便可想知當時北方政府之重視經學，與經學對當時政治上之實際貢獻了。

南人所重，尤在〈喪服〉一門。如宋初雷次宗為當時喪服大師，乃與鄭玄同名，一時有雷、鄭之稱。此因當時南方門第制度鼎盛，而此一時代之門第，亦實為當時文化命脈所寄。其所賴以維繫此門第者，禮中之喪服占有重要地位。唐後門第制度漸壞，此一門學問，遂漸不為人所重。然唐代則門第制度尚在，故杜佑《通典》中所載魏晉南北朝人所講喪服要點尚甚多。

由於上述，可見此時代人所講經學，對當時貢獻亦甚大，實與兩漢儒生之通經致用，事無二致。雖此時期中，甚多人講究出世之佛學或講老莊玄學，但論中國文化存亡絕續之命脈所繫，則主要仍在此輩儒生手中。若果如一般人所想像，魏晉南北朝四百年來只談老莊玄學，只談佛學出世，試問如何能繼續中國文化遺緒以下開隋唐之盛？故知此一時代中，儒學基礎實未破壞，而斡旋世運能自貞下而起元，亦端賴於此。

（四）

然我今天所以說魏晉南北朝為儒學之擴大期者，其重點尚不在此。我認為此一時期人講儒學，已不專囿於經學一門，而又能擴及到史學方面來。史學本為經學之一部分，如《尚書》、《春秋》、《左傳》均當屬史學範圍。唐劉知幾作《史通》，分疏史書體例，即由《尚書》《左傳》兩大派說下。我們若更進一步言之，亦可謂孔子之學本即是史學。孔子嘗曰：「甚矣，吾衰也！久矣，吾不復夢見周公。」又曰：「吾非生而知之者，好古敏以求之者也。」又曰：「周監於二代，郁郁乎文哉！吾從周。」《論語》上如此一類話尚多，可見孔子所學，也即是在孔子當時的歷史。孔門由於其所講習之《詩》《書》《禮》《樂》，而獲得其所從來之演變得失之全部知識，其與歷史實無嚴格界限。故後人謂「六經皆史」，此說實難否認。下到漢武帝時，董仲舒提出復古更化之主張，其意即主不再近效秦代，而須上溯六經，復興三代之盛運。更可見漢儒治經，亦求通史。若不治經，試問更何從上知三代？故謂漢儒之提倡經學，無異即是提倡史學，亦可不辨自明。

其次，再論到當時經學上所有今古文之爭。劉歆提出的古文諸經，如《左傳》、《周官》、《逸禮》、《毛詩》四者，更見偏重在史實方面。《左傳》不必論，《周官》在當時目之為周公致太平之書。書中所載一切政治制度，當時人認為是古代真實的歷史。《毛詩》因各詩之首有序，自較之三家詩更見有歷史價值。以今傳《韓詩外傳》相比，豈不見《毛詩》更重歷史性。故在漢代，由今文經學擴及古文經學，實是經學中之歷史性愈趨濃重之證。其趨勢至東漢而益顯，即是在經學中根據古代史實的趨勢，益勝過了憑空闡發義理的趨勢之上。鄭玄括囊大典，偏重早已在此方面。而王肅繼起，顯然更近於是一史學家。杜預作《春秋左氏集解》，顯然亦偏重在史學。故可說經學即史學，史學亦即經學。二者間本難作嚴格分別。亦可說自經學中分出一支而成為史學，史學乃經學之旁支。如《史記》〈太史公自序〉，自稱即以孔子作《春秋》之精神而寫《史記》，亦即是沿襲經學而發展出史學之一極好例證。班固《漢書》〈藝文志〉，亦將《史記》列入六藝略中之春秋門。可見在當時人觀念中，經學即包有史學，亦可說當時尚無史學獨立觀念。故班固作《漢書》，批評司馬遷《史記》未能完全一本儒家立說。此項批評，當否且勿論，然可知班氏作《漢書》，其所自負，仍為一本於儒學。則馬、班史學淵源，皆從儒學、經學來，事無可疑。

自馬、班以後，史學特受重視。新史籍接踵繁興。下至晉時，荀勗將古今著作分成甲、乙、丙、丁四部。經學列甲部，文學為乙部，歷史則為丙部，至是史學已成一獨立部門。更下至《隋書．經籍志》，經學仍列甲部，而史學改列乙部。斯其益受重視可知。其時著名之史籍，如宋范曄之《東漢書》及晉陳壽之《三國志》，與馬、班《史》《漢》齊稱為四史。其他知名的史學家與史書不勝枚舉，其中如漢荀悅《前漢紀》及晉袁宏《後漢紀》，更為有名。又如《宋書》、《南齊書》、《魏書》等正史，亦均為此一時期人所撰。

《隋書．經籍志》史學部門所收共分了十三類，今再統計其所收經史兩部書籍之部數、卷數作一比較，計經書有六百二十七部，五千三百七十一卷。連亡佚，則為九百五十部，七千二百九十卷。史書共八百十七部，一萬三千二百六十四卷。連亡佚，共有八百七十四部，一萬六千五百五十八卷。史學著作之卷帙總數已超過經學卷帙一倍以上。而上述經學著述中，其承襲兩漢前人所遺下者為數尚鉅，史書則多為東漢魏晉以下人新撰。即此可知，當時在史學方面一種突飛猛進之成績。而史學實即儒學，此因經學即儒學，而史學又即經學也。

在此尤值得提起者，則為隋末大儒文中子王通，此人雖已在南北朝之後，然在此不妨兼述。他曾有意續經，如取漢以下人奏議詔令之佳者編為《尚書》之續，稱「續書」。又取漢以下人之詩賦擇其有關時代與足資教訓者集為「續詩」。後人或譏其狂妄。其實六經皆史，清儒章學誠曾抉發其精義，可謂已成定論。反言之，則史即是經。經史既難嚴格劃分，則五通觀點，殊亦無可厚非。只由國人尊重經籍之心理淪浹已深，牢不可拔，而王通徑用「續經」之名，故為後人所不滿。今欲闡明經史同源之義，則王通見解正可用來作證。而王通河汾講學，對此下隋唐盛運重開之影響，亦屬盡人皆知，不煩多及了。

今再就史學內容言，儒學主要本在修、齊、治、平、人事實務方面。而史學所講，主要亦不出治道隆污與人物賢奸之兩途。前者即屬治平之道，後者則為修齊之學。若史學家除卻治道隆污，人物賢奸不辨，此外，更有何事可講？又如依先秦道、墨、法諸家意見，試問如何能演變出後世史學來？其中惟墨家立論尚時引古史作證。老莊申韓立論，即全不重視史實。只取此諸家書與《論語》《孟》《荀》並看，便知其間異同。故謂史學即儒學，其說至明顯。我們若把司馬遷、班固、范曄、陳壽、荀悅、袁宏諸人，依照先秦學派，把他們分別歸入，則大體上自當歸屬儒家無疑。而且此一時代之史學家，幾乎都同時在經學方面有著作，此亦可以證我前說。最多我們只可說在他們中有的尚不得為醕儒，最多也只可說他們在儒學中地位不高，只是游、夏文學一途。然游、夏文學亦顯在孔門四科之內。而且我們也絕不能說《左傳》《史》《漢》之價值，便不如《公羊》《穀梁》。至於此一時期之史學書，甚多經亂亡失，也不能因此便謂其無價值。即如兩漢十四博士各經章句豈非全部亡失了嗎？但我們並不能因此說兩漢經學不值重視。何況魏晉南北朝史學書籍之流傳，還遠多過兩漢諸經之章句。因此我們說魏晉南北朝為儒學之擴大期，正因於經學外，又增進了史學。從此以後，常是經史並稱，並有了「經史之學」一新名目。此後歷代大儒，則罕不兼通經史。即此一節言，魏晉南北朝時代，儒學依然極盛，其貢獻於當時及後世者亦極大，可不再多論。

（五）

下面述及儒學之第四期，即唐代儒學。我姑亦再為特起一名稱，謂之為儒學之「轉進期」。唐代經史之學，均盛在初唐，乃係承受魏晉南北朝人遺產而來。我們也可說，隋唐盛運，早在南北朝晚期培育，學術也不例外。經學上最著者，如陸德明《經典釋文》，孔穎達等之《五經正義》。而後者尤為經學上一大結集，後來絡續增成為《十三經注疏》。但一則盛極難繼，二則《五經正義》作為此下科舉制藝之準繩，功令所限，更使此下唐人在經學上少有新創。至論史學著述，如《晉書》、《梁書》、《陳書》、《北齊北周書》、《南北史》、《隋書》等，亦皆為唐初時人所撰。主要亦多是承襲魏晉南北朝人之遺緒。惟以前人寫史，自馬、班以來，多係一人獨撰，唐後開始有集體編撰之例。然此不即是史學一進步，無寧可說是不如前人了。而且史學亦如經學般，中唐以後，即不見有初唐之盛況。

但唐代儒學，於經史之學以外，卻另有一番轉進。我此所謂轉進，與前時期之所謂擴大稍有別。據我所見，唐代儒學之新貢獻，卻在其能把儒學與文學匯合，從此於經史之學之外，儒學範圍內又包進了文學一門，這是一件值得特別闡發之事。

本來經學中，原有文學成分，如《詩經》便是。且群經諸史，不能不說它都有絕高絕大的文學價值。但就古代人觀念言，則似乎並無文學獨立的一觀念。而且文學之與儒學，開始亦並無一種密切相關之聯繫。即如《楚辭》作者屈原，本非一儒家，只其所作《楚辭》〈離騷〉之內容卻有與儒家暗合處，故為後來儒家所推崇，但在當時則斷不能說《楚辭》即是一種儒家文學。下逮漢人，以賦名者如司馬相如、揚雄之徒，明明與儒家經生不同，故班氏〈藝文志〉「六藝略」之外別有「辭賦略」，顯然不能以司馬遷《史記》列入春秋家為例。揚雄早年本效相如作賦，有意欲為一辭賦家。但晚而悔之，乃謂辭賦只是雕蟲小技，壯夫不為。彼云：「詩人之賦麗以則，辭人之賦麗以淫。如孔氏之門用賦，則賈誼升堂，相如入室矣。但如其不用何！」則楊子雲亦已明明指出文學與儒學分途揚鑣，不走同一軌轍了。故當其轉變思想以後，遂改從文學轉入儒學，模倣《論語》作《法言》，模倣《易經》撰《太玄》。從此一例，可見西漢人心中惟經學始是儒學，而辭賦家言則另是一套，與儒學不相涉。故范曄《東漢書》，於〈儒林傳〉之外，又增設〈文苑傳〉，亦證文苑與儒林有別，即在范曄當時，儒學中仍未包涵有文學。

首先提出文學之獨立價值者，應自漢末建安時代開始。魏文帝曹丕〈典論〉論文有云：「文章，經國之大業，不朽之盛事。年歲有時而盡，榮樂止乎其身，二者必至之常期，未若文章之無窮。」純文學之獨立價值之提出，當推始於此。然曹氏父子及建安諸子，亦均非儒家。此後梁昭明太子之《文選》，仍循建安路線，提倡純文學，力求與經史分途。其時如陶淵明詩，亦如屈原《楚辭》〈離騷〉之例，只可謂其與儒家有暗合，卻非有意把文學來納入儒學中。根據上述，故說文學與儒學本非一途，專從儒學中亦推衍不出文學來。至以文學匯通於儒學者，此一工作，乃自唐代人開始。

韓昌黎詩云：「國朝盛文章，子昂始高蹈。」唐詩人自陳子昂之後有李太白，此兩人皆有意上本《詩經》來開唐代文學之新運。但此兩人在唐代之復古運動，或開新運動中，仍未能達到明朗化，或說確切化。即所謂匯通儒學與文學之運動，即納文學於儒學中之運動，其事須到杜甫，而始臻完成。杜詩稱為詩史，其人亦被稱為詩聖。杜詩之表現，同時亦即是一種儒學之表現。故說直到杜甫，才能真將儒學文學匯納歸一。換言之，即是把儒學來作文學之靈魂。此一運動，到韓愈又進一步。韓之古文運動，其實乃是將儒學與散體文學之合一化。韓愈散體文之真價值，一面能將魏晉以下之純文學觀念融入，一面又能將孔孟儒學融入。此是韓愈在文學史上一大貢獻，亦是在儒學史上一大貢獻。故韓氏自述其作文工夫，謂「當行之乎仁義之途，游之乎詩書之源。」

又謂其「好古之文，乃由好古之道。」後人稱其「約六經以為文，約風騷以成詩。」若明白闡述，即是把文學與儒學挽歸一途。論其文之內容，則實莫非是儒家言，其集中如〈原道〉〈諫迎佛骨表〉等諸文固不可論，即隨手就韓集中拈其任何一篇，固可謂無不根據儒學而立言，亦可謂無一非融攝孔孟之道以立言者。故自唐代起，自杜詩韓文始，儒學復進入了文學之新園地。自此以後，必須灌入儒家思想才始得成為大文章。此一新觀點，實為以前所未有。必至此後，經學、史學與文學，均成為寄託儒學、發揮儒學之工具。於是四部中之集部，亦遂為儒學所包容。我特稱唐代為儒學之「轉進期」，意即在此。

（六）

以下再講到儒學之第五期，即宋、元、明時代，我將稱之為儒學之「綜匯期與別出期」。此當分兩面言：一說其綜匯，乃指其綜合匯通兩漢魏晉南北朝，下迄隋唐之經史文學，以為儒學之發揮之一方面而言。此方面之代表人物，可舉歐陽修為例。歐氏文宗昌黎，亦是粹然儒家言。但永叔除文學外，在史學、經學方面，造詣俱深，著述並富。我們固可說歐陽氏乃一文學家，同時亦可說其是一史學家與經學家。但歐陽氏乃一大儒，則無可異議。

北宋諸儒，大體全如此，他們都能在經、史、文學三方面兼通匯合，創造出宋儒一套新面目。

其間所有差別，則不過於三者間，有時畸重畸輕偏長偏短。如王荊公偏重在經學，司馬溫公偏重在史學。荊公可說是儒家中之理想派，主要在講六經三代，崇奉上古史。溫公可說是儒家中之經驗派，主要在講漢唐中古史。北宋新舊黨爭，就儒家立場言，亦可謂是一種經學、史學之爭。故新黨執政時，太學諸生便群趨於研究經學。迨舊黨得勢，太學諸生又轉而注重史學。此一種學風動盪，直到南宋尚受波及。其次再說到二程洛學，他們較近於經學派。蘇東坡蜀學，則較近於史學派。但嚴格言之，蘇氏父子在當時及後代，均不目為純儒。即就他們的文章看，其中頗多雜有縱橫家、老莊道家言。在司馬溫公以後之洛、蜀、朔三黨分歧，若我們純從學術立場上來看，大體當如我上之所指。因此三派間，學術立場本有不同，並不即就地區分黨分派。

以上是說了北宋諸儒在綜匯經、史、文學而成其為儒學之一面。但在另一面，則別有一種新儒家出現，我姑稱之為「別出儒」，以別於上述之「綜匯儒」。如周濂溪、張橫渠、程明道、伊川諸儒皆是。他們與綜匯儒之所異：一則他們都不大喜歡作詩文，似乎於文學頗輕視。另則他們亦似乎不大注意談史學。即在經學方面，對兩漢以下諸儒治理功績，彼輩皆不甚重視。故他們之所學所創，後人又別稱之為理學。我今乃就兩漢以下儒學大傳統言，故說宋代理學諸儒，乃係儒學中之別出派。

亦可說宋代理學諸儒與兩漢以下儒學傳統不同處即在此。然亦不宜過分作嚴格之劃分。即如：

周濂溪《通書》，與其〈太極圖說〉，則根據於《易經》，而兼融之以《中庸》。橫渠之學，亦以《易》為宗，以《中庸》為體，而於六經中禮之一部分尤所特重。其所作〈西銘〉，二程取以與《大學》同時開示學者。程子嘗言「〈西銘〉此文，我雖有此意，惜無此筆力。」可見別出諸儒，未嘗不注意到文章之重要，但卻不能說他們亦有一種文學觀。明道在荊公行新法時，曾有上神宗皇帝陳治法〈十事疏〉，可見明道亦未嘗不注意歷史往事與治平實蹟。二程言義理，尤皆溯源六經，所謂反求於六經然後得之，決非是一種門面語。而伊川尤窮其一生精力，著為《易傳》。可見宋儒中別出一派，未嘗不於儒學舊傳統中所重之經史文學同時注意。惟彼等更注意在與當時之方外道釋爭衡，換言之，則是更注重在思想義理方面，故對兩漢以來儒學舊傳統，比較不如其對此下儒學開新方面之更受重視。彼等意見，認為超乎此傳統的經史文學之上，當另有一番甚深義理須闡發。因此遂成為理學，亦稱道學，今人則稱之為義理之學。元人修《宋史》，特為立〈道學傳〉，以示別與從來之〈儒林傳〉，此事頗滋後人非議。其實在當時人觀念中，經學諸儒與理學新儒，確乎有一種分別存在，元人為之別立一傳，其事未可厚非。只是必要尊道學而卑儒林，則落入門戶之見，未得為平允而已。

自二程下傳至南宋，有李延平，為朱子師，朱子於其師李延平之為學為人，描述甚備。我們即舉李侗為例，便可想見我上面所謂理學別出之儒與經史文學綜匯之儒之不同所在。但朱子雖出李氏門下，其學術門徑又有一大變。朱子乃中國儒學史中一傑出之博通大儒，至今讀其全書，便可窺見其學術路徑之宏通博大，及其詩文辭章之淵雅典懿。朱子在此方面，可謂實是承續北宋歐陽一派綜匯之儒之學脈而來。但朱子之特所宗主欽奉者，則在濂溪、横渠、二程，所謂別出之儒之一支。於二程，尤所推尊。其所著《伊洛淵源錄》一書，即以孔孟道統直歸二程。朱子之學，可謂是欲以綜匯之功而完成其別出之大業者。因此其對經學傳統，亦予以甚大之改變，彼將《小戴禮》中〈大學〉〈中庸〉兩篇抽出，合《論語》《孟子》而定為四書。又另定五經讀本，於《易》有本義；於《詩》有集傳；《書經集傳》則囑付其弟子蔡沈為之。史學方面，則承襲司馬溫公路向，認為司馬氏之《資治通鑑》，即猶孔子當時之《春秋》，而特為加以綱目，此實遠承王通續經之意見者。後人於王通則加輕視，於朱子則加推尊，此亦未為公允。於禮則有《儀禮經傳通解》，以十七篇為主，取《大小戴》及他書傳所載繫於禮者附之，又自為《家禮》一書，以當時可通行者私定之。於文學，則有《韓文校異》、《楚辭集注》，所下功夫亦甚精湛。在經、史、文學三方面，皆有極深遠之貢獻，所影響於後來儒學者，可謂已遠超北宋歐陽一派綜匯諸儒之上。而觀其《伊洛淵源錄》一書，則知朱子所特尊奉，乃在二程、周、張別出之一支。

（七）

朱子學之大概如上述。然在朱子當時，即有與朱子極相反對之兩學派出現。一派自朱子好友呂東萊之史學，下傳而成浙東永嘉學派，如葉水心、陳龍川等。朱、呂兩人曾合編《近思錄》，朱子又特命其子從學於東萊。然朱、呂二人究自有分別。一偏經，一偏史，門戶劃然，不啻如王安石之與司馬光。而葉、陳二人則明白反對朱子，他們所提出之意見亦極有力量。水心反對朱子所定《四書》，否認孔、曾、思、孟一線單傳之觀點。龍川則反對朱子《伊洛淵源錄》之傳統，認為漢唐儒學亦各有其地位，不得謂惟有宋代伊洛一派始為孔孟傳人。此兩種意見，實有使朱子難於自圓其說之處。

而當時反對朱子者，除浙東史學一派外，尚有江西心學一派，主要者為陸象山。象山亦朱子好友，論學貴於簡易直截。嘗有問其學術傳統者，象山答云：「我讀《孟子》而自得之於心。」細觀象山此語，所重實尚不在讀《孟子》，而更重在「自得於心」之一語。故象山又曰：「學苟有本，六經皆我注腳，堯舜以前曾讀何書來？」又曰：「即不識一字，亦將還我堂堂地做一個人。」儒學發展到了可以不讀一書，甚至不識一字，可以自得於心，直接先聖真傳，此誠可謂別出中之尤別出者。朱子欲令人先從事於泛觀博覽而後歸之約。象山則欲先發明人之本心，而後再及於博覽，所謂先立乎其大。故象山以朱子教人為支離，其貽詩有云：「易簡工夫終久大，支離事業竟浮沉。」兩人之相異，於此可見。然象山對明道、濂溪仍極佩服。尤所佩服者，在明道。故曰：「二程見周茂叔後吟風弄月而歸，有吾與點也之意，後來明道此意卻存。」故若謂濂溪、橫渠、二程為儒學之別出，則象山實當為此別出派中之尤別出者。但此後儒學，終是朱子一派得勢。抑且朱子後學，終是於經史文學即朱子之兼采於北宋綜匯之儒之一派，即象山所譏為支離者，實為最有成績。其著者，如金履祥、黃震、王應麟下及胡三省、馬端臨諸人皆是。他們都是兼通經史，亦不鄙視文學，雖承朱子上接伊洛，卻與北宋綜匯儒一派未見隔絕，抑且甚相近似。此一趨勢，觀《通志堂經解》，即可知其梗概。即陸學傳人，到底也仍會歸到這一條路上來。

以下講到元代。近代國人講學，似有兩個時代有所偏忽：一為忽視了魏晉南北朝，此一時代人在經史儒學方面之貢獻，已在上提過。另一為忽視了元代人之學問。元儒講經史之學，多流衍自朱子，其成就亦可觀，其所為詩文亦皆卓有淵源、有傳緒可尋。明代開國規模，如政治制度、經濟措施、社會改革、教育設計諸要項，實全有賴於元代人之學業遺績。即如明初金華諸儒宋濂、劉基等，都在元代時孕育成材。此一情形，恰如隋唐盛運之有賴於南北朝時代之學術餘緒，事同一律。中國儒學最大精神，正因其在衰亂之世而仍能守先待後，以開創下一時代，而顯現其大用。此乃中國文化與中國儒學之特殊偉大處，吾人應鄭重認取。

明初卻有許多與唐初相似處：明人有《五經四書大全》，正如唐初之有《五經正義》。此乃根據元代朱學傳衍，而此後即懸為功令。一次大結集之後，即不能急速再有新創闢，因此明代經學不見蓬勃，亦如唐代。史學則元儒本不曾在此方面有大貢獻，如馬端臨、胡三省等皆偏在舊史整頓，而於新史撰述則極少概見，遠不能與魏晉南北朝相比，因此明代史學更見不振。而且另有一點為唐、明兩代之相似處。唐代自臻盛治，即輕視了南北朝。明人亦然，一入治平之境，也即輕視元人。唐、明兩代人之興趣與心力，多著眼到現實功業上去，因此對前一代人之學術傳統轉多忽過。

以下再略論明代之文學，主要為前後七子所倡導之「文必秦漢、詩必盛唐」之擬古主義。但他們沒有把握到唐代杜甫、韓愈以儒學納入詩文中之一種絕大主要精神。即說他們沒有體會到韓、歐因文見道，以文歸儒之新傳統。因此前後七子提倡文學，只知模擬古人之軀殼與聲貌，卻未得古人之神髓。這一運動尚不如建安——雖無靈魂，卻能自見性情。他們所開創之新文學，縱不與儒學合流，但仍還有在文學上自己的立場。前後七子之模古，較之杜、韓以下之復古運動，實是貌是神非，到頭只落得一場大失敗。迨嘉靖間，唐順之起，始走回北宋歐、曾通順之文體，以矯當時之俗弊。而唐順之亦是一儒家，其學得自陽明門下之王龍谿，自謂對龍谿只少一拜，故到他手裏，又能窺見了因文見道以文歸儒之大統緒。他撰有《文編》，所選大體依於儒家之準繩。較前有真德秀選《古文正宗》，則太偏重在義理，而較忽略於辭章，重理不重文。荊川文理兩重，實為有勝藍之功。接起有茅坤、歸有光。茅鹿門始著有《唐宋八大家文鈔》，實遞承於唐順之之《文編》而專選唐宋人之文，八家之名於焉乃定。歸有光亦是一儒家，兼通經史，沿續唐、茅一路，仍走上文學納入儒學之新路向，下開清代之桐城派。然上述諸人，均起在嘉靖後，以下又未能有繼起之人，故明代文學，實無足稱，遠難與唐宋相比。

論及明代之理學，自必提到王陽明。陽明推尊象山，主心即理，並提出良知之說，後人稱之為陸王。陸王之學為理學中之別出，而陽明則可謂乃別出儒中之最是登峰造極者。因別出之儒，多喜憑一本或兩本書，或憑一句或兩句話作為宗主，或學的。如二程常以《大學》〈西銘〉開示學者。象山則專舉孟子，又特提「先得乎其大」一語。而陽明則專拈孟子「良知」二字，後來又會通之於《大學》而提出「致良知」三字，作為學者之入門，同時亦是學者之止境，徹始徹終只此三字。後來王門大致全如此，只拈一字或一句來教人。直到明末劉蕺山又改提「誠意」二字。總之是如此，所謂終久大之易簡工夫，已走到無可再易再簡，故可謂之是登峰造極。然既已登峰造極，同時也即是前面無路。至於陽明在文學方面之成就，則王門各派都已擺棄，遠不逮二程後有朱子，更可謂是王門別出儒中一大缺點。現在我們再總說明儒路子，可謂其只有別出儒，而無綜匯儒。而到晚明，則又爆出大反動。

（八）

現在說到儒學之第六期，即清代儒學，我仍將名之為「儒學之綜匯期與別出期」。雖取名與第五期相同，但論其內容則甚不同。最先如晚明三大儒顧亭林、黃梨洲、王船山，他們都又走上經史兼通即北宋綜匯儒之一路，而都成為一代博通之大儒。此三人中，顧亭林大體一本程、朱，還是朱子學之路向。船山雖在理學方面有許多不同意程、朱而一尊橫渠之處，但其為學路向，則仍還是朱子遺統。此三人中，最可注意者，乃是黃梨洲。梨洲學宗陽明，但他的學術路向實與亭林、船山相彷彿，亦主張多讀書，亦博通經史，注重於文學，實亦極像北宋綜匯儒一路。故他說：「讀書不博，無以證斯理之變化。博而不求於心，是謂俗學。」此兩句中更重要者乃在上一句，因下一句乃當時別出儒之舊統緒，而上一句則另開了新方面，即是由別出重歸到綜匯，則和朱子學風實已無大分別。他的一部《明儒學案》，乃是一部極好的明代學術史，或說思想史。在他著此書前，他所須誦讀之書，何止數百千卷。而且此書雖宗奉陽明，依然羅列各家，細大不捐。此一路向，顯然與陸王當時意味有了甚大不同。我們正須在此等處看出學術之變化來。本來宋明講學之風，主要是別出儒，尤其是陸、王一派所重，而梨洲特稱之為講堂錮習，可想當時學術路向轉變之急劇了。

黃梨洲之後有李穆堂，他崇奉象山，但他讀書之多，也堪驚人。穆堂同時友生有全謝山，上接梨洲父子有志未竟之稿而作《宋元學案》，此書之主要內容自在所謂別出儒理學之一面。但謝山此書，顯然更是綜匯儒之規轍，故他說：「此書以濂洛之統，而綜合諸家，如橫渠之禮教，東萊之文獻，艮齋、止齋之經制，水心之文章，莫不旁推而交通，聯珠而合璧。」此種學風，與濂溪、二程以下理學精神顯有歧出。而與朱子之崇奉伊洛而兼走綜匯諸儒之路，有其極大的相似。

梨洲、謝山以後有章實齋，亦承黃、全學風，那時已是清代乾嘉盛時，他分析並時學派，謂梨洲以下為浙東之學，屬史學。亭林以下為浙西之學，屬經學。又謂浙東淵源陽明，浙西淵源朱子。此一分別，在彼亦謂是根據史實。惟此處須再指出者，厥為當時學風之轉向。亭林嘗言：「古今安得別有所謂理學哉？經學即理學也。」我們若套用亭林此語來替實齋說話，亦可謂「古今安得別有所謂心學哉？史學即心學也。」由陸、王一派之心學，轉出梨洲、謝山、實齋之史學來，此事大堪注意。故我謂清初諸儒之學，雖一面承接宋儒理學傳統，而其實已由別出儒重回到綜匯儒。而最可注意者，則正是由梨洲至實齋這一派所謂浙東史學。而同時他們亦都注重文學。他們自稱承接陸、王，而學風之變如此，則浙西亭林一派淵源朱子的自可不問而知。

近人又常說清代史學不振，此亦未必全是。清人只於近代史方面以多所避忌，而少發展。但清儒在史學上仍有大貢獻。即就浙東黃、全一派言，其最大貢獻有兩方面：一則為學術史與人物史方面，試讀清人之《碑傳集》，此實為一種創闢之新文體，不僅唐宋古文家昌黎、永叔無此造詣，即《史》《漢》以下各代正史列傳亦不能範圍其所成就。此一新文體實淵源於梨洲學案，迄於謝山《鮚埼亭集》中所為之新碑傳而棟宇大啟，規模始立。此為清儒在史學上一大貢獻。清儒史學之又一貢獻，則為章實齋所提倡之方志學，此為歷史中之方域史或社會史，其淵源乃自謝山表彰鄉土人物遞禪而出。若更遠溯之，則東漢及魏晉諸儒已開了此史學之兩面，實已遠有端緒。惟全、章新有創闢之功，也不該抹殺。

現在我們再轉到清代經學方面，自亭林下至乾嘉盛時之戴東原，恰與實齋同時，經學之盛，如日中天。但最先是由儒學而治經學，其後則漸漸離於儒學而經學成為別出。又其後則漸漸離於經學而考據成為別出。此為清儒經學之三大變。最先經學尚未脫離儒學之一時期，如閻百詩之辨古文《尚書》，胡朏明之辨〈易圖〉與考〈禹貢〉，顧棟高之治《春秋左傳》，如此之例，莫非經史兼通，綜匯包舉，不失為一種有體有用之學。越後則經學脫離了儒學，他們說：「訓詁明然後義理明」，於是只講訓詁，而把義理轉擱一旁。他們又要追溯兩漢博士家法，專為兩漢博士重立門戶，於是變成經學獨立，漸與儒學無關。又後則更不是經學了，而僅見為是一種考據之學。考據獨立成為一種學問，經學亦僅視為一堆材料。他們把同樣的目光來治史，史亦成為一堆材料。材料無盡，斯考據工作亦無盡。此後清儒論學，乃若惟有考據一途始可上接先聖真傳，此實可謂考據學之別出。又於考據學中別出了一種訓詁學，此即所謂小學。故清人乾嘉以下論學，乃若孔孟以下，特足重視者，惟有鄭康成、許叔重兩人。其後又超越了許、鄭而特別重視漢博士中公羊一家，於是儒學傳統中，只賸了董仲舒與何休。我無以名之，則只有仍名之為是一種別出之學，即宋儒別出之學之又一變相，而不免每下愈況了。宋代別出諸儒只尊孟子，此下即直接伊洛。清代別出之儒只尊六經，許、鄭以下即直接清儒。下至晚清今文學公羊一派，此猶宋代理學中有陸、王，可謂亦已登峰造極，於六經中只尊《春秋》，於三傳中只尊《公羊》，則又是別出中之別出了。

在此須連帶提及清代之桐城文派，此派承續明代歸有光，上接唐宋八家，主張因文見道，以文歸儒這一路。其中心人物姚鼐，與同時經學大師戴震，均倡義理、考據、辭章三者不可偏廢之說，應可說其均是綜匯之儒之主張。可惜當時經學諸儒興趣已太集中在考據、訓詁方面，而桐城文派中亦少有大氣魄人，真能從義理、考據、辭章三面用力。他們只在修辭方面，遵守宋儒義理，如不虛飾、不誇大、不失儒家榘矱，而論其文章內容，則頗嫌單薄，甚至空洞無物。直要到曾國藩湘鄉派，由姚氏《古文辭類纂》擴大而為《經史百家雜鈔》，又主於義理、考據、辭章以外，再增經濟一目，可謂求於文學立基加進綜匯功夫，可以上承北宋歐陽遺緒。而經學家中自阮元下逮陳澧，亦漸有主張經史兼通宋漢兼采之趨勢，雙方漸相接近。而陳澧亦極重韓文，但此雙方之力量，依然抵不住今文學家之掩脅，而終於別出一派單獨主持了一時的風尚。

（九）

此刻要談到中國後半部儒學史中之所謂道統問題。因凡屬別出之儒，則莫不以道統所歸自負。此一觀念，實由昌黎韓氏首先提出。〈原道〉云：「堯以是傳之舜，舜以是傳之禹、湯、文、武、周公，文、武、周公傳之孔子，孔子傳之孟子，孟子之死，而不得其傳。」韓氏則隱然以此道統自負。此一觀念，顯然自當時之禪宗來，蓋惟禪宗才有此種一線單傳之說法。而到儒家手裏，所言道統，似乎尚不如禪宗之完美。因禪宗尚是一線相繼，繩繩不絕。而儒家的道統則變成斬然中斷，隔絕了千年以上，乃始有獲得此不傳之祕的人物突然出現。這樣說來，總是不大好。因此宋儒雖承受昌黎此觀念，但覺自孟子到昌黎，中間罅縫太大，遂為補進董仲舒、揚雄、王通數人。但仍還是數百年得一傳人，中間忽斷忽續，前後相望，寥若晨星，即求如千鈞一髮不絕如縷的情形而亦不可得。下至程伊川，又謂須至其兄明道始是直繼孟子真傳，中間更無別人插入。以此較之崇拜昌黎的一般說法，意態更嚴肅，而門戶則更狹窄了。朱子始在二程同時又補進了濂溪與橫渠。但以前那一段大罅縫，終是無可填補。那豈不是孟子死後，道統之傳，已成一大祕密，而此世界，亦成一大黑暗！抑且孔孟之間亦早有一段脫節，於是朱子再根據二程意見，特為補進曾子、子思，於是總算自孔子起一線單傳了四代，但亦總覺得太孤伶、太蕭索了。當時葉水心即根本反對此說，認為孔子之學並非只傳了曾子一人。即連孟子，也未必可說由他一人盡獲得了孔子之真傳。陳龍川則謂漢唐諸儒，也不能說他們全不得孔子之傳。這中間一段長時期，也不能說全是黑暗，無絲毫光明。但到陸象山又要拋開濂溪、二程，把他自己來直接孟子。此後雖像程、朱傳統較占了上風，而到明代王陽明，又是尊陸抑朱。此等爭持，也絕似禪宗之有南能北秀，究是誰得了道統真傳，其實並無證據，則爭辯自可永無了局。此實又不如禪宗，一面尚還有衣缽信物作證，而曹溪以下不再把衣缽傳人，則更為一項絕頂聰明之辦法。此下禪學大盛，也可說六祖之摒棄衣缽亦是一大因緣。惜乎宋明道學諸公卻不瞭解得此中意味。

關於宋、明兩代所爭持之道統，我們此刻則只可稱之為是一種主觀的道統，或說是一種一線單傳的道統。此種道統又是截斷眾流，甚為孤立的。又是甚為脆弱，極易中斷的。我們又可說它是一種易斷的道統。此種主觀的單傳孤立的易斷的道統觀，其實紕繆甚多。若真道統則須從歷史文化大傳統言，當知此一整個文化大傳統即是道統。如此說來，則比較客觀，而且亦決不能只是一線單傳，亦不能說它老有中斷之虞。韓昌黎所謂「孔子之道大而能博，門弟子學焉而皆得其性之所近，其後原遠而末益分。」此說可謂近於情實。故自孔孟以至今日，孔孟之道其實則何嘗中斷！亦可謂「孔孟之道未墜於地，在人，賢者識其大，不賢者識其小，何莫非有孔孟之道！」如此說來，好似把講孔孟者的自己地位抑低些，但卻把孔孟之道的地位更擡高了。若定要擡高自己身份，認為只有他乃始獲得孔孟真傳，如此則把孔孟之道反而抑低了。又且如宋儒，一面既是盛推曾點與漆雕開，像是別具隻眼。其實如照此等說法推演，難道孔子復生，反不把荀卿、董仲舒、王通、韓愈諸人也當作他傳人，而定要擯之門牆之外嗎？故就歷史文化大統言，宋儒此種道統論，實無是處。黃梨洲弟子萬斯同，曾作《儒林宗派》一書，此書雖亦儘多可議，然把儒學門戶廣大開放，較之宋儒主觀的、一線單傳的、孤立的、易斷的道統觀，則確是開明多了。

此下清儒立意反宋學，卻想不到又來高擡漢學，嚴立門戶。似乎孔孟之學，到宋儒手裏，反又中斷了。不僅如此，即宋儒以前如《十三經注疏》等，清儒也看不起，就中只看重了鄭康成一人。後來連康成也不信任，定要推到西漢董仲舒，但又不得不牽上了東漢之何休。這直可謂進退失據，而末流推衍所及，出來了一個康有為，自認只有他，才能再接上此一統緒。試問此種說法，豈不荒唐可笑！但推原其始作俑者，則不得不仍回到宋儒道學諸公的身上。固然，宋明道學諸儒在中國儒學傳統裏有其甚大之成就與貢獻，但此一狹窄的道統觀，卻不能不說由他們創始。至於清代諸儒，存心要反對宋儒理學一路，而不知自己仍陷在理學家的道統圈裏，依著別人家的牆壁，來建造自己的門戶，那就更可笑了。

（一〇）

以上分著六時期大體敘述中國的儒學演進史，到此已粗可完畢。若我們真要對中國文化傳統有一真認識，關於上面所講六時期之儒學演進，決不能擱置不理。若此後中國文化傳統又能重獲新生，則此一儒學演進必然會又有新途徑出現。但此下的新儒學究該向那一路前進？我想此一問題，只一回顧前面歷史陳蹟，也可讓我們獲得多少的啓示。卻不煩我們再來作一番具體的預言，或甚至是高唱一家一派式的強力指導。如韓愈所謂：「開其為此，禁其為彼。」總不是一很好辦法，韓愈尚所不為，我們自可不走此絕路。昔邵雍臨終，伊川與之永訣，雍舉兩手示伊川，曰：「面前路徑須令寬，路窄則自無著身處，況能使人行。」我們今天來講中國文化，也就不該只講一儒家。又況在儒家中，標舉出只此一家別無分出的一項嚴肅的、充滿主觀意見的、又是孤立易斷的道統來。這是我這一番講演最終微意所在，盼在座諸君體取此意，各自努力去。

（已收入《中國學術通義》）

關於學問方面之智慧與功力

民國五十年十一月十日研究所第六次學術演講討論會

（一）

今天所講的題目，在我平日上課時，也常講及，並非有什麼新意見。只因近兩年來我上課較少，且以前所講多是零碎穿插，今次稍為作成系統，此可謂是我自己做學問的方法論，但大部份亦是古人治學之經驗。

做學問第一要有智慧，第二要有功力。二者在學問上究竟孰輕孰重？普通當我們欣賞、或批評一個人之學問成就時，多讚譽其智慧，但對於從事學問之後進，則率勉勵其努力。如子貢稱孔子「固天縱之將聖」，則是在天分上讚美。如《荀子》〈勸學篇〉云：「駑馬十駕，功在不舍。」

又如《中庸》所言：「人一能之己百之，人十能之己千之。」則是在功力上獎勸。總之，對於已成功的大學者，每不會推崇其功夫。但對於後進年輕人，亦不會只誇其智慧。這裏面，導揚學術，實有一番深意存在。

一般人之意見，每謂智慧乃屬天賦，功力則應是自己所勉。若謂從事學問，只要自盡己力即可，而天賦則不能強求。實則此事並非如此簡單。每一人之天賦智慧，往往甚難自知。譬如：欲知一山中有無礦藏，並非一望可知。須經專家勘測，又須有方法採發。採發以後，尚須有方法鍛鍊。我們每一人之天才，固然出之天賦，但亦須有方法勘測、採掘、鍛鍊，方能成才。而此事較之開發礦藏尤為艱難。

抑且智慧有廣度，又有深度。每一人之聰明，不一定僅限於一方面。如能文學，不必即不能於歷史、哲學、或藝術等方面有成就。又其成就究可到達何等境界，亦甚難限量。因此，做學問人要能盡性盡才、天人兼盡，其事甚不易。但若不能盡性盡才、天人兼盡，而把天賦智慧埋沒、浪費了，不能盡量發展，那豈不很可惜！

因此，做學問之偉大處，主要在能教人自我發現智慧，並從而發揚光大之，使能達於盡性盡才，天人兼盡之境。如臺灣阿里山有神木，年壽多逾一兩千年以上，至今仍生命健旺。但此等神木，亦須有良好條件護持。我覺得人也應可成為神人。但每一人率常埋沒了自己的天賦與智慧，每一人之成就，很少能達到盡性盡才、天人兼盡之境。因此我說能發現與完成各自之智慧與天賦，而到達其可能之頂點者，乃是做學問人之最大目的所在。

講到功力。譬如山中礦藏，非懂礦學即難發現。抑且但懂煤礦者，僅可發現有煤礦，其他礦藏，彼仍不知。且以採發煤礦之方法採掘石油，仍將毫無用處。可知我們之智慧固需以功力培養，而我們之功力亦需以智慧指導。《論語》上曾說：「學而不思則罔，思而不學則殆。」我姑把「學」當作功力說，「思」當作智慧說。學而不思，等於僅知用功，卻無智慧，到底脫不了是一種糊塗。如我們以研究文學方法來用功研究史學，亦將仍無用處。思而不學，則如僅憑智慧而不下功力，到底靠不住。因此，智慧與功力，二者須循環相輔前進。說至此，則請問究將如何去下手？

我今天的題目是：「關於學問方面之智慧與功力。」「學問」二字，本應作動詞講。今試問我們向那個人去學？向那個人去問？又學些什麼與問些什麼？此應在外面有一對象。因此做學問同時必有兩方面：一方面是自己，即學者與問者。另一方面則在外，一定有一個對象。學問必有師、弟子兩方，必有先進與後進，前輩與後輩。從事學問，必須先懂得「從師」與「受業」。學者自己則猶如一個孩童，一切不能自主自立，先須依隨人。因此學者自稱為弟子，對方即是一長者，即學問上之前輩、先進，如此才算是在做學問。因此從事學問，貴能長保持一種子弟心情。最偉大之學者，正為其能畢生問學，永遠不失其一分子弟心情之純潔與誠摯。孟子說：「大人者，不失其赤子之心者也。」也可借來此處作說明。惟其永遠在從師與受業之心情與景況中，故其學問可無止境。若我們專以「學問」二字當作一名詞，如說你能這門學問，我能那門學問，則學問已成一死東西，再無進步可望。此是做學問的最先第一義，我們必先深切體會與瞭解。

（二）

現在再講到以功力來培養智慧，與以智慧來指導功力之兩方面。我想分為三階段、六項目來講。

第一階段，做學問要先求能「入門」，不致成為一門外漢。於此則必先要能從師與受業。如諸位進入學校讀書，此亦是從師受業。但究屬有限。我此所講之學問，則不盡於此。因此我之所謂從師，亦非必當面覿對之師。諸位從事學問，要能自得師，要能上師古人，當知讀書即就如從師。

諸位應懂得：「由前人之智慧來指導自己之功力。」因學問必有一傳統，每一項學問皆是從古到今，不斷承續而來。斷不能說此項學問由我開始。諸位當知，從前人在此項學問上，早加上不少功力了。從前人既已成學成業，即可證其有可信之智慧。正為如此，所以從前人之智慧，可以來指導我自己之功力。接著第二層則是：「由從前人之功力來培養我自己之智慧」。此因從前人之智慧，亦是由其功力所培養而成。故可借前人功力來培養自己智慧。此兩層乃是學問之入門工夫。

現在先講第一層：即我開始學問，功力應向何處用？最簡單講：第一步，諸位應懂得讀書，又必讀人人必讀之書。換言之，即是去讀學術傳統方面所公認的第一流之書。此乃前人智慧之結晶，有作者、有述者，乃學問大傳統所在。我們既不該隨俗，亦不可自信，當知此皆非從事學問之正道。我自己且當先認為是一盲目人，只有依隨此傳統智慧之結晶而用我之功力，我則依牆摸壁，跟著人向前。如《論語》，二千五百年來任何一有智慧人，在學問上有成就者，皆曾讀此書。《論語》既是孔子智慧之結晶，亦可說是經過了二千五百年來有智慧人所公認，成為儒學一大傳統。自孟子、荀子、董仲舒、揚子雲以來，皆曾讀《論語》，因此我們今天也得讀。此事決不能即說是盲從。而且學問之第一步，也可謂正從盲從開始。我已在先說過，從事學問，第一步應先自己具有一子弟之心情來從師受業，來親師向學。此師即是在學問傳統上已證明為一有智慧之前人，自己則猶如一盲者，猶如一不能特立獨行之嬰孩。我們定得跟隨人，定得依牆附壁，一步步來鍛鍊我們自己的智慧。我們的功力之最先一步，則應自此處用。

從前人提出讀書法，要在：「存大體、玩經文」。此六字即是初學讀書一好指導。任何一書之正文，也可說即是經文。我們要能懂得其大體，也就夠了。如此，用心不雜、不旁騖，一部一部地讀去，可以教我們輕鬆上路，不覺太費力。凡你所讀書中一字、一句，訓詁義解，即成為你自己之知識。做學問首先要有知識，無知無識，做何學問！從前人如何講、如何說，我即應知。但其中也須有選擇。我自己無智慧，好在從前有智慧人，已不斷在此中選擇過，我只依隨著前人，遵此道路行去。讀了一部又一部，求能「多學而識」。先要知得，又要記得。讀後常置心中，即是「存」。讀了再讀，即是「玩」。此是初學入門工夫，萬萬不宜忽略。

每一人之聰明，不僅自己不易知，即為師者，亦未必能知。惟其人之天賦智慧不易知，故初學入門，最好讀一書後，又讀一書。學一項後，再學一項。所謂「轉益多師是我師」，從此中可以發現自己才性所近。卻莫早就自作聰明，反先把自己聰明窒塞了。如今大學制度，儘教人修習專門之學。一入了史學系，便儘向史學方面鑽。但自己智慧不一定只在這方面。先把自己智慧寬度隔限了，自己智慧之深度，也將有害。不向更廣大的基礎上用力，常不易有更崇高之樹立。這在學問上是最值得注意的。我們該先涉獵，先築廣大基礎，先知學問之大體系與大格局。而能在此中發現自己智慧，此事更屬重要。

（三）

我個人自幼讀書幸而沒有犯上隨俗與自信之病。我最先只懂讀文章，但不讀俗陋的，如《古文觀止》之類，而只依隨著文學傳統所重，讀姚惜抱所選《古文辭類纂》。但我並不能懂得姚選妙處，我自想應擴大範圍，讀他所未選的，才能知其所選之用意。我乃轉讀《唐、宋八家全集》，乃於王荊公集中發現有很多好文章為我所喜，而姚氏未選。因此悟得所謂「文人之文」，與「學者之文」之分別。我遂知姚氏所選重文不重學，我自己性近或是在學不在文。我遂由荊公轉下讀朱子與陽明兩家，又上溯群經諸子。其時尚受桐城派諸家之影響，不懂得注意清儒考據。但讀至墨子，又發覺有許多可疑及難通處，乃知參讀清末人孫詒讓之《墨子閒詁》。從此起，再繙讀清儒對其他諸子之訓釋校訂。在此以前，我雖知姚、曾兩人都主張義理、辭章、考據三者不可偏廢之說，但我心中一向看不起訓詁考據，認為一字經考證而衍成為三數百字，可謂繁瑣之甚，故不加措意。至此才知我自己性之所好，不僅在文章，即義理、考據方面，粗亦能窺其門徑、識其意趣。我之聰明，雖不敢自謂於義理、考據、辭章三者皆能，但我至少於此三者皆已能有所涉獵。若讀書不多，僅限於一方面，僅限於幾部書，則只能單線直前，在其他方面之智慧即不能開發。並且單線直前，太窄太艱難。有時也會走不通。因此，初學入門，涉獵工夫是重要的。但涉獵非粗疏之謂，只是讀了一書又一書，走了這邊又那邊，且莫呆滯在一點上。

《論語》上孔子說：「十室之邑，必有忠信如丘者焉，不如丘之好學也。」此處「好學」一語，我們必須深細體會。自己的天賦聰明，切莫太自信，但亦不要太自怯。須知做學問應先有一廣大基礎，須從多方面涉獵，務使自己能心智開廣。若一意研究史學，而先把文學方面忽了；又若一意研究文學，而先把史學方面忽了；又若一意研究思想，而不知歷史，不通文章；如此又何能學得成？其實只是自己薄待了自己，開頭先把自己限了。學與問，不一定便知、便能。何況自己決心不學不問，那有自知、自能之理！

故知我們從事學問，開頭定要放開腳步，教自己能眼光遠大，心智開廣。當知一切學問，並未如我們的想法，好像文學、史學、哲學，一切界限分明，可以互不相犯，或竟說互有牴觸。當知從事學問，必該於各方面皆先有涉獵，如是才能懂得學問之大體。

（四）

繼此，我們將講到：「專精與兼通」。此兩者間，正須更迭互進，卻非有何衝突。如我們專心讀一書，此即是專精。讀完《論語》，再讀《左傳》，此即是兼通。先讀經之專精，再治史是兼通。經學中先讀《詩》，是專精；又讀《春秋》，是兼通。如此兩方面更迭而進，如治經學當兼通五經，兼通十三經；又當兼通漢、宋，兼通義理與考據，兼通今古文學派。治史學當兼通如制度、地理、經濟、法律、社會、學術思想、宗教信仰、四裔民族等。治文學當兼通詩、賦、詞、曲、駢文、散文等。又如兼通文史，兼通經史，兼通經子等。學問入門，正該從各方面都有一番探究。正因各人自己聰明天賦，誰也不能自知，應先由自己儘量探測。廣度愈開闊，然後深度愈邁進。少一分功力，即少一分啟悟，對自己將來遠大前程，是一種大損失。

我們為學者首先要「多學而識」，已如上述。次之即要懂得「一以貫之」。粗言之，如讀《論語》、《孟子》後，要自問《論語》、《孟子》中所講為何？讀杜詩、韓文後，亦應自問杜詩、韓文其精采在何處？諸位萬勿忘卻學問中之一「問」字。能在心中常常如此一問，便自有許多長進。此一步工夫決不可少。做學問定要一部一部書的讀，在每一書之背後，應知其有一個個的「人」存在著。每一部書是一番「業」，每一個人是一位「師」，讀書即是從師受業。又應問師如何成此業？這一問便開了我自己學的路。若諸位不肯如此用心，一意只想要寫一專題，把自己學問早有所表現，如寫唐代文學為題，則便把杜詩、韓文東竊西剽，一時像有成就，實在是無成就。縱多表現，像是自己學問，其實永不能成學問。固然初學人也須有表現，而此等表現，則只當看作是我工夫之練習。練習則貴在暗處，不貴在亮處。此是初學人用心最該自反處。

諸位真要從事學問，則先不可自高自大，應自居為「子弟」身份。要懂得如何從師受業，並要親師、尊師，又貴能從師那一面照見出自身來。若連自己都不知，如何學得成！若真要完成自己，先應從多方面作探測觀察，把自己內性可能儘量發掘。莫先以為自己智慧已是現成著，只把自己智慧來指導自己功力，便能自創自造。若如此，便走上了錯路。因此，我們的用功方法主要應虛心讀書，讀了一部再一部，接觸了一人再一人。又須懂得挑選第一流著作，即傳統公認最大名家之著作，虛心閱讀。如是入門，總不會錯。

（五）

在第一階段中之第二層工夫乃是：「以前人之功力來培養自己之智慧」。如《論語》，從古到今，訓詁義理，各家發揮儘有不同，即如宋、清兩代人所講，考據義理，顯有相異。諸位當知：接觸一家講法，即可開展自己一分智慧。如此致力，自己智慧即可逐步發展。所謂：「出我意外」，「入我心中」；諸位時時得此境界，便會心中暗自歡喜。自己智慧即自此逐步工夫中透出，所謂「溫故而知新」，從前人數千年來智慧積累，一一由我承受，那是何等痛快事！

如象山講《論語》便與朱子不同，王船山講來又不同，從此處即可啟我聰明。多見異說，自己心智便會不斷開廣。又如讀《史記》，若專從《史記》讀《史記》，則有時自己智慧不夠，將感困難。如初學人先讀《史記菁華錄》，便易引起興趣。自此再進讀《歸、方評點史記》，便覺與《菁華錄》不同。接觸到更高一步之智慧，便像自己智慧也隨著高一步。又若再進而讀劉知幾《史通》與章實齋《文史通義》，便覺眼前境界更高，又與讀歸、方諸家之圈點批註不同。再又如讀清儒之《廿二史考異》、《十七史商榷》、《廿二史劄記》諸書有關《史記》部份，以及如梁玉繩之《史記志疑》之類，我們的智慧又開一門路，走向考據一方面去。但如我們在讀此諸書之後，再讀如呂東萊之古史，便會眼前豁然又另開一新境界，懂得所謂史學家之智慧，看他能如何樣的用心去體會古人、認識古代，然後乃知治史學應有史識，論史又與考史不同。呂東萊的古史，好像只就《史記》原文挑出寥寥數語，輕輕下筆，卻能予人以一種極鮮明深刻之印象，使我們對當時史事有一番真切開悟。由他幾句話，即可啟發我甚大智慧。若我們儘讀《史記》，不讀他人讀《史記》的書，也可能在我文學、史學各方面之聰明，老悶著不開。試問我有此一份天賦智慧，而讓其窒塞埋沒，永不發現，豈不甚可惜？

我上面所以提出要讀人人必讀之書，正因此等書已由許多人集中心力聰明研鑽過。前人花上莫大功力，我只一繙閱，便可長我許多智慧。又如讀《史記》〈賈誼傳〉，再讀如蘇東坡之〈賈誼論〉，也易引起一番心智開發。但若又讀到王荊公〈詠賈誼〉的七絕詩，雖只短短二十八字，但荊公意見議論，又較東坡深入而允愜。如此讀書，我之智慧自能逐步開廣而深入。當知智慧非經挖掘，不易發現。非經鍛鍊，不易長進。學人大病，即在自作聰明，不多讀書，便要想出一番自己道理來與他人爭勝，卻不肯虛心跟人學習。如此，終是斷港絕潢，決非做學問之正道。諸位循此方向去讀書，讀一書自然會像又走到另一新境界，心智日開。如此讀書，自能意味深長、「樂此不疲」。這是從來做學問人的入門正道，諸位須好好認取。

以上所講入門之學，卻非專為初學人講。當知此一番入門之學，可以畢生行之。學問本是千門萬戶，入了此一門還得入那一門，入門工夫隨時運用，自己學問基礎自然會愈廣大、愈篤實、愈高明。

（六）

現在繼續講第二階段之第一步，乃由自己之智慧來體會前人之功力。上述第一階段是藉著前人引路來指導自己功力，培養自己智慧。現在是自己有智慧了，再回頭來體會前人功力。起先是跟著別人，大家讀此書，吾亦讀此書。現在是讀了此書，要進一步懂得前人如何般用功而成得此書。以前讀書是不自覺的，至此可漸漸看出學問之深淺與甘苦來。從前人說：「鴛鴦繡出持君看，莫把金針度與人。」每一部大著作，每一種大學問，盡是前人繡出的鴛鴦。我們要體會他鴛鴦繡成以前之針線，即要學得那金針之刺法。又如呂純陽點石成金故事，那丐者不以獲得其點成之金塊為滿足，卻要呂純陽那點石成金之指。此一故事，用來說明做學問工夫，大有意思。我們要像此乞丐，要注意到呂純陽那指。否則學問浩如煙海，自己頭出頭沒，將永遠隨人腳跟，永遠做不出自己學問來。

孟子曾說：「大匠能與人以規矩，不能與人以巧。」學問第一步要依隨前人規矩。現在進入第二步，則要研究前人之巧。譬如黃梨洲作《明儒學案》，諸位讀後，應知用心看其如何寫成此書，要設想到他未寫成書以前之一切。若你不懂得前人如何寫書，試問你自己又如何忽然能寫書？

學著書先須了解前人著書之苦心。如顧亭林著《日知錄》，彼自云一年中只寫得二三條。試問緣何如此艱難？人人讀《日知錄》，但能懂得顧亭林如何寫《日知錄》的，實無幾人。我們在此處，當懂得上窺古人用心。如你讀《日知錄》，又讀《困學紀聞》、《黃氏日鈔》諸書，便可看出《日知錄》成書之體例與來源。又如讀《明儒學案》，又讀《理學宗傳》、《聖學宗傳》諸書，便知《明儒學案》之體例與來源。當知前人成學，亦各有來源，著書亦各有規矩。只是精益求精，逐步向前。如我們不讀棋譜，只知自己下，則棋藝將無法得進。此所謂「思而不學則殆」。但此項工夫不易下，須能「心領神會」，卻不能具體指點。

諸位當知做學問自然免不了要讀書，讀書的第一步，只是依隨其書從頭讀下，此乃是「從業」階段。但讀書的進一步工夫，應懂得著書人之艱難困苦。又須體會到著書人之經營部署，匠心獨運處。若懂得到此，便可謂乃與著書人成為「同道」，即是說自己能懂得與前人同樣用功，走上同一道路了。如此讀書，始成為一內行人，不復是一門外漢。做學問到此境界，自然對從前著書人之深淺、高下、曲折、精粗，在自己心下有一路數。當知學問則必然有一傳統，決非每一學者盡在自我創造。若不明得此中深淺、高下、曲折、精粗，你自己又如何能下筆著書、自成學問！

（七）

以上是講憑自己智慧來窺探前人功力，待於功力上有體悟，自己功力便可又進一步使用。現在再講第二階段之第二步：乃以自己之功力來體會前人之智慧。功力易見，智慧難窺。今欲再進一步看了前人功力之後，再來看前人之智慧，此非下大工夫不可。昔二程講學，常教來學者不可只聽我說話，此語極當注意。諸位當知，聽人說話易，但聽人說話，貴在能了解此說話人之智慧。諸位今天面對長年相處之先生們，上堂受課，依然還只是聽說話。他所講我好像懂了，但對面那講話的人，其實在我是並無所知。試問對當面人尚是如此，將如何能憑讀書來了解幾百千年前人之智慧？但我若不了解其人，只聽他講話，試問有何用處？我們要從讀韓、柳文章去體會了解韓、柳之智慧，去體會了解韓、柳之內心。當知學問都從活人做出，學問之背後則必然有其人存在。但人不易知，各人有各人的天賦不同，智慧不同，境界不同，性格不同。如司馬遷與班固同是大史學家，章實齋論彼兩人有云：一是「方以智」，一是「圓而神」。此乃講到彼二人之智慧聰明不同，天賦性格不同。此等處驟聽像是玄虛，但細參卻是實事。又如歐陽修與司馬光兩人同是北宋大史學家，因其人之不同，而史學上之造詣與精神亦不同。諸位治史學，不懂得所謂史學家其人，試問如何自己做得一史學家？讀古人書，須能如面對親覿，心知其人。懂得了古人，像活生生地在我面前，我才能走進此學術園地。此所謂「把臂入林」，至少在我自己要感得是如此。也只有如此，才能了解到古人之血脈精神，以及他們間學問之傳統源流。自己才能參加進此隊伍，隨著向前。否則讀書雖多，所得僅為一堆材料，只增長了自己一些意見。古人是古人，傳統是傳統，與我全不相干。如此般做學問，爾為爾，我為我，各自拿到一堆材料，各自發揮一套意見，在人與人之間，則絕無關係，絕無內在精神之傳遞與貫徹，交流與影響。此種學問，其實全是假的，並非真學問。諸位今日治學，多蹈此弊，在學術傳統上尚無知識可言。而儘忙著找材料，創意見，想自己出鋒頭。那實在要不得！

講學問則必講其源流承接，此中有人與人之精神、血脈，務要臻於意氣相投之境，此是學問入門後之事。徒知讀書，只如聽說話。聽人說話，卻不知那說話的人。讀人所著書，卻不知那著書的人，如此則僅成為死學問，死知識，只是一堆材料。如歐陽永叔與王荊公，其文皆學自韓昌黎，但歐、王兩家文字精神意趣各不同。我們讀韓、歐、王三家文，應能分別出此三家之異在何處，同在何處。歐、王兩家之學韓，各由何處入，又各由何處出。應能從此三家文字想見其為人。應使韓、歐、王三家之精神笑貌意興情趣，歷歷如在目前。雖在我口裏說不出，卻要在我心裏深深確有此想像。又如讀晚明三大儒著作，也須從其著作透過去瞭解其為人。於此三家之面目精神各不同處，須能活潑如呈現在我目前。當知學術有血脈，人物有個性，一家是一家，一人是一人。

若不能明白分辨出，即證對彼無所知。學問到此境界，始能與古人神交於千載之上。否則交臂失之，當面不相識，只聽人閒說話，那裏是學問！

我們的先一步是從別人之心來啟發自己之心，此即上面所講從前人之功力來啟發我之智慧之一項。現在所講則是要以自己之心來證發前人之心，即是以自己之功力來體會前人之智慧之一步。此一步工夫較難，必須沉潛反復，密意追尋。諸位當知：一本書之背後，有此一個人。一門學問之背後，有此一位專門名家之學者。學問倘至此步，始可謂懂得了做學問。到此已是「升堂」境界，已能神交古人，恰如與古人周旋揖讓於一堂之上，賓主晤對，情意相接，那是何等的歡樂愉快呀！上述第一步是「從師治學」，現在第二步是「升堂」了，乃是「從學得師」。如此，才能說有了師承，才不是跟著前人走，而是與前人同道而行。諸位今日一心只是要創造，卻不在想從師受學，從學得師。也不是要與人同道，只是想前無古人，別創一格。如此用心，則決非所謂學問之道。

（八）

此後，我們才能講到學問之第三階段。此一階段，不僅升堂，抑且「入室」，亦即是「成學」階段了。至此階段，學問始真為我有，我已為主而不為客，學問成為我之安宅，我可以自立門戶，自成一家。於學問中到此才是自有地位，自有創造。故我上述之第一階段可謂是「從學」階段，第二階段可謂是「知學」階段，到此第三階段則可謂是「成學」階段了。

此階段亦將分為兩項來講：

如讀韓文，上述第二階段是以我之智慧來窺看韓昌黎之功力，又以我之功力來窺看韓昌黎之智慧。現在是將我自己全心投入，與彼之精神相契合，使交融無間，而終達於忘我之境。到此境界，當我讀韓文時，自己宛如韓昌黎，卻像沒有我之存在。我須能親切投進，「沉浸其中」、「與古為一」，此才是真學問，才是真欣賞。學問到此，始是學問之最高境界。然而當知此種境界，實不可多得。因各人才性天賦不同，古之學人，亦是人各不同。而我之為我，亦斷不會與古人中任何一人相同。今要在古人中，覓得一兩位和我自己精神意趣最相近者，然後才能下此工夫，達此境界，此事不易輕言，亦不可強求。在浩浩學海中，能獲得有一兩人同聲相應，同氣相投，精神意氣，歡若平生，這自是一大快事，亦是一不易得事。孔子說：「德不孤，必有鄰。」若我們真在學問上下工夫，此境界亦非決不可得。惟如孟子云：「乃我所願，則學孔子。」當知孔子道大，即顏回親炙，亦有「雖欲從之，末由也已」之歎。我們若想把我此刻所述來讀《論語》，學孔子，此事恐終難能。然浩浩學海中，也斷不會沒有真能得我欣賞之人物。但亦斷不能多得。當知：惟其似我，故能忘我。天賦性情中，自有此難能可貴之境界。

（九）

在第三階段中之最後一步工夫，則是用自己之功力來完成自己之智慧。到此乃真是卓然成家，自見與眾不同了。譬如歐陽永叔學韓昌黎，想像方其學時，在歐陽心中，則只有一韓昌黎，不僅沒有別人，連他自己也忘了。但到他學成，自己寫文章時，卻又全不是昌黎，而確然是一歐陽修。任何學問都如此。到此時，在學術中方有了他自己之成就與地位。當然不論是文學、史學、哲學，或其他學問，只要真到成就，則必然是自成一家。〈前不見古人，後不見來者，念天地之悠悠，獨愴然而涕下。〉學到成時，乃始知此愴然獨立之感。然此種愴然獨立之感，卻正是其安身立命所在。學到如此，方是他的創造，創造了他一家獨立之學問，同時亦創造了他此一獨立之人格。在天地間，在學問中，乃是只此一家，只此一人而已。當然論學問，也並不能責之每人全都能創造、能成家。但我們不能不懸此一格，教人努力。亦因只此一格，始是真學問。我們縱說不能到達此一格，只要不在門外，能升堂、能跑進此學術圈中，在我也可滿足。如此為學，自可有樂此不疲，心中暗自喜歡之境界。我們亦何苦而不為！而且我們只要到得入門升堂，亦可守先待後，把古人學術大傳統傳下，將來自有能創造者出世，凡事亦何必由我成之？此始是學術精神。一個真從事學問的人，則必須具有此心胸，卻不要儘在成功上作計較。

（十）

現在再把古人講到學問的話，和我上述來作一引證。《論語》上孔子說：「吾十有五而志於學，三十而立，四十而不惑，五十而知天命，六十而耳順，七十而從心所欲、不踰矩。」這一段經過：十有五而志於學，即是開始努力向學，禮、樂、射、御、書、數六藝，一樣樣地學，正合我所說入門之學之第一階段。三十而立，即是升堂了，正當我所說之知學能學之第二階段。四十而不惑，想孔子到此時，一切皆確然自信，這已是我所說成學之第三階段了。至於此下五十、六十、七十，孔子聖學日躋，愈前愈遠，此則為吾人所不可企及者，姑可置之不論。

又如韓昌黎〈答李翊書〉，自云：「愈之所為，學之二十餘年矣。始者，非三代兩漢之書不敢觀，非聖人之志不敢存。處若忘，行若遺，儼乎其若思，茫乎其若迷。當其取於心而注於手也，惟陳言之務去，戛戛乎其難哉！」在此時期，正是有志向學之第一階段，猶如孔子之十有五而志於學。

到第二步，昌黎說：「如是者亦有年，然後識古書之正偽，與雖正而不至焉者，昭昭然白黑分矣。當其取於心而注於手也，汩汩然來矣。」到此階段，心中自有一底，自有一別擇，自有一評判，即猶如孔子之三十而立，那已是升堂階段了。

待到第三步，乃始「浩乎其沛然矣」，至此則是成學第三階段了。惟昌黎亦並不自滿足，此下仍有他繼續用功處。孔子曰：「十室之邑，必有忠信如丘者焉，不如丘之好學也。」可見雖聖人也得有一段學的經過。聖人之過於人者，也只在其好學。昌黎自述其致力為文，由志學到學成，幾二十餘年，也恰和孔子自志學到不惑，中間隔越二十五年相似。固然昌黎僅是一文學家，不能和孔子聖人相比。但我們若真有志從事於學，恐怕二十年工夫是都該要的。如諸位今年二十五歲，則至五十歲時，縱說不能成專門名家之業，但至少總可進至第二步，升進了學問之堂奧，那是誰也可以努力以希的。如此做學問，一面即是學做人，另一面又是最好一種自怡悅之道，又能守先待後，成己成物，我們又何憚而不為？

《中庸》上亦說：「尊德性而道問學，致廣大而盡精微，極高明而道中庸。」我此講看重各自智慧，即是尊德性。當知做學問並不能只有一條路，正因天賦各別，人心之不同如其面，我們欲自有成就，便不能只守一先生之言，煖煖姝姝地自足自限。應懂得「從師求學」，「從學得師」。道問學即是你之功力，致廣大是要泛求博取，盡精微則只是完成了一己之德性。換言之，致廣大即是道問學，而盡精微則是尊德性。至於到達成學階段，自為一家時，乃是極高明。而其所取途徑，則實係遵從大家一向共走之道路。既無別出捷徑，亦無旁門斜道，仍只是一個道中庸。這是人人所能，亦是盡人當然。

我希望我今天所講，也能由此啟發諸位一番聰明，使諸位知得做學問有此一些步驟與規矩。我今天所講，務盼諸位亦能虛心接受。當知做學問並不難，並在此中有大快樂。只求有正道，有決心。先知「從師」，再知「尊師」。並望諸位能上尊古人為師。先從多師到擇師，自尊師達親師。逐步完成自己，不患到頭不成一家。若一開始便無尊師、親師之意，只把別人家學問當作材料看，急要自己獨成一家，天下如何會有此等事？

今再複述一遍，今天所講：要諸位從學術眾流大海中，各自尋得自己才性而發展至盡。其前三項決然是諸位人人可以做到者。第四項已較難。五、六兩項，則不必人人能到，但大家應心嚮往之。心中懸有此一境，急切縱不能至，不妨漸希乎其能至，也盼別人能至。此是我們做學問人，都該抱持的一種既謙謹又篤厚的好態度。我最後即以此為贈，來作我此番講演之結束。

（已收入《中國學術通義》）

學問與德性

民國五十一年一月十二日研究所學術演講討論會

（一）

今天的講題，是「學問與德性」。與上次所講「關於學問方面之智慧與功力」一題互有關涉，不過換一方面講，或可補充上次所講之未及。

本講題中「學問」一語，可作一種工夫看，如云如何「學」、如何「問」。亦可作一種成績看，即已成功之學問，如史學、文學等。「德性」一語，亦可分兩種看。一指稟賦，屬於先天。一指修養，屬於後天。凡此兩義，本相通貫。此下引到學問與德性語，不再逐處加以分別。

要講學問與德性之關係，該先從遠處講起。今且問人類現有各種學問，究係自何而來？人類歷史在開始時尚無文字，亦無學問。後來漸有文字，有學問了。然此種種學問究何由起？依常識推想，學問並不是外在的，不能在人類外面先有此一門門、一套套的學問存在，而待人去探求，去追尋。學問乃由人類本身所創造。亦可說，學問是人之德性所需，亦為人之德性所能。倘使人類心性不需要此種種學問，則不可能有此種種學問。如宗教、如文學、如史學，皆可證其屬於人類心性所需。但亦必是人類天賦心智自能創造此種種學問始可。否則縱屬需要，亦將無法產生。因此，就人之立場言，可謂德性在內，學問在外。自內向外，由德性發展出學問。如是則是先有了人之德性，而後始有學問之創造。人在學問前，學問跟人後。苟無人之存在，亦將無一切學問之存在。此與上講〈關於學問方面之智慧與功力〉說法相似。上講謂學問之背後必有人，必先有學者，後有學問。人之材性有不同，其所發展出之學問亦不同。故可謂人乃是一切學問之中心。一切學問皆自此中心展出，環拱此中心，而向四外發展。在開始時，一切學問都不遠離此中心。倘我們又說德性屬天，學問屬人，則人由天生，一切學問亦皆由天性中自然演出。如人性好生惡死，因有種種學問自此出。人又好逸惡勞，因又有種種學問自此出。總言之，學問乃一種自然發展，由天到人，由德性到功力。學問創造僅是人類天賦德性之表現。一切學問，自其源頭處講，其簡要概念應如此。

但人類文化日益進步，歷史走過一段長遠的途程以後，此情形漸不同。此所謂「源遠而末益分」，各種學問，分道揚鑣，相互間似乎愈離愈遠，各自隔絕，甚至不見有相通處。到那時，學問遂變成為專門，每一學問各自有其門徑，各自有其範圍與境界。好像每一種學問各有一個天地，欲進入其中，則各有門戶，非隨便亂闖可進。我們固曾反對做學問牢守一種「門戶之見」，如治史學者輕視哲學，學哲學者輕視文學等。然各項學問，實際上似乎確有各別之門戶。由此門戶入，仍有各別之範圍與天地。此亦不可抹煞，謂一切學問總是一般，更無分別。此種分別，我們可稱之為是「學問之分野」，或「學術之流派」。此等分野與流派，一分卻不易再合。固然，人的中心，還是存在。而學問變化，卻越後而離此中心越遠。

由今天來看各項學問，儼然像有它們一種客觀的存在，好像在人的天地之外，又另有一學問的天地。而且此學問之天地，似乎比起人的天地來，還遠為浩渺廣大。人的天地，反像包圍在學問之天地中，而且藐乎小哉，有無可比擬之感。若一人從事學問，他只可從一門走進，以一項學問為中心。依此項學問之道路向前，愈遠愈見其渺茫，愈深而愈感其不可測與無終極。人之聰明才力，不僅無法兼通幾種學問，連某一項專門學問，也使其皓首終老，無法得有止境。結果是學問轉成了中心，人只是圍繞在每一項學問之特殊境地內，而向之作研究。學問為主，人為附，人像是跟隨在學問之後面。

每一人只要能真對某一項學問作研究，便知每項學問，都有其一套甚嚴之規律，並各有一套特定之訓練。此套訓練，亦可謂即是此項學問之本身。由此訓練而入門，而上路，而前進。從前是人創造出學問，現在是學問在指導訓練人，限定人必得如此般向前。依現在情形言，似乎學問轉是主，人只能跟著走，更不見人之特殊重要性。古代大學者如中國孔子之類，我們今天已無法向他學，只覺他可望而不可及。即如陸象山所謂：「我不識一字，亦可堂堂地做一人。」當知做一人則可，若要做一項學問則斷不可。在學問中，已沒有如此簡易之道可循，似乎學問距離人性的自然創造更遠了。

苟若我們從事任何一種學問，而不肯承認其有種種規律、種種限制，或可說是種種法令，此乃務使吾人必得遵循者。若我們輕忽這一套，不加理會，認為有了聰明即可做學問，此將大謬不然。當知每一項學問，均在我們生世之前遠有其傳統，久已存在，各成規模。我們要從事此項學問，非先接受從前傳統，依照從前規模不可。於是學問乃似成為不自然。在我們今天來做學問，已與上面所述歷史上各項學問之開始時的情形大大不同。今天若真要做學問，先莫輕言創造，宜先知有傳統，有師法。如我前一次所講，自己只能譬如一盲者，或一嬰孩，務先懂得如何跟隨著前人腳步而行進。

（二）

現在再講到學問分野，大要言之，一切學問，該可有二大分野：一自然學，一人文學。此二者，對象顯然不同。自然學之對象，乃在人類自身之外面。而人文學所講，則即是人類本身，或可說乃在人類自身之內部。

上面說過，人類開始有學問時，人在前，學問在後。後來文化演進，變成學問已在先，而人則僅作為一跟從學習者。依現在情形言，自然科學方面似乎更見是如此。自然科學之理想境界，應是只見學問不見人。似乎在自然科學中，人的地位已不存在。自然科學中任何一項知識，最多只可說，此為某人所發明，卻不可說此為某人之學。因科學已不歸屬在人，而且像是應排除人在外。

自然科學中也可有派別，例如生物學講遺傳，固亦可有異說。但此乃一暫時現象，其終極境界則必該有一定論、有一公是，始算是得了一歸宿。而人的個性，則不能在自然科學中存在。如喜、怒、哀、樂，在人文學中必不可去。但在自然科學中，則絕不可有。我有一時，嘗喜讀明末幾位高僧之詩集。初讀若頗可喜，久而感其不然。因彼等既為世外之人，其詩中乃少人間熱烈情感。故知不食人間煙火食，即不得有好詩。如讀杜工部詩，尤貴能編年排讀，其一生之喜、怒、哀、樂，隨時隨地，隨所遇而躍然呈現。故杜詩乃能使人百讀不厭。史學亦不能脫離人之性情。

縱說史學須能客觀，然真成為一史學家，則無不有其私人之個性與其真情之流露。哲學似貴探求真理，但亦仍不免各見個性。如宋代二程、三陸，及明代東林二顧皆親兄弟，並在同一學派門路中，研求同一真理，卻仍見個性不同。正惟如此，故愈覺其學問之真而可貴。又如忠、孝、仁、義，此亦人類德性。喜、怒、哀、樂乃自然而發，忠、孝、仁、義由修養所成。若寫一部文學，或史學，或哲學書，苟是不忠、不孝、不仁、不義，不可能成為一部理想可傳誦留存之著作。然在自然科學中，則既不許有喜、怒、哀、樂，亦不須有忠、孝、仁、義。因自然科學所研究之對象，超然在人自身之外，故不宜有人自身之插入。

科學所要求於人者，乃須有一冷靜之頭腦，要能思慮縝密。似乎只要求有智慧與功力，卻不需所謂德性，不需要學者之個人人格與各別性情。自然科學一成為定論，則只有一「公是」。此一公是，決不能隨人隨時隨地而異。在研究未成熟時，在未臻定論時，前人說法可隨時由後人修改。但亦決不是所謂異說並存。異說在人文學中，必不能避免，而且亦必然應有其存在。但在自然科學中，則必不許有此存在。抑且修正了前人之說，對此被修正之前人之地位，亦並無損害。因科學所重在學，不在人。人應全沒入學之中，人的地位似在學中消失了。此一層可用來補充上次之所講。

若論詩、文，則該自出機杼，各見性靈。但科學則數十人同做一實驗，應須獲同一結果始對。

但我們若從此再進一步講，自然科學背後依然仍有人在，無人則試問此各項科學又自何處而來？上面所講「德性所能」、「德性所需」兩語，自然科學亦仍不例外。抑且苟其成為一自然科學家，亦必有數項可敬佩之德性，而為其所必須具備者。下面試分舉數項，略說為例。

（三）

一，「無我」、「忘我」之精神。研究自然科學，則必須有此境界。任何人不能帶了喜、怒、哀、樂，與忠、孝、仁、義走進科學實驗室，科學實驗室中必先排除此一切。在中國古代《莊子》書中，卻有許多話，可借來描寫或發抒自然科學家之無我心情。如所謂「忘我觀化，遊乎物外」，或謂「遊乎萬物之所終始，以通乎物之所造」云云等語皆是。宋儒言：「打疊心地乾淨。」此亦一科學家走進實驗室獲得成功之一種心理條件。我昔有一友人之女，進大學習醫科，每於實習解剖之後，率不能進食，不能安睡，擬求退學。余告以入解剖室，應能修養一種無人、無我觀。彼言下有悟，久而安之，終獲卒業。總之是須只見物，不見人。要不見人，自須忘有我。因自然科學本不屬人文界。然為要養成此等心習，有時反而大智若愚。如牛頓為其所蓄之二貓，同時開大小二洞，以便此二貓之出入。此種心智，蓋因游心物外，久久成習，遂爾如此。又如愛因斯坦日常生活，有時天真如小兒童。此誠如《莊子》書中所云之「真人」。相傳美國科學家愛迪生，排班領月薪時，忽而忘卻自己姓名，需由旁人來提醒他。此等皆是一大科學家心習修養到一極高境界時，而有此狀態。人之心習到達此狀態，乃有所謂真「客觀」。因他已沒人在自然物界中，一切不再以我見人見來處理。此亦如清代考據學家所謂之「實事求是」，卻不許有「我認為」等等主觀意見與空論浮說。科學家之研究，實際有如莊子所謂之「心虛」，其心能虛，故能忘我無我。虛而待物，以順物之變，而游心達觀，乃能有得。此為科學家一種德性修養。

其次言之：科學實驗既須步步踏實，又須耐心等待。須如荀子之說能「積累」，又須如老子之說能「慎微」。謹小慎微，日積月累，即須有一種不欺工夫。不欺天、不欺人、認真、不苟且。欲速不得，虛偽不得。蕭然物外，安以待之。試想如有一位天文學家，彼必每夜驅車到一距其家甚遠之天文臺，終夜一人，在望遠鏡下觀測星球天象。如是積累，數十年如一日，苟有所見則記下。積年累月如此記錄，以求有所發現。但縱積長期之觀察記錄，也未必準可有發現，抑或所發現者乃極細微。抑且有了發現，不可能定有解釋，解釋亦未必遽成定論。但此日積月累之觀察記錄工作，則終不可缺。諸位當知一切科學工夫全如此。然則豈非科學背後乃必然有人存在，並有人之德性存在乎？

科學家又須有服善精神。因科學只有公是無異說，經科學訓練之人則無不知服善。一人發明，眾人景從。即如中國人在外國研究科學，只要真有成績，一樣為彼邦人士所欽服。故科學無國界，惟有一公是。而且科學又是日新月異，不斷有新發現。後來居上，縱使是一大科學家亦得服善。

在科學界中，又須有犧牲精神。今日科學界分工已日臻精細，每一人之一生精力，只放在某一細微點上，各方配合，逐漸成套。從事科學研究，正如在一大機器中當一螺旋釘。《莊子》〈達生篇〉中有傴僂丈人用竿黏蜩，其方法即由逐漸訓練積累而成。故曰：「五六月累丸二而不墜，則失者錙銖。累三而不墜，則失者十一。累五而不墜，則猶掇之矣。」又說：「雖天地之大，萬物之多，而唯蜩翼之知。吾不反不側，不以萬物易蜩之翼。」孔子聞之，顧其弟子曰：「用志不分，乃凝於神，其傴僂丈人之謂乎。」研究科學正亦如此，必應除去喜、怒、哀、樂，除去其他一切思念。天地之大，萬物之多，而我只用心在一極微小之項目上，正如此丈人之用心於蟬翼般，才可有結果。

今人又或疑科學只是從功利觀點出發，其實亦不然。即如日隨地轉，抑或地隨日轉？此對幾千萬年來日出而作，日入而息之人生習慣，可謂並無大關係。此項新發現之功利意義，在當時乃不為人知。但今日之天文學中，實不知有多少大發現，皆隨此而來。其他一切科學皆如此。可見科學本原，只為求真理，不為求實用。凡屬科學上之大發現，其最先都似與人生實用無關。因此科學研究，其先實也是一種迂闊的。至其在人生實務上發生作用，乃是以後事。

《莊子》〈山木篇〉有云：「少君之費，寡君之欲，雖無糧而乃足。君其涉於江、而浮於海，望之而不見其崖，愈往而不知其所窮。送君者皆自崖而反，君自此遠矣。」此乃是一種「孤往」精神。從事科學研究，卻非有此種精神不可。到今天科學範圍日大，分科日細，此非袪除個人一切利害得失觀念，具備此孤往精神，即不得在科學研究中有大成就。

即就上述，可見科學背後仍是有此人。而且此人又必須具有上述諸德性，必須能捨棄了我，才能深入作科學之研究。結果科學研究是有發現了，而發現此新知識之人，卻反被捨棄，不在其內。如今講天文學，只須講地球繞太陽，不須講哥白尼與加利略其人。講力學三定律，不須講牛頓其人。講相對論，不須講愛因斯坦其人。主要是要知道地球繞日而轉，不須定要知道此發明者之為人如何，其個性如何。一項學問之研究完成，而研究此項學問之人物，卻遠離此項學問而退出。在自然科學界最可見此現象。我常想，《莊子》書中有許多話，可以借來闡說近代科學精神，惜乎此處不能詳舉。

（四）

上面所說每一門科學背後仍必有一人，仍必有其人所必具之德性。惟科學愈見發展，遂若只見有學，不見其人。而細究之，則仍是有人之德性為科學作基址。

現在講人文學，顯然與自然科學不同。因人文學之完成，在每一完成之中，不僅定要有此人之存在。並要有其喜、怒、哀、樂，仍要有其忠、孝、仁、義。在自然科學中，此等皆不應加進，學者其人與其所從事之學問，若可分開無多關涉。但人文學則不然，必須學者與學問融鑄合一。此義我在前一講，「關於學問方面之智慧與功力」一題中，已屢屢提起。但此番所講，如上述科學家應備之各條件，一個人文學者亦必具備，人文學之完成之困難即在此。即如「忘我」、「無我」一節，既須把自身抽離，更須把自身融進，其難正在此。如宋儒張橫渠有云：「為天地立心，為生民立命，為往聖繼絕學，為萬世開太平。」此四個「為」字，卻全不為了他自己，豈非全把自己忘去了，此非一種無我精神而何？但要為天地立心，為生民立命者，無疑正是此一「我」。淺言之，如孔子曰：「三年學，不至於穀，不易得也。」志不在穀，亦可說是一種忘我、無我精神。其人一意在學問上，不把自己打算放進，但同時又需要此一人自己能有感情，有抱負，不忘忠孝仁義，能有喜怒哀樂。此一種德性修養，此一種精神表現，殊甚不易。又如韓昌黎所云：「處若忘，行若遺，儼乎其若思，茫乎其若迷。」此等形容，亦是一意在學，而忘了自己。到達了無我境界，可謂和科學家研究有所近似。

依次講到第二層：人文學者亦應能實事求是，但較科學研究亦更難。若只在考據學上求是，所考據的遠在身外，此與科學精神尚易近似，稍屬省力。但若要在人類當前群體生活之內求一是，此卻甚難。因人事日變，今日之所謂是，明日亦可成為不是。此地之所謂是，他處亦可成為不是。各人立場又不同，《莊子》〈齊物論〉有云：「是亦一彼，彼亦一是。」又云：「此亦一是非，彼亦一是非。」此種情形，在人文學中絕難擺脫。因此在人文學中之實事求是的精神，實更有其難處。

其次再講到積累工夫。人文學之完成，亦同樣須長期積累。然從事人文學者，因無一顯然外在客觀之限制與標準，因此似乎易於自欺欺人，不是而自以為是，未達而自以為達，自滿自足，他人亦一時無可加以指摘。因此又易邁大步、空論、浮言、我見，種種毛病，在自然科學中排除較易，而在人文學中則極難剔去。

因此講到服善精神，更極不易。文人相輕，自古已然。所謂「人人自謂握靈蛇之珠，家家自謂抱荊山之玉」，誰也不佩服誰，誰也無奈何得誰。又如云：「吾愛吾師，尤愛真理。」說來極堂皇，但所難者，是人文真理不能如自然真理之易於證驗。因此治人文學者，每易過自期許。甚至高自位置，總覺得自己了不起，把別人不放在眼裏。門戶派別，出奴入主，甚至把學問來結黨成閥，排除異己。如荀子所舉少正卯之類，「心達而險，行僻而堅，言偽而辨，記醜而博，順非而澤。」世上真有此等人，但一時甚難確然指出其不是。並不如自然科學可以實驗、求證，有公是，不能有異說。人文學不能輕易付諸實驗，不能把人類社會當作一實驗室，以萬物為芻狗，專把來當作實驗材料看。

人文學既是急切難得一公認之是，又是各人愛好不同，因此人文學者之最高境界遂落到自心自信上。心有自信，便是不求人知。孔子曰：「人不知而不慍」，「不怨天，不尤人，知我者其天乎。」老子云：「知我者希，則在我者貴。」太史公亦云：「藏之名山，傳之其人。」揚子雲云：「後世復有揚子雲，必好之矣。」陳子昂詩：「前不見古人，後不見來者；念天地之悠悠，獨愴然而涕下。」杜工部詩：「但覺高歌有鬼神，不知餓死填溝壑。」韓昌黎云：「以俟知者知」，又曰：「百世以俟聖人而不惑，質諸鬼神而無疑。」此皆是人文學修養一種自心自信不求人知之至高境界。而人文學之難講，則正在此。因科學可徵諸實驗，人文學中之最高境界，一時實非他人所能共喻。譁眾取寵固不是，特立獨行又不易。惟須博學知服，又須下學上達，從虛心到自信，從好學到自負。這一段經過，卻有無限層次，無限工夫。要人在不求人知之默默過程中，獨自深造自得。此則非真有志者，鮮克能之。

作為一人文學者，如上所述固須自信自負，自有遠志。但諸位又當知，今天的學問已是千門萬戶，一個人的聰明力量，管不了這麼多。因此我們再不能抱野心要當教主，要在人文界作導師。所謂領導群倫，固是有此一境界。但一學者，普通卻也只能在某一方面作貢獻。學問不可能只有一條路，一方面，也不可能由一人一手來包辦。今天豈不說是民主時代了嗎？其實學問也是如此，也得民主，不可能再希望產生一位大教主，高出儕輩、來領導一切。任何一所大學中，亦不可能只有一院、一系。某一院、某一系亦不可能只有一教授。一切學問都得要分工合作。即就人文學論，人的地位亦已較學的地位為低了。此乃是人類文化演進大勢如此，縱使孔子、釋迦、耶穌復生，他們也只能做一現代學者。當然現代學者也有他的至高無上之地位，但情勢卻似乎已與古不同了。

（五）

現在再講到「學以致用」一問題。我曾說過，科學本重在求真理，但人文學則主要求在社會上有用，否則又何需有此學！但用有大小遠近。有的有大用，有的只可小用。有的只用在近，有的能用到遠。而且縱在人文學方面，進到某一階段後，亦不能專注意講用。因學問本身已逐漸發展到一近似客觀獨立之境界。試舉史學為例，司馬溫公撰《資治通鑑》，即就其書名論，可見其著書本意主於用。但在溫公著手編撰之前，卻預先作一《長編》，此乃史學之必然工作，則似與用無關了。溫公在《長編》中，發現了許多問題，即如梁惠王遷都大梁，此一事之年代有問題，太史公《史記》所載並不確，溫公乃將此時代移前十年，而又載其說於考異中。今試問此一年代問題，對於資治究有何等關係？但溫公不能只錄：「孟子對梁惠王，王何必曰利，亦有仁義而已矣」幾句話，便算了事。若只隨手隨意摘錄古人幾百千條有關治道之格言，用來資治，亦何不可。但說不到是史學。到溫公時，史學已發展到有其獨立的地位，不能不使溫公要先作《長編》，而注意到此等小節。但此問題在溫公時實未有解決，下至顧亭林《日知錄》，始再舊案重提。顧氏以溫公為是，以太史公《史記》為非。其後清代考據學大興，對此問題爭辯蠭起，仍然是議論紛紜，莫衷一是。我自信關於此問題，在我寫《先秦諸子繫年》一書中，始得了完全的解答。並由此而將整部戰國史亦大大改觀了。這亦是一種實事求是。但試問辨定此一年代，在實際人文界究有何用？但我們若放寬眼光，在人文學中不能無史學，在史學中不能不先把事情先後年代弄清楚，則許多麻煩考據，縱說無用，到底也不能免。

（六）

現在再綜述我兩次所講。上講似乎重在人，尤過乎其學。此講似乎重在學，尤過乎其人。此兩講似有歧義，其間仍須有一更高之綜合始是。而且學問之將來，勢必愈分愈細，而莊子所謂「道術將為天下裂」，終不是一件好事。因此我想此下勢必要出幾位大學者，其工作應該來寫一部《世界學術發展史》，對此作一綜合研究。此刻由我姑妄言之。似乎西方人做學問，開始時便偏重在向外。中國人做學問，似乎一向乃是偏重在向內。近人也有說：西方尚智，中國崇仁。我想正是此意。此乃在學術進展之大體上，指其所偏重言。但我們不能不求在此兩者間，有一更高之綜合。此一要求，似乎宜從先寫一部《世界學術發展史》入手，讓人先得一綜合之瞭解。但此工作，卻也不易勝任愉快。

現在再綜合言之。一切學問皆自人來，而且亦為人用，我們不妨稱一切學問為「人學」。既是人學，實皆淵源於人之德性。但德性之一部分雖為自然稟賦，其另一部分則屬人文修養。如中國古人所講「心性之學」，乃是偏於人文修養的。而近代西方人所講「心理學」，則可謂是偏於自然稟賦。即舉此一例，便見中西雙方學問趨向大勢，有此一分歧，或偏輕偏重處。

總之，德性仍是一首要，而智慧與功力尚屬其次。亦可謂智慧與功力，亦包含在德性中。我們此刻則應能注重在如何尋求出此兩種學問背後之共通點。此後學術所趨，一面當注重在其共通精神點，一面則在注重其各別處，分途並進。有了此一套共通之學，卻亦不能取消另一套各別之學。既有了此一套各別之學，卻又不能不再求此一套共通之學。

諸位又應知，為學與做人，乃是一事之兩面。若做人條件不夠，則所做之學問，仍不能到達一種最高境界。但另一面言，訓練他做學問，也即是訓練他做人。如虛心，肯負責，有恆，能淡於功利，能服善，能忘我，能有孤往精神，能有極深之自信等，此等皆屬人之德性。具備此種德性，方能做一理想人，方能做出理想的學問。真做學問，則必知同時須訓練此種種德性。若忽略了此一面，便不能真到達那一面。

學問縱是高深博大，但人總還是人，人則總和人一般。不能說有了學問，那人便該超出了一般人的地位。只是在學問中必各有一天地。如研究天文學，天文即成其人之生命世界。如研究生物學，生物即是其人之生命世界。研究人文學，亦應如此。至少，在其心中，必另有他人，乃至常有古人。人文歷史，即成為其人之生命世界。諸位若果瞭解到此，便知揚子雲所謂：「後世復有一揚子雲，必好之矣」之精神。因如揚子雲，亦已走進了能把此人文世界作為其生命世界了。故能「下簾寂寂」，有所安身立命。但諸位當知此事非易。我總望諸位先不要邁大步，更不可空論浮言，流入庸妄。當知最可訓練我們做人者，即在刻實做學問。真要做學問，則非立大志不可。用現在話來說，非有大野心不可。諸位若能具此野心，逐步向前，各拼著三十年、五十年精力生命，必有所成。

諸位若領悟到此，便知做學問，不該把自己心胸越來越窄，自己脾氣越來越暴躁。又不可有一種茫茫然、前途遙遠之心情。如《論語》所謂：「篤信好學，守死善道。」此是何等精神！讓我再總結一句話，「德性」之學，實乃是在人文學與自然學之夾縫中，且是此兩大學問分野之上之一種綜合學問。望諸位鄭重領取此意。

（已收入《中國學術通義》）

秦漢史

錢穆　著

你知道秦始皇如何統治龐大的帝國？焚書坑儒的真相又為何？漢帝國對外擴張遇到什麼樣的問題？重農抑商背後的事實是什麼？賓四先生以嚴謹的史學研究方法，就學術、政治及社會各層面，深入淺出地對秦漢史加以探討。不但一解秦漢史學的疑惑，更能提高讀者的眼界。

古史地理論叢

錢穆　著

本書彙集考論古代歷史、地理長短散文共二十二篇，其主要意義有二：一則以古代歷史上之異地同名來探究古代各部族遷徙之跡，從而論究其各地經濟、政治、人文進化先後之序；二為泛論中國歷史上南北兩地域經濟、政治、人文演進之古今變遷，指示出一些大綱領。要之為治歷史必通地理提示出許多顯明之事例。

中國歷史研究法

錢穆　著

本書根據賓四先生於民國五十年在香港講演之內容，記載修整而成。內容分通史、政治史、社會史、經濟史、學術史、歷史人物、歷史地理、文化史等八部分。此下三十年，賓四先生個人有關史學諸著作，大體意見悉本於此，故本書實可謂賓四先生史學見解之本源所在，亦可視為其對中國史學大綱要義之簡要敘述。

論語新解

錢穆 著

自西漢獨尊儒術以來，《論語》便是中國歷代學者必讀之作，諸儒為之注釋不絕，習《論語》者亦必兼讀其注。然而，學者往往囿於門戶之見而刻意立異，眾說多歧，未歸一是，致使讀者如入大海，汗漫而不知所歸。

賓四先生因此為之新解。「新解」之新，乃方法、觀念、語言之新，非欲破棄舊注以為新。一則備采眾說，折衷於是，以廣開讀者之思路，見《論語》義理之無窮；二則兼顧文言頗析之平易，與白話語譯之通暢，以求擺脫俗套，收今古相濟之效。讀者藉由本書之助，庶幾能得《論語》之真義。

孔子傳

錢穆 著

儒學影響中華文化至深，討論孔子生平言論行事之著作，實繁有徒，說法龐雜，本書為錢穆先生以《論語》為中心底本、綜合司馬遷後以下各家考訂所得，也是深入剖析孔子生平、言論、行事後，重為孔子所作的傳記。

作者從孔子的先祖談起，及至孔子的早年、中年、晚年。詳列一生行跡，並針對古今雜說，從文化脈絡推論考辨，以務實的治學態度辨明真偽，力求貼近真實的孔子。

朱子學提綱

錢穆 著

本書為《朱子新學案》一書之首部。中國宋元明三代之理學，朱子為其重要一中心。儻論全部中國學術思想史，則孔子為上古一中心，朱子乃為近古一中心。《朱子新學案》乃就朱子學全部內容來發揮理學之意義與價值，但過屬專門，學者宜先讀《宋元學案》等書，乃可入門。此編則從全部中國學術思想之演變來闡述朱子學，範圍較廣，但易領略，故宜先讀此編，再讀《朱子新學案》全部，乃易有得。

國家圖書館出版品預行編目資料

新亞遺鐸／錢穆著.－－三版一刷.－－臺北市：東大，2023

面；　公分.－－（錢穆作品精萃）

ISBN 978-957-19-3313-9（全套：平裝）

1.新亞書院 2.文集

525.8238　　111002221

新亞遺鐸（上）

作　　者｜錢　穆
發 行 人｜劉仲傑
出 版 者｜東大圖書股份有限公司
地　　址｜臺北市復興北路 386 號（復北門市）
臺北市重慶南路一段 61 號（重南門市）
電　　話｜(02)25006600
網　　址｜三民網路書店 https://www.sanmin.com.tw

出版日期｜初版一刷 1989 年 9 月
二版一刷 2016 年 5 月
三版一刷 2023 年 1 月
書籍編號｜E851980
I S B N｜978-957-19-3313-9

東大圖書公司